Ilarion Merculieff

Hüter der Weisheit

Ilarion Merculieff

Hüter der Weisheit

Mein Leben als Vermächtnis
der Geschichte, Spiritualität und Kultur
des Volks der Aleuten

Aus dem Englischen
von Helga Jacobsen und
Robert Cathomas

Chalice Verlag

Die Originalausgabe erschien
2016 bei North Atlantic Books, Berkeley, Kalifornien,
unter dem Titel *Wisdom Keeper: One Man's Journey to Honor the Untold History of the Unangan People*

Deutsche Erstausgabe

Buchgestaltung: Robert Cathomas
Herstellung: BoD – Books on Demand GmbH
Printed in Germany

ISBN 978-3-942914-63-5

Inhalt

Vorwort von Nina Simons

Dieses Buch ist aus vielerlei Gründen ein Schatz und ein kostbares Geschenk. Die Geschichten, die es erzählt, und die Welten, in die es einlädt, bieten uns tiefe Einsichten, Medizin und Lehren für diese turbulenten Zeiten, in denen unser planetarisches Zuhause und das Netz des Lebens von Verschwendung, Gier, Instabilität und Gewalt erschüttert werden. *Hüter der Weisheit* leuchtet Wege aus, die vorwärtsführen, indem es uns eine wenig bekannte Vergangenheit in Erinnerung ruft, sich für kulturelle Heilung und Vergebung einsetzt und Lösungsansätze aufzeigt, die ebenso bewusst wie ausgewogen und fürsorglich sind.

Manchmal frage ich mich, wie wir Menschen wohl wären, wenn wir in hilfsbereiten Gemeinschaften unter spielerischen, achtsamen und wertschätzenden Erwachsenen an Orten großer Schönheit aufwüchsen – in einer wechselseitig achtungsvollen Beziehung mit einer wilden und kraftvoll lebendigen Welt. Als ich Ilarion Merculieff kennenlernte, verstand ich, wie eine derartig idyllische Erziehung eine zugleich jugendliche und altehrwürdige, spontane und tiefsinnige Person hervorbringen kann.

Damals wusste ich noch nicht, wie auch die Schmerzen und Leiden seines Volkes über mehrere Generationen hinweg ihren Beitrag geleistet hatten zu diesem weisen und eloquenten Ältesten, zu dem er geworden war. Mit der Zeit lernte ich zu verstehen, dass seine Art, scheinbare Widersprüche miteinander zu verbinden, einen begnadeten Botschafter, Fürsprecher und sozialen Heiler ausweist.

Ich hatte das Privileg, Ilarion über einen Zeitraum von ungefähr zehn Jahren zu erleben und mit ihm zusammenzuarbeiten. Dabei durfte ich erfahren, dass oft allein schon seine Gegenwart transformativ ist. Bis zu diesem Buch wusste ich jedoch nicht, dass und wie Präsenz auch mittels niedergeschriebener Geschichten vermittelt oder übertragen werden kann.

Präsenz gehört zu jenen schwer fassbaren Eigenschaften, von denen wir oft lesen oder die wir anstreben, wenn wir uns zu wahren Menschen zu entwickeln versuchen, sei es als Eltern, als Erzieherinnen und Erzieher oder auch als Führungskräfte. In vielen Selbsthilfebüchern und Workshops wird der Versuch unternommen, sie zu vermitteln. Ilarions Lebensweg und die vergessene Geschichte seines Volkes, der Unangan, zeigen, dass Präsenz eine verkörperte kulturelle Wahrheit ist. Seine Erzählungen zu lesen, erweckt diese ferne, aber vorhandene Erinnerung in mir. Ich hoffe, Ihnen möge das gleiche Geschenk vergönnt sein.

Seine Art des Sehens, des Schreibens und des Seins ist geprägt von einer scharfen Wahrnehmung – frei von Urteil oder Schuldzuweisung –, die auf vorbildliche Weise vielfältige Erkenntniswege integriert. In seiner persönlichen Geschichte und in der seines Volkes sind Intuition, Bauchgefühl, Herzenswahrnehmung und spirituelle Einsicht mit geistiger Klarheit zu einem Lebensansatz verwoben, der die ganze Person einbezieht und außerhalb indigener Kulturen und Wissenssystemen nur selten anzutreffen ist. Die Geschichten in diesem Buch werden auf eine so zugängliche, luzide und greifbare Art und Weise erzählt, dass sie den Leserinnen und Lesern eine ganzheitliche Erfahrung bieten.

Ich habe Ilarion oftmals zugehört und so von seiner beeindruckenden Kindheit erfahren und wie er in seiner Gemeinschaft erzogen wurde. Die Tiefe von Akzeptanz, Ermutigung und Liebe, die er als Heranwachsender erlebte, eröffnen viele grundlegende Einblicke in neue Wege der Elternschaft und der frühkindlichen Erziehung. Die Art und Weise seiner Förderung offenbart wichtige Einsichten darüber, wie wir lehren und lernen.

Die Geschichten, die er mir aus seiner Kindheit erzählte, vermittelten mir anfangs den Eindruck, dass seine Unangan weniger als die vielen anderen indigenen Völker unter Kolonialismus, Sklaverei, Genozid, Unterdrückung und deren Folgen gelitten hätten. Das Lesen dieses Buches hat mich eines Besseren belehrt. Die Verletzungen, die das Volk der Unangan erleiden musste, waren ebenso ungeheuerlich, gewaltsam, anhaltend und potenziell seelenzerstörend wie die in jeder anderen Eroberungsgeschichte, von der ich gehört habe. Doch irgendwie hatten Schönheit, Kraft und Anmut in der Kultur der Unangan Bestand.

Dieses Buch verwebt auf eindrückliche Weise persönliche Erzählung (die gleichzeitig Anleitungen und Einsichten liefert, wie wir wahre Menschen werden können) mit politischer Geschichte. Seine Lektüre ließ mich einige bis anhin wenig beleuchtete Kapitel der Gier und der Gewalt im Eroberungsstammbaum unserer eigenen US-amerikanischen Nation besser verstehen. Gleichzeitig berührte es mich mit seinen konkreten und von Herzen kommenden Lehren über richtige menschliche Beziehungen – zu uns selbst, zueinander und zu unserer Mutter Erde.

Hüter der Weisheit verknüpft die Wunde und das Geschenk des Volkes der Unangan ohne Schamgefühl oder Schuldzuweisungen zu einer einladenden und warmherzigen Gabe echten Mitgefühls. Trotz allem, was die Unangan erlitten haben: Was in diesem Buch durchscheint, sind ihre Ausdauer, ihre Freundlichkeit und ihre Hingabe an eine Existenzweise, die sowohl das Netz des Lebens als auch sie selbst und zukünftige Generationen respektiert.

Ich bin keine Expertin für indigene Lebensweisen oder Wissenssysteme. Ich bin Filmproduzentin, Kommunikationsberaterin und Sozialunternehmerin und habe zusammen mit meinem Mann, Kenny Ausubel, die gemeinnützige Organisation Bioneers gegründet, die visionäre und praktikable Lösungen zur Gesundung der Erde und der Menschen sucht, zusammenbringt, vernetzt und verbreitet. Wir verstehen die Erde als die Mutter aller Belange und haben begriffen, dass alle Lebewesen miteinander verknüpft und voneinander abhängig sind. Alles ist lebendig, alles ist intelligent, alles ist miteinander verbunden und alles steht in Beziehung mit allem. Unsere Arbeit will helfen, eine positive und lebenswürdige nähere Zukunft auszuleuchten.

Seit der Gründung im Jahr 1990 stehen bei Bioneers indigene Stimmen und traditionelles ökologisches Wissen im Mittelpunkt. Wir respektieren indigene Völker als Primärkulturen der Erde und anerkennen, dass ihre lange Geschichte des Lebens in richtiger Beziehung zur Natur Leitlinien bietet, entlang denen wir unsere eigene Kultur mit neuem Sinn erfüllen können. Auf meinem persönlichen Lebensweg bin ich von vielen indigenen Anführern und Anführerinnen inspiriert und geprägt worden, und meine Verpflichtung, im Namen von Mutter Leben an der Seite der indigenen Völker zu stehen, wurde immer tiefer. Von den zahlreichen, die ich kennenlernte, hat sich Ilarion als ein überaus begnadeter und weiser Führer und Lehrer erwiesen, und so möchte ich ihn Ihnen ans Herz legen.

1992, auf der Jahreskonferenz von Bioneers in Santa Fe, New Mexico, trafen wir uns mit den Ältesten aus mehreren Pueblos, um den Gedenktag von Kolumbus' Amerika-»Entdeckung« vorzubereiten. Ich werde nie vergessen, wie Petuuche Gilbert vom Acoma Pueblo sagte: »Noch bevor die Europäer eintrafen, hießen wir die Menschen, die aus dem Westen kamen, willkommen. Und sogar nach fünfhundert Jahren, entbieten wir den nach Acoma Kommenden unseren Gruß – trotz all der schlechten Gefühle, die entstanden sind. Und wir meinen es auch so, denn wir alle leben zusammen.« Was mein Herz damals vernahm, war: »Vor fünfhundert Jahren kamt ihr zu uns und wir haben euch mit offenen Armen empfangen. Wenn ihr heute erneut kommen würdet, wäre unsere Haltung dieselbe wie damals.«

Ich staunte mit offenem Mund, so beeindruckt war ich von der Vergebung, der alles einschließenden Haltung und dem Gleichmut, die dieser Mann ausdrückte, nachdem seinem Volk doch derart viel Leid und Gewalt angetan worden war. Und so begann ich zu verstehen, weil ich erkannte, dass indigene Kulturen, Rituale und Lebensweisen nicht nur den Schlüssel zu unserem planetarischen ökologischen Überleben bergen, sondern auch zur Evolution unserer bewussten Wahrnehmung als menschliche Wesen.

Von Ilarion (und von meinem Leben) lernte ich, dass es einen großen Unterschied macht, ob ich etwas mit dem Verstand begreife oder das Wissen durch mein Herz verinnerliche und integriere. Unsere Kultur tendiert dazu, das mentale Verständnis übermäßig zu betonen und unsere vielen weiteren Formen von Intelligenz zu unterschlagen. Wir glauben, es verleihe uns Autorität, wenn wir von einem Ort aus sprechen, der durch sachliche Daten bestimmt ist. Ich hingegen habe gelernt, dass wahre Integration und konkrete *Seins*weisheit die überzeugendsten Lehr- oder Führungskompetenzen für soziale Veränderung und Heilung sind.

Als ich heranwuchs, pflegte mein Vater zu sagen, dass sich die Menschen erst verändern, wenn sie sich äußerst unbehaglich fühlen. Was mein Leben angeht, so hat sich dies bewahrheitet. Ich musste erst tief erschüttert werden, manchmal bis ins Mark, bevor ich mich für eine neue Lebensweise öffnete. Vielleicht trifft dies auch für ganze Kulturen zu. Falls dem so ist, wer könnte uns bessere Einsichten vermitteln als jene Kulturen, die über mehrere Generationen hinweg ein Trauma durch- und überlebt haben? Ich glaube, wir alle stehen kurz davor, tief erschüttert zu werden, nun, da die Klimaveränderung und zunehmende soziale Unruhen die Kernstrukturen der westlichen Zivilisation und den darauf basierenden Kapitalismus herausfordern.

Hüter der Weisheit spricht auch von der kulturellen Notwendigkeit der Neuinterpretation dessen, was das wahre Männliche und Weibliche *wirklich* sind – nämlich menschliche Eigenschaften, die integral in uns allen sind und alles Leben durchdringen. In der heutigen Zeit der radikalen Neuerfindung der Geschlechtlichkeit ist ein frischer Blick auf das Männliche, so, wie es die Unangan-Männer verstanden, aufschlussreich, hoffnungsvoll und inspirierend.

Studien rund um den Globus zeigen übereinstimmend, dass nahezu jeder Mensch und jedes lebendige System Nutzen daraus zieht, wenn in Regierung, Wirtschaft, politischen Organisationen, auf Gemeindeebene oder irgendeinem anderen Unternehmen Führungsfunktionen verstärkt von Frauen übernommen werden. Wo mehr Frauen in Führungsverantwortung stehen, und zwar in allen Sektoren, werden Fortschritte in Wirtschaft, Ökologie, Gesundheit und Friedensstiftung erzielt. Die in dem Bestseller *The Athena Doctrine* aus dem Jahr 2013 publizierte Studie ergab, dass unter 65 000 Befragten in dreizehn Ländern mehr als fünfundsechzig Prozent das Gefühl haben, »die Welt wäre ein besserer Ort, wenn Männer stärker so denken würden wie Frauen.« Die Heilung und Förderung des femininen Prinzips und die Schaffung von Räumen für die Entfaltung von Frauen und Mädchen sind dringlich und essenziell, denn ohne sie, sagt Ilarion, kann nichts Neues in diese Welt hineingeboren werden.

Hüter der Weisheit veranschaulicht, wie durch das Ans-Licht-Bringen der Wahrheit der Wunde, das in ihr enthaltene heilende Geschenk enthüllt werden kann. Vielleicht hängt die Weigerung unserer westlichen Kultur, sich dem Schatten und dem Schmerz der brutalen Geschichte unserer Nationen zu stellen, damit zusammen, dass wir das Feminine – das Verletzliche und Geheimnisvolle, das Wandelbare und Komplexe – in die unsichtbare Unterwelt verbannen. In meiner eigenen Arbeit mit zahlreichen weiblichen Führungspersonen war es häufig der Fall, dass jene mit den schwersten Vorgeschichten an Ungerechtigkeit, Missbrauch oder Trauma diejenigen waren, die am meisten zur kollektiven Heilung beitrugen.

Ich bin mir sicher, dass dieses Buch Sie auf vielen Ebenen nähren wird, so wie es bei mir der Fall war. Wenn heute so viele bisher verschwiegene Leidensgeschichten von indigenen und anderen Völkern auf der ganzen Welt, die Opfer gewinnsüchtiger

Eroberungen wurden, endlich Gehör finden, können die geschehene Schande, der erlittene Schmerz und das erlebte Trauma durch ihr Erzählen zu aufschlussreichen und heilsamen Wegen in eine bessere Zukunft zusammenfließen. Durch das heilende Erzählen, Lesen und Zu-Herzen-Nehmen dieser Geschichten mögen die Schönheit, Anmut und spirituelle Ganzheit, die diese so lange bestehenden und fortdauernden Kulturen ausstrahlen, uns dazu ermutigen, das Feminine zu hegen, Führungsverständnis und Geschlecht neu zu denken und uns wieder mit dem Mysterium und der reichen Weisheit der natürlichen Welt auseinanderzusetzen.

Dies ist eine Geschichte über Hoffnung. Es ist eine Geschichte über kollektive und kulturelle Zähigkeit, Ausdauer und Beharrlichkeit. Es ist ein Strahl glänzenden und reinen Sternenlichts, der durch den Schleier eines Narrativs herrschaftlicher Dominanz hindurchscheint. Es ist eine Geschichte über Resilienz, eine Geschichte darüber, wie Anmut, Freundlichkeit und vollständig erwachtes menschliches Bewusstsein gegen immense Widrigkeiten bestehen können. Es ist eine Geschichte, die uns daran erinnert, wer wir wirklich sind, denn wir alle sind irgendwo indigen. In *Hüter der Weisheit* geht es um kulturelle Heilung und um gemeinschaftliche Mitschöpfung an der Seite unserer Mutter Erde. Mögen die Schönheit und die Lebenskraft in diesem Buch Sie inspirieren und verzaubern.

Dieses Buch ist allen jungen Menschen
auf der Welt gewidmet, die weitermachen werden,
wo wir aufhören; zu ihnen zählen mein Sohn Ian,
meine Töchter Leatha und Marissa sowie
meine Enkelkinder Kanuux, Hamati und Leah.
Ich bete darum, dass sie nie vergessen werden,
wie sehr unser Volk gelitten hat und
sich dennoch behauptete

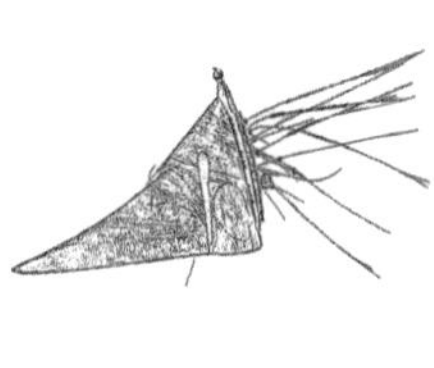

Dank

Für das Schreiben dieser Geschichten brauchte ich mehr als zwanzig Jahre. Erst jetzt habe ich das Gefühl, dass sie erzählt werden können. Es sind viele Menschen, denen ich danken möchte. Am allermeisten dem Volk der Unangan von den Inseln Saint Paul und Saint George. Ohne ihre Hilfe wäre dieses Buch nie entstanden. Sie haben mich inspiriert, der zu sein, der ich bin – durch ihre Geduld und ihre Tapferkeit, ihren Mut, ihre Liebe, ihren Einfallsreichtum, ihren Humor, ihr Teilen, ihre Fürsorge, ihre Selbstlosigkeit, ihre Menschlichkeit, ihre Demut und ihre Ausdauer in Irrungen und Wirrungen, die den stärksten menschlichen Geist herausfordern würden.

Dafür, dass sie mich lehrten, was es bedeutet, ein wirklicher Mensch zu sein, danke ich meinen Vorfahren. Ihre Spiritualität und findige Geschicklichkeit nähren mich bis heute. Ihre wahrhaft menschliche Intelligenz hat es uns ermöglicht, zu überleben und unter den harten Bedingungen der Beringsee zu gedeihen. Die Tatsache, dass wir heute hier sind, legt davon Zeugnis ab. Trotz des Völkermords, der Internierung und der Sklaverei, die uns in den vergangenen zweihundertfünfzig Jahren widerfahren sind, leben wir noch immer auf unserem angestammten Land.

Besonders verpflichtet bin ich auch Sergie Savorof, unserem Mentor, der mir im Alter von vier Jahren seinen Ehrennamen »Kuuyux« weitervererbte; meinen Eltern John und Stefanida Merculieff, die mir Liebe schenkten und, ohne dass sie sich einmischten, die Freiheit herauszufinden, wer ich bin; meinem Aatschaa [oder Lehrer], Nick Stepetin, der mir zeigte, wie man ein guter Jäger und ein wirklicher Mensch sein kann; meiner Tante Sophie Stepetin, deren Lebensweisheit mich bis heute begleitet; meinem Großvater, Paul Merculieff, der sein Leben rückhaltlos mit mir teilte und mich mit seiner Demut inspirierte; Mike Zacharof, der seine Liebe zu unserem Volk in seiner Arbeit zum Ausdruck brachte; Howard Luke, der mich lehrte, aus meinem Herzen statt aus meinem Kopf zu sprechen; und meinem Onkel Iliodor (Eddie) Merculieff, der mich dazu anregte, für mein Volk zu arbeiten.

Natürlich wäre diese Liste unvollständig, würde ich nicht den Ältesten und spirituellen Führern aus den verschiedenen Traditionen danken, die ihre Weisheit bereitwillig mit mir teilten, einschließlich der Zulu, der indigenen Völker Australiens, der Mapuche, der Quechua und Ayamara, der Maori, der Maya, der Tarahumara im Nordwesten Mexikos, der Inka, der Hopi, der Sioux, der Haudenosaunee oder Irokesen, der Ältesten der Stoney oder Nakoda aus der Provinz Alberta, der Yupik, der Tlingit, der Unangan, der Dene von Alaska und der Iñupiat.

Auch will ich all meinen Freunden danken, die mich im Laufe der Jahre unterstützt haben, indem sie die Kapitel dieses Buches lasen, mir Rückmeldung gaben und Änderungen vorschlugen. Besonders danken möchte ich Libby Roderick und Sumner Macleish – Libby, für ihren unerschütterlichen Glauben daran, dass diese Geschichten geschrieben und veröffentlicht werden mussten und für ihre Rolle bei der Aufarbeitung der Traumata, an denen ich litt, und Sumner für ihre Geduld und Beharrlichkeit bei der Bearbeitung meines Manuskripts, bevor es an den Verlag geschickt wurde. Und ich möchte mich bei meinen treuen Freunden bedanken, die immer zu mir gehalten haben, einschließlich George und Patrick Pletnikoff, Jenny Norris, Sharon (Shay) Sloan, Salila und Susanne Swibold; und Helen Corbett dafür, dass sie mich in meinem Erwachsenenleben spirituellen Erfahrungen aussetzte. Ich danke auch meinen Geschwistern Rinna, Eva, Thomas und Eliah für ihre bedingungslose Liebe und für all das, was sie mich lehrten.

Und schließlich möchte ich meine tiefste Dankbarkeit der Kalliopeia-Stiftung aussprechen. Ohne ihre Unterstützung wäre diese Arbeit nicht möglich gewesen.

1

Die Unangan oder Aleuten: das Küstenvolk von »echten Menschen«

Ich stamme von einem erstaunlichen Volk ab, das auf der Welt nicht besonders bekannt ist. Die Aleuten – oder Unangan, wie wir uns in unserer Sprache, auf Unangam Tunuu, nennen – leben und gedeihen auf den abgelegenen Aleuteninseln und entlang der Küstenlinien der Beringsee seit mehr als zehntausend Jahren. Anthropologen und Archäologen sind sich einig, dass die Unangan vor ihrem ersten Kontakt mit der Außenwelt eine der höchstentwickelten maritimen Kulturen Nordamerikas waren. Auch wenn sie nicht mit letzter Gewissheit sagen können, ob das Volk der Unangan ursprünglich mit Booten oder über die Bering-Landbrücke aus dem heutigen Russland und der Mongolei herüberkam, so stimmen sie darin überein, dass es sich auf der Gruppe von etwa zweitausend Inseln entlang jenes Archipels niederließ, das heute den Namen »Aleuten« trägt. Es gilt als gesichert, dass um die Mitte des achtzehnten Jahrhunderts, als die russischen Pelzhändler, «Promyschlenniki» genannt, auf unser Volk stießen, die Unangan in einer Gegend lebten, die damals der am dichtesten besiedelte Küstenstreifen Nordamerikas war.

Archäologen haben eine historische Siedlung freigelegt, die einstmals die Heimat von schätzungsweise bis zu fünftausend Unangan war. Diese Entdeckung bewies auch, wie gut unser Volk die rauen Umweltbedingungen überstand, wie reich seine Traditionen der Kunst, des Tanzes, der Musik, des Geschichtenerzählens, der Zeremonien und Rituale erblühten und wie erfolgreich es sein Wissen über die Natur und seine technischen Kenntnisse nutzte. Die Unangan brachten diese Leistungen zustande, weil sie »wahrhaft menschliche Wesen« oder »echte Menschen« waren,* die im gegenwärtigen Augenblick und in ihrem Herzen lebten. Das Herz sahen

* Viele der unter den Sammelbezeichnungen »Eskimo« oder »Inuit« subsumierten indigenen Völker nennen sich selbst mit Namen, die als *"real people"*, »wirkliche« oder »echte Menschen« beziehungsweise »wahres Volk« oder »Urvolk«

sie als den Ort an, wo ein Lebewesen mit »allem, was ist«, in ständigem Austausch steht. Aus diesem großen Gefühl der Verbundenheit mit allem erwuchsen unsere Lebens- wie auch unsere Naturgesetze und unsere spirituellen Lehren. Darin fanden die Unangan Schutz und Sicherheit, während sie unter und mit den oft harschen Bedingungen der Beringsee arbeiteten. Wir waren ein zutiefst spirituelles Volk. Alles, was wir taten und entwickelten, einschließlich unserer Techniken, besaß ein spirituelles Fundament.

Die Inseln der Aleuten und der Beringsee entstanden entweder durch Vulkantätigkeit oder sind die höchsten Punkte von Unterwasser-Meereshängen und als solche relativ unfruchtbar, abgesehen von dem üppigen Teppich aus grünen Tundra-Gräsern und bunten Wildblumen während des Sommers. Polarfüchse waren die einzigen größeren einheimischen Landtiere. Doch fanden die Unangan die Beringsee voller Meeressäuger, Fische und Vögel – eine wilde Fauna, die zur Grundlage für den Unterhalt einer Bevölkerung wurde, deren Größe auf zwanzig- bis dreißigtausend Menschen geschätzt wird.

Die Unangan, ein erfahrenes Volk von Seefahrern, nutzten ihre fünf bis sechs Meter langen Kajaks, sogenannte Iqyax (Einsitzer) oder Uluxtahn (Zweisitzer), um wochenlang zu den südpazifischen Inseln, der russischen Küste, nach Südkalifornien und durch die gesamte Beringsee und den Nordpazifik zu reisen. Diese hochentwickelten Meereskajaks galten als die »Zweitfrau« des Unangan-Jägers oder -Fischers und wurden zur Jagd auf Wale, Walrosse, Seeotter, Schweinswale, Stellersche Seelöwen und Nördliche Seebären oder Ohrenrobben verwendet. Für den Fang großer Heilbutte vom Kajak aus entwickelte man ausgeklügelte Verfahren: Algenseile und V-förmige Knochenhaken sorgten dafür, dass der Fisch sich nicht mehr zu befreien vermochte, wenn er erst einmal am Haken hing. Die mit Seelöwenhaut bespannten Kajaks wurden aus Treibholz gefertigt, das fast ein Jahr lang geformt wurde, um sagenhaft leise, schnelle, langlebige und für das offene Meer taugliche Boote zu ermöglichen. Noch heute zählen die Kajaks der Unangan zu den besten auf der Welt, entworfen, um sich auf hoher See mit verblüffender Stabilität fortzubewegen. Die Kajaks sind so gebaut, dass sie sich jedem Wellenrhythmus anpassen, als

übertragen werden können. *Unangan* bedeutet wörtlich »Küstenvolk« [Anmerkung der deutschen Übersetzer].

wären sie Teil des Meeres. Unangan-Kajaks sind die ersten bekannten Hochseefahrzeuge mit einer aus Elfenbein hergestellten Art von Kugellagern, die es jedem entscheidenden Teil des Bootes erlauben, sich entsprechend der Wellenbewegung zu verbiegen.

Ein Freund und ich bauten einmal gemeinsam ein Iqyax und wir brauchten dafür neun Monate – die gleiche Zeit, die es dauert, bis ein Baby geboren wird. Beim Bau des Kajaks erfuhr ich mit großem Erstaunen, wie gut mein Volk das Meer kannte. Wir bauten das Iqyax so genau wie möglich auf die traditionelle Art und Weise. Es war gut fünf Meter lang und knapp sechzig Zentimeter breit. Ein Löffelbug sorgte dafür, dass das Fahrzeug auch bei rauem Seegang nicht untertauchte, weil er die Wellen teilte, was dem Kajak Auftrieb verlieh. Das Heck war so gestaltet, dass die Kontrolle über das Fahrzeug, unabhängig von der Höhe des Wellengangs, auch bei nachlaufender See gewährleistet war. Das »Kugellager« erlaubte es dem Kajak, mit jeder Bewegung des Wassers mitzugehen, was einen fühlen ließ, man sei eins mit dem Meer.

Unser Kuuyux, so nennen wir bei den Unangan einen besonderen Mentor, erzählte mir von Männern, die in ihren fünf Meter langen Iqyax bis an den südlichsten Zipfel Südamerikas, nach Südkalifornien und zu den pazifischen Inseln gereist waren und nach Point Barrow, der nördlichsten Landspitze Alaskas, oder in den fernen Osten Russlands. Die Navigationsfähigkeiten unseres Volkes suchten damals in Nordamerika ihresgleichen. Auf der Beringsee, wo das Zusammentreffen von Japanstrom und sibirischer Kaltluft für häufigen Nebel und nur rund zwanzig Sonnentage pro Jahr sorgt, konnten die Unangan auch ohne Sterne navigieren – eine Meisterschaft, die verlangt, sich vollkommen auf »den Geist, der in allen Dingen lebt«, einzustellen und mit ihm zu verschmelzen. Der »echte Mensch« vermag zu navigieren, indem er die Energie des Meeres und des Landes spürt, den Verlauf des Seegangs und die Vogelarten und Robben beobachtet, die aus dem Nebel auftauchen, die Richtung der Gezeitenbewegungen kennt, den Rhythmus des Meeres fühlt, den Tieren auf den Kolonien und Klippen lauscht – also mittels Intuition, »Bauchgefühl« und Herzensverstand. All dies vermochten sie ohne Denken irgendwelcher Art,*

* Dinge ohne Nachdenken zu tun, mag für den westlich geschulten Verstand ein schwer zu verstehendes Konzept sein, da der Verstand als das Zentrum der Intelligenz begriffen wird. Indigene Völker hingegen wissen, dass wahre Intelligenz das Ergebnis zeitweilig außer Kraft gesetzten Denkens ist.

und die Jäger überlieferten den kommenden Generationen ihre Navigationskenntnisse mittels Liedern und Geschichten. Noch heute gibt es einige Völker, die auf diese Weise ohne Kompass oder moderne Navigationshilfen reisen können. Die meisten Männer, die in meiner Kindheit Heilbutt gefischt haben, verfügten noch über diese Fähigkeit. Heutzutage aber verwenden die Jungen moderne Navigationshilfen wie Radar und GPS. Als ich Jahre später in den Süden Argentiniens nach Patagonien reiste, um die Mapuche zu besuchen, die einige Ältesten aus Alaska eingeladen hatten, fand ich noch etwas weiteres Interessantes über die Reisen meines Volkes heraus, über das ich in Kapitel 31, »Die Mapuche Südargentiniens«, schreibe.

Die Unangan-Männer begannen bereits als kleine Jungen ihre Kajakausbildung, in deren Verlauf sie über mehrere Jahre hinweg täglich stundenlang am Ufer im Wasser sitzen mussten. Auch wurde von ihnen verlangt, dass sie Hügel hinauf- und wieder herunterliefen, während sie mit ausgestreckten Armen große Basaltsteine vor sich hertrugen, bevor sie sich den Männern anschließen durften. Bruno Fröhlich, forensischer Anthropologe am Smithsonian Institute, der die Unangan-Kultur drei Jahrzehnte lang erforscht hat, stellte fest, den durchschnittlichen Unangan-Mann würden wir heutzutage wohl als olympischen Athleten ansehen mit einem Bizeps, der die meisten Männer beschämen könnte.

Anthropologen haben dokumentiert, dass die Unangan eine in der nördlichen Hemisphäre unübertroffene, wenn auch einfache Form der Gehirnchirurgie praktizierten, genaue Bezeichnungen für jeden Körperteil kannten und ausgefeilte Mumifizierungstechniken beherrschten, die denen der Ägypter entsprachen.

Mit kleinen in Gift getauchten Speeren machten unsere Vorfahren von ihren Iqyax und Uluxtahn aus erfolgreich Jagd auf große Wale, während diese in Buchten mehrere Tage lang nach Nahrung suchten. Wurde ein Wal mit dem Speer angeschossen, bahnte sich das aus einer Pflanze gewonnene Gift seinen Weg ausschließlich ins Herz des Tieres und zu keinem anderen Körperteil. Nach drei Tagen starb der Wal.

Ein besondere Sinn für Ästhetik zeigte sich in allem, was die Handwerker der Unangan produzierten: von den Kajaks und den Jagdspeeren über die aus dampfgebogenem Holz hergestellten und aufwendig bemalten Hüte und die teilweise wasserabweisende Kleidung, die Tätowierungen und die zeremoniellen und Jagdmasken bis hin zu ihren Schnitzereien aus Knochen und Elfenbein. In Museumssammlungen auf der ganzen Welt zeugen diese Gegenstände von der Schönheit und der Nützlichkeit, die die Unangan in alles einfließen ließen, was sie herstellten, und zwar mit einem ausgeprägten Sinn für ihre spirituelle Verbundenheit mit der gesamten Schöpfung.

Das Wesen der Unangan-Spiritualität zeigt sich in den kunstvollen Malereien auf ihren Holzhüten, die bei Ritualen und Zeremonien zum Einsatz kamen oder während der Jagd und in Kriegen getragen wurden. Unangan-Männer glaubten, dass dem gejagten Tier Ehre gebührt, und so musste auch der Jäger in seiner schönsten Kleidung erscheinen. Der Hut der Unangan aus Bugholz zeigt häufig vier- oder achtblättrige Rosetten, was auf die »heilige Vierheit« hinweist, die viele indigene Traditionen auf der ganzen Welt kennen, oder auf die berühmte Blume des Lebens, die in Hieroglyphen der Ägypter und der Maya gefunden wurde. Sie birgt die Muster der Schöpfung, wie sie aus der »Großen Leere« auftauchten.

Die Flügel des Hutes, die Voluten, sind aus Elfenbein gefertigt und stellen in ihrer Form eine spirituelle Weltanschauung dar, die das »dritte Auge« einschließt, das Gleichgewicht zwischen dem Männlichen und dem Weiblichen, das eigene spirituelle Zentrum und dasjenige der ganzen Schöpfung. Die Voluten wurden alle unterschiedlich geschnitzt, je nachdem, woher jemand stammte und welche Stellung die Person als Jäger innehatte. Doch alle Voluten enthalten eine verborgene Botschaft der Unangan-Spiritualität.

Die Volute selbst lässt, wenn sie zur Seite gedreht wird, die Form eines Vogels oder eines Vogelschnabels erkennen und deutet auf den Donnervogel hin. Dieser wurde von unserem Volk als ein Vogel mit der Macht des Todes angesehen – eine Erinnerung daran, dass wir »kleine Tode« sterben müssen, wenn wir leben wollen. Diese kleinen Tode können der Verlust eines geliebten Menschen, eines Zuhauses, eines Freundes sein, der Tod einer Person, die einem wichtig war, der Tod des alten »Ichs« und die Geburt des neuen und so weiter. Das zwischen fünfzehn und zwanzig Zentimeter große Ornamentstück wurde zu einer länglichen Biegung geschnitzt, die in einer Spirale endete. Diese Spirale repräsentierte Agox, den Erschaffer aller Schöpfung, die niemals endet – unser Volk wusste, dass das Leben ein Kreis ist, der sich ständig wandelt. In der Mitte der Spirale befand sich das dritte

Auge, unser Zentrum und das Zentrum des Universums. Der Hals der Volute vermittelt das Verständnis, dass die männlichen und die weiblichen Aspekte in der gesamten Schöpfung ausgeglichen vorhanden sein müssen, damit wir als wahrhaft menschliches Wesen leben können. Ich habe herausgefunden, dass sogar das Land einen männlichen und einen weiblichen Aspekt besitzt. Auf dem Hals erscheint ein Phallussymbol mit Kreisen und Punkten in deren Mitte, die den »heiligen Kreis« und das Zentrum andeuten; drei Kreise, die um den Kreis »des Ursprungs« gruppiert sind, symbolisieren die heilige weibliche Zahl drei und den Ort, aus dem wir stammen.

Verschlungene Muster auf dem Hut können eine Jagdgeschichte, Tiere oder Vögel darstellen. Der Hut hatte wie alle anderen Gegenstände der Unangan einen praktischen Nutzen. Der schöne Jagdhut mit seinem langgezogenen Schirm wurde speziell für die unbeständige Beringsee angefertigt: Damit die ankommende Gischt dem Jäger nicht die Sicht nahm, brauchte dieser bloß nach unten zu schauen, wann immer eine Welle über den Bug des Kajaks brach.

Was die Wertschätzung und die Behandlung von Männern und Frauen anging, war die Unangan-Kultur für ihre damalige Zeit fortschrittlich. Die Gesellschaft war insofern egalitär, als dass die Rollen von Männern und Frauen gleichermaßen gewürdigt wurden, und sowohl Männer als auch Frauen konnten mehr als einen Ehepartner haben, wenn die Umstände dies erforderten. Der Gebrauch des Mondkalenders demonstrierte eine Ehrerbietung des heiligen Weiblichen und seine Verbindung zum Wasser und infolgedessen zu allem Leben. Die heilige und große Kraft der Frau wurde in der Praxis anerkannt – ein Mann jagte nicht während der Mondzeit seiner Frau. Weil diese Tage als heilig galten und eine Zeit waren, in der eine Frau am kraftvollsten die Normalität des Alltags und der Jagd unterbrechen konnte, trennten sich die Frauen dann von der Gemeinschaft und zogen sich an einen Ort zurück, den manche die »Mondhütte« nannten. Auch waren sie es, die die »Schamanen« initiierten, weil Frauen eine direktere Verbindung zu den Geheimnissen des Lebens haben. Und Menschen, die in ihrer Person das andere Geschlecht verkörperten, galten als spirituell fortgeschritten, einfach weil es in der geistigen Welt keine Dualität gibt und in ihnen zwei Geschlechter zu einem verschmolzen.

Die spirituelle Entwicklung der Unangan und ihr Verständnis des Platzes des Menschen in der Schöpfung bildeten die Grundlagen unseres Volkes.

2

Völkermord und Sklaverei

Als Vitus Bering, ein dänischer Marineoffizier in russischen Diensten, im Jahr 1741 auf der Suche nach pelztierischen Reichtümern, die er nach China zu verkaufen gedachte, auf den Aleuten landete, stieß er auf ein im Überfluss lebendes und blühendes Volk. Er ahnte nicht, dass diese historische Begegnung schon bald den Anfang vom Ende der Unangan-Kultur einläuten würde. Im Jahr 1824, als der russische Priester Innokenti Weniaminow auf der Insel Unalaska eintraf, fand er dort gerade noch zweitausend Überlebende des Völkermords, der Seuchen und der Hungersnöte, welche die Promyschlenniki, die russischen Pelzhändler, über das Volk der Unangan gebracht und es damit fast komplett vernichtet hatten. In einigen Fällen wurden ganze Siedlungen ohne eine einzige abgefeuerte Kugel ausgelöscht, indem die Menschen Opfer von Krankheiten wie Pocken, Masern und Tuberkulose wurden.

Unter der russischen Gewaltherrschaft wurden die Schamanen der Unangan und deren Schüler hingerichtet; die Überlebenden durften ihre Spiritualität und Bräuche nicht mehr ausüben, ihre Sprache nicht sprechen und mussten Russisch lernen. Frauen und junge Mädchen wurden als Konkubinen genommen und viele von ihnen nach Russland verschleppt. Die russisch-orthodoxe Kirche entsandte Missionare, die das Volk zur Konvertierung zu ihrer Form des Christentums nötigten, und jeder Unangan, der dem nachkam, hatte den Namen eines russischen Heiligen anzunehmen. Unangan, die in die Kirche eintraten, wurden weniger grob behandelt als jene, die dies nicht taten.

Fünfzig Jahre nach Ankunft der russischen Pelzhändler waren achtzig Prozent des Volkes ausgelöscht. Noch heute werden Geschichten über jenes Grauen weitererzählt, dem die Unangan während dieser Massenvernichtung ausgesetzt waren. Eine Geschichte berichtet davon, wie eine Gruppe von Frauen und jungen Mädchen gemeinsam von einer Klippe auf der Insel Umnak sprang, weil sie nicht als Sexsklavinnen der Promyschlenniki enden wollten. Eine andere Geschichte handelt von einer Wette zwischen zwei russischen Händlern darüber, wie viele Unangan sie mit einer einzigen Musketenkugel töten könnten. Um dies herauszufinden, wurden Unangan-Männer hintereinander aufgereiht und aus nächster Nähe erschossen. Die Antwort auf die Wette lautete: neun. Und eine weitere Geschichte erzählt, wie die russischen Pelzhändler herausfanden, dass der Bau eines Kajaks, mit dem die großen Meeressäuger für die Ernährung einer Unangan-Gemeinschaft gejagt wurden, fast ein Jahr dauerte. Eines frühen Morgens überfielen Promyschlenniki ein Dorf auf der Insel Akutan und zerstörten ausnahmslos alle Kajaks. Die Dorfbewohner mussten verhungern.

Im Jahr 1763 organisierten viele Unangan einen Aufstand gegen ihre grausame Versklavung und töteten Dutzende, vielleicht Hunderte russischer Pelzhändler. Ein russischer Kapitän namens Soliev beschloss, den Unangan eine Lektion über den Preis des Widerstands zu erteilen, und nahm Rache. Soliev stellte eine kleine Kriegsflotte mit dem Plan zusammen, jeden Unangan auf den drei größten Aleuteninseln, Akutan, Unalaska und Umnak, zu töten. Als das Blutbad begann, flüchteten viele Unangan, vor allem Frauen, Kinder und alte Männer, von den drei Inseln auf ein kleines Eiland vor Unalaska. Nachdem die Promyschlenniki Tausende von Unangan auf den drei größten Inseln in der zentralen Aleutenkette getötet oder gefangen genommen hatten, wurden bis zu dreitausend weitere auf dieser Zufluchtsinsel von den russischen Pelzhändlern ermordet. Spätere Untersuchungen ergaben, dass die Händler dies mittels Pulverfässern taten, welche sie durch die Eingänge der halbunterirdischen Unangan-Häuser rollen ließen und so die Menschen im Inneren töteten. Es war der letzte große Kampf zwischen den Unangan und ihren Unterdrückern.

Die Händler verweisen in ihren Schiffstagebüchern nur selten und, wenn überhaupt, beiläufig auf diese dunkle Zeit. Bis heute spricht die russisch-orthodoxe Kirche ausschließlich von den

Errungenschaften, die sie dem Volk der Unangan gebracht habe, dem wiederum es verboten war, über die russischen Eroberungen zu sprechen, bis die meisten Geschichten in Vergessenheit geraten waren. Und tatsächlich haben die Unangan die Berichte über diese Ereignisse verdrängt und ihre Versklavung und den Genozid an ihrem Volk nie kollektiv betrauert.

Die verbliebenen Überlebenden dieses Völkermords wurden von den russischen Pelzhändlern versklavt und gezwungen, Pelztiere in den südlichen und den nördlichen Aleuten sowie bis hinunter nach Südkalifornien zu jagen und zu töten. Nachdem die Promyschlenniki von den Unangan Geschichten über nebelverhangene Inseln gehört hatten, auf denen Millionen von Nördlichen Seebären lebten, sandten sie Expeditionen aus, um diese zu finden. Noch heute erzählt man sich die Geschichte von einem Häuptlingssohn namens Igadagik, dessen Kajak während eines dreitägigen Sturms von der Insel Unimak nach Norden abgetrieben wurde. Nachdem sich der Sturm gelegt hatte, hörte Igadagik im Nebel das tumultartige Bellen von Seehunden und lenkte sein Kajak in Richtung der Geräusche. Als er Land erkennen konnte, war Igadagik verblüfft über das Gewimmel von Seebären, die jeden Winkel der mit Basaltfelsen bedeckten Strände füllten. Er blieb ein Jahr lang auf der Insel. Nur bei Ebbe und an klaren Frühlingstagen waren von dort aus die Bergspitzen der Aleuten zu sehen. Bei seiner Rückkehr auf die Insel Unimak berichtete Igadagik von seinen Erfahrungen, und die Inseln wurden als Tanax Amix oder »Land des Bruders der Mutter« bekannt. Die Schamanen erklärten den Leuten, dass dieser Ort nur zum Jagen besucht und nie bewohnt werden dürfe. Es war ein heiliger Ort.

Ein russischer Seefahrer, Gawriil Pribylow, stach 1787 mit einer Handvoll sorgfältig ausgesuchter Unangan-Sklaven und deren Familien in See, entdeckte eine dieser Inseln und nannte sie Sankt George – nach dem russisch-orthodoxen Heiligen, dessen Geburtstag auf den Tag fiel, an dem Pribylow die Insel erreichte. Im Jahr darauf stieß er auf die benachbarte große Insel, die er nach den Heiligen Petrus und Paulus benannte und die später den Namen Saint Paul erhielt. Diese beiden sowie drei kleinere vorgelagerte wurden von den Russen als Pribylow-Inseln bezeichnet; als die USA sie später übernahmen, änderten sie die Schreibweise zu Pribilof Islands. Mit Pribylows gefangenen Unangan-Arbeitskräften, die nun unter Zwang dauerhaft auf diese Inseln umgesiedelt wurden, begann eine neue Ära: Tausende Robben wurden in jedem der kurzen Sommer in einem aufreibenden Prozess abgeschlachtet, wenn die Tiere zur Geburt ihrer Jungen an Land kamen. Man schätzt, dass es zu jener Zeit auf den Pribilofs viereinhalb Millionen Nördliche Seebären gab.

Für mein Volk muss das Leben auf den Pribilof-Inseln brutal gewesen sein. Eine Handvoll Männer töteten zwischen zwanzig- bis vierzigtausend Robben innerhalb weniger Monate, häuteten die Tiere und transportierten sie dann in großen, fünfzehn Meter langen Unangan-Booten namens Nixalax (oder Baidar auf Russisch) über mehr als zwanzig Kilometer zur neu gegründeten Siedlung. Die Männer mussten am Ende eines jeden Tages völlig erschöpft gewesen sein.

Während des Sommers war ausreichend Essen vorhanden, da das Robbenfleisch für die Unangan ein Grundnahrungsmittel darstellte, für die russischen Pelzhändler hingegen keinerlei Wert besaß. Die Winter auf den Pribilof-Inseln standen in krassem Gegensatz zu der sommerlichen Fülle. Die sibirischen Tiefdruckgebiete mit ihren schneidend kalten und feuchten Böen brachen jeden Winter mit Windgeschwindigkeiten von bis zu hundertsechzig Stundenkilometer über diese abgelegenen Inseln herein. Große Schneestürme begruben die halbunterirdischen Unangan-Behausungen, die in den Klippen nistenden Seevögel und fast alle Meeressäuger zogen in wärmere Klimazonen und die wenigen verbliebenen kamen nicht mehr an Land. Das winterliche Meer war turbulent und selbst für die erfahrensten Seemänner zu gefährlich. Man kann nur erahnen, wie es den Unangan, die während des Winters von den russischen Pelzhändlern dort zurückgelassen wurden, in diesen extrem harten Zeiten ergangen sein muss. Doch allen Widrigkeiten zum Trotz hielten die überlebenden Unangan-Sklaven, nunmehr eine grausam unterworfene Nation, irgendwie durch.

Die Pribilof-Inseln als Hoheitsgebiet der USA

Unter russischer Herrschaft waren die Unangan mehr als einhundertzwanzig Jahre lang gezwungen worden, die russische Sprache zu lernen, den russisch-orthodoxen Glauben anzunehmen, russische Nachnamen zu tragen und schließlich sogar sich die russische Lebensweise anzueignen; manche heirateten ihre Unterdrücker und wanderten nach Russland aus. Die Menschen mit gemischtem Unangan- und russischem Blut nannte man Kreolen. Diese übernahmen die Arbeit der russischen Pelzhändler und wurden sogar russisch-orthodoxe Priester, Übersetzer und Kapitäne der Segelschiffe, in denen die Pelze nach Russland transportiert wurden.

Die Entbehrungen unter russischer Herrschaft hielten an bis zum Vertragsabschluss im Jahr 1867, als Russland die Zuständigkeit für Alaska an die Vereinigten Staaten verkaufte und die Unangan ihre Art und Weise zu leben erneut ändern mussten. Nun bekamen sie die harte Hand der Unterdrückung vonseiten der US-Regierung zu spüren. Englisch zu lernen, wurde Vorschrift, und Russisch oder Unangam Tunuu zu sprechen, wurde (außer beim Praktizieren der Religion) verboten. Nur ihren russisch-orthodoxen Glauben durften die Unangan behalten, an dem sie auch hartnäckig festhielten. Vielleicht weil er das Einzige war, aus dem sie Hoffnung schöpften. Die in der Kirche gesprochene Sprache war ein mit slawischen Endungen angereichertes und in kyrillischem Alphabet geschriebenes Unangam Tunuu (das vor der Gründung der russisch-orthodoxen Kirche auf den Aleuten keine Schriftform gekannt hatte). Von Pater Michael Lestenkof, einem Unangan-Priester, habe ich erfahren, dass Schamanen aus unserem Volk in dem auf Unangam Tunuu bersetzten Vaterunser spirituelle Botschaften verschlüsselt hatten, die über Generationen weitergegeben worden sind.

Die US-Regierung schloss Verträge mit privaten Unternehmen, die mit der Tötung der Nördlichen Seebären wegen ihrer kostbaren dicken Felle fortfuhren. Die Alaska Commercial Company erhielt den ersten Zwanzigjahresvertrag und die North American Commercial Company bekam den zweiten zwanzigjährigen Vertrag, bevor im Jahr 1910 die US-Regierung selbst die direkte Gerichtsbarkeit übernahm.

Nach dem Abtretungsvertrag verloren die Unangan ihre wenigen unter der russischen Zwangsherrschaft mühsam erkämpften Errungenschaften, darunter die Behandlung als Volk mit russischen Bürgerrechten, die Möglichkeit, Schulen in Russland zu besuchen und russisch-orthodoxe Priester zu werden. Die Privatunternehmen und die sie ablösende US-Regierung verlangten, dass die Menschen die westliche Lebensart übernahmen, was einer Fortführung der Praxis gleichkam, die auch bei der Unterdrückung der nordamerikanischen Ureinwohner angewendet worden war. Wer eine andere Sprache als Englisch sprach, dessen Mund wurde mit Seife ausgewaschen oder er wurde mit einem besonderen, zu diesem Zweck gefertigten Stock geschlagen, dessen Löcher an den Enden den Schmerz der Schläge verstärkten.

Der Älteste Gabe Stepetin erzählte einmal über seine Kindheit unter der US-Herrschaft: »Sie wollten nicht, dass wir zu schlau wurden. Wir sollten lediglich sagen können: ›Ja, Sir‹ und ›nein, Sir‹. Wir hörten den ganzen Tag lang bloß Musik, die vom Lehrer gespielt wurde, dann ging es nach Hause.« In seinem Tagebuch, aus dem Stepetin vorlas, stand auch ein Eintrag über das Essen, das sie eines Winters zu sich nahmen. »Es war mein Geburtstag«, sagte er, »und alles, was wir an diesem Tag zu uns nahmen, war Brot und Tee. Wir hatten nichts anderes. So oder ähnlich war unser Essen. Schaut euch meinen Tagebucheintrag an. Die meisten Tage aßen wir Brot und tranken Tee. An diesem Tag schrieb ich auf, dass wir Brot und Tee verzehrt hatten, weil ich nicht wusste, was wir am folgenden Tag essen würden.«

Diese Bedingungen hielten sich bis in die frühen 1960er-Jahre.

3

Callorhinus ursinus: der Nördliche Seebär

Aufgewachsen bin ich mit den Klängen Zehntausender von Robben; ich hörte sie bei jedem Zubettgehen und mit jedem Aufwachen. Ich liebte ihr Rufen. Als ich ein Kind war, gab es noch bis zu eineinhalb Millionen Nördliche Seebären auf den Pribilof-Inseln. Achtzig Prozent dieser Robbenart pflanzt sich dort fort. Im Laufe des Monats Mai finden sich die Männchen aus der Beringsee, ihrem überwiegenden Aufenthaltsort, ein, um an den Stränden ihr Revier zu sichern und das Eintreffen der Weibchen im Juni abzuwarten. Bis sie sich gepaart haben, verlassen die Männchen das jeweilige Territorium niemals, auch nicht zur Nahrungsaufnahme. Wenn die Weibchen nach ihrem Winteraufenthalt Tausende von Meilen vor der Küste Südkaliforniens und im Südosten Alaskas eintreffen, werden sie, die zum Teil nur ein Fünftel so groß sind wie die Bullen, von diesen gepackt und in ihre Harems eingegliedert, die in meiner Kindheit aus bis zu hundert Weibchen bestehen konnten. Erst wenn der Bulle seine Weibchen befruchtet hat, verlässt er sein Territorium und schwimmt – zum ersten Mal seit seiner Ankunft auf den Pribilofs – zur Futtersuche wieder ins Meer hinaus.

Weibliche Robben besitzen zwei Uteri: Der eine dient zum Gebären eines etwa fünf Kilogramm schweren Robbenbabys, der zweite ermöglicht es, dass die Robbenkuh bereits drei Tage später erneut befruchtet werden kann. Während die weiblichen Robben sich auf Futtersuche begeben, sammeln sich die Jungtiere in der Kolonie. Bei der Rückkehr sind es die vom Jungen und vom Weibchen ausgestoßenen Rufe, die die beiden inmitten Tausender Nördlicher Seebären wieder zusammenfinden lassen. Normalerweise befinden sich die Kühe zwischen drei und zehn Tagen auf Futtersuche, auf den Pribilof-Inseln jedoch waren sie – vor Beginn des Pelzrobben-Rückgangs in den 1970er-Jahren – maximal sieben Tage unterwegs.

Im Laufe der Jahre lernte ich vieles von der Sprache der Nördlichen Seebären und konnte einige Klänge unterscheiden: etwa ein sich paarender Robbenbulle; das warnende Brüllen eines Bullen, in dessen Revier ein Rivale eindrang; zwei Bullen, die miteinander kämpften; ein Bulle, der die anderen vorwarnen wollte, dass er sich nun ohne feindselige Absichten fortzubewegen gedenke; eine jäh zum Aufwachen gebrachte Robbe; das Blöken der nach ihren Müttern rufenden Jungen; oder Mütter, die nach ihren Jungen riefen. Tag und Nacht vernahm ich diese ineinander vermischten Klänge, die chaotisch und doch als eine rhythmische Melodie von jeder Kolonie ertönten.

Es war magisch und geheimnisvoll, mit den anderthalb Millionen Robben der Pribilof-Inseln heranzuwachsen. Ich beobachtete sie stundenlang, entweder von Land aus oder – wenn ich mit den Männern auf Heilbutt-Fang unterwegs war – vom Meer her. Robben sind äußerst bewegliche, wachsame und sehr gesellige Tiere, an Land und im Meer sind sie immer in Gruppen beisammen. Die hervorstechendsten Bullen tragen richtiggehende

Mähnen, die an jene von Löwen oder Bären erinnern – daher der Name Seebär. Auch die Bewegungen von Vorder- und Hinterläufen einer Robbe an Land gleichen denen eines Bären. Und ebenso wie diese sind die Seebären äußerst territorial; die Weibchen beschützen ihre Jungen sehr angriffslustig, egal woher sie eine Gefahr vermuten. Die Leitbullen stehen in ihrer Gefährlichkeit einem Grizzly in nichts nach; mit diesen Männchen legt sich keiner an. Schneller als jeder Mensch bewegen sie sich über die Felsen und können innerhalb von Sekunden schwere Verwundungen zufügen, indem sie ihre Eckzähne durch Fleisch oder Fell bohren und ihren muskulösen Nacken heftig hin und her schleudern. Es kommt häufig zu Kämpfen zwischen Bullen, und jüngere oder ältere Eindringlinge in ein Revier können große Teile ihres Fells und ihrer Haut von den Leitbullen herausgerissen bekommen. Auch kommt es vor, dass mehrere Bullen gemeinsam einen Eindringling angreifen. Doch mit dem Tod eines der Kontrahenten enden solche Begegnungen selten.

Im Meer leben die Robben ganz anders als an Land. Die meiste Zeit treiben sie dort ziellos umher oder spielen. Angriffslustig sind sie nur, wenn ein Robbenbulle eine widerwillige Kuh zur Paarung ins Wasser jagt. Vor uns Menschen haben sie keine Angst; sie können sogar bis an die Seite eines Bootes herankommen, wo sie ihre Hälse hoch aus dem Wasser strecken und uns neugierig beobachten. Im Wasser bewegen sich die Robben sehr schnell und anmutig. Ich war immer wieder überrascht von der Gewandtheit und Flexibilität ihres Körpers, der sich in einer Art Unterwasserballett so schnell dreht und wendet, wie man es sich anmutiger kaum vorzustellen vermag. Niemand kann mir weismachen, Robben würden nicht spielen. An einer bestimmten Art von stürmischen Tagen, wenn die Wellen sich weit draußen vom Ufer entfernt brechen, machen sich junge und alte Robben manchmal daran, »sich eine Welle zu schnappen« und surfen dann entweder auf oder direkt in ihr. Ich liebte es, die Silhouetten der sich im klaren Meerwasser einer steilen Welle bewegenden Robben zu beobachten. Kurz bevor die Welle am Ufer auslief oder sich brach, drehten die Robben ab, um draußen vor der Küste eine neue Welle zu erwischen. Manchmal, wenn die Umstände passten, spielten die Robben auf diese Art eine ganze Stunde lang. Im Herbst beobachtete ich die im Juni und Juli geborenen Robbenjungen. Diese spielten stundenlang im Wasser, indem sie den auf dem Meeresboden gefundenen Seetang abpflückten und diesen spielerisch schüttelten, auf kleineren Wellen surften oder anderen Robbenjungen hinterherjagten.

Die einzigen Feinde der Robben sind, abgesehen von den Menschen, die Orcas und die Stellerschen Seelöwen, wobei die Letzteren nicht mit ihren gutmütigeren südlichen Artgenossen in Kalifornien vergleichbar sind. Die Seelöwen, von denen ich hier spreche, sind größer und bedeutend wilder. Bei ihnen ist die Kuh für die Futtersuche verantwortlich, damit ihr Junges von ihrer Milch überleben kann. Eines Tages im Herbst konnte ich ein Orca-Paar beobachten, das sich den Felsen entlang der Kolonie bewegte, in der die Robbenjungen in Gruppen beisammen waren. Ich war erstaunt zu sehen, wie das Schwertwalpaar mit den Welpen zu »spielen« begann. Die Orcas schmiegten sich mit ihrem Kopf unter ein Junges und warfen es sanft in die Luft. Das Junge drehte sich und fiel kopfüber zurück ins Wasser; es glich einer Art olympischen Wasserspringens. Ganz offensichtlich mochten die Welpen dieses Spiel; sie versammelten sich um die Orcas, um auch an die Reihe zu kommen und in die Luft geworfen zu werden. Aber dann, ganz plötzlich, als hätten sie sich mit einem Zeichen abgesprochen, attackierten die beiden Orcas gleichzeitig die Welpen, deren Abwehrmechanismus unterdessen außer Kraft gesetzt war. Jene Welpen, die diesen Angriff überlebt hatten, wurden draußen im offenen Meer von den Seelöwen gejagt und gefressen. An diesem Tag wurde ich Zeuge davon, wie mindestens ein Dutzend Robbenbabys innerhalb weniger Minuten, oft zwei oder drei auf einmal, gefressen wurden.

Häufiger jedoch pirschten sich Orcas im Meer an Robben heran und scheuchten sie in Richtung anderer wartender Orcas. Wir erkannten immer, wenn dies geschah: nämlich an der unvermeidlichen großen Blutlache auf der Wasseroberfläche, um die vier oder fünf Schwertwale kreisten. Niemals hätten wir es gewagt, in einen solchen Kreis von Orcas hineinzufahren, wenn sie eine Robbe erlegt hatten. Oft sättigten sich dort nämlich eine Walkuh und ihr Kalb daran, während mindestens zwei große männliche Verwandte in einem unsichtbaren Umkreis Wache hielten, um das verwundbare Paar zu schützen. Als wir eines Tages versehentlich mit unserem Boot in solch einen unsichtbar abgesteckten Verteidigungskreis gerieten und zwei auf uns zurasende riesige Rückenflossen entdeckten, startete der Bootsmann blitzschnell seinen siebzig PS starken Außenbordmotor und wir rasten mit Höchstgeschwindigkeit davon. Wir fuhren zehn Minuten lang, bis wir die Schwanzflossen nicht mehr sahen und erleichtert anhalten konnten. Doch dann blickte der Bootsführer unter seinen Außenbordmotor und bemerkte die beiden riesigen Männchen, wie sie zu ihm hinaufschauten. Sie waren uns gefolgt, um sicherzustellen, dass wir nicht zurückkehren würden. Erst als wir einen für sie ausreichenden Abstand zum Futterplatz hatten, kehrten sie zum Weibchen und seinem Kalb zurück.

Heutzutage zählen wir in den einzelnen Harems der Nördlichen Seebären statt der früheren hundert Kühe gerade noch drei bis fünf Weibchen, und viele Bullen warten beim Aufbau ihrer Reviere in den Kolonien vergeblich auf Weibchen. Die Population der Nördlichen Seebären auf den Pribilof-Inseln ist während der letzten vierzig Jahre wahrscheinlich auf unter eine halbe Million zurückgegangen. Die Gründe sind vielfältig: die sich auf Migrationsmuster, Fressgebiete und Futterangebot auswirkenden Klimaveränderungen, die Plastikverschmutzung der Meere oder Seilreste, die sich um die Nacken der Seehunde schlingen und bei ihnen zum qualvollen Erstickungstod oder tödlichen Infektionen führen. Und auch die kommerzielle Fischerei trägt weiterhin zum Rückgang der Anzahl der Nördlichen Seebären bei: Die Fabriktrawler haben es genau auf dieselben Nahrungsquellen der Beringsee abgesehen, die die Robben, die Seelöwen und die Seevögel zum Überleben brauchen.

Die Zeiten, an die ich mich noch so gut erinnere, in denen die Robben in ihren Kolonien an die Zehntausende zählten, sind endgültig vorbei.

4

Internierung und Zwangsarbeit

Ich wurde auf der Insel Saint Paul in eine Gemeinschaft hineingeboren, die nach dem Abtretungsvertrag aus dem Jahr 1867 gemäß einer von der US-Regierung organisierten Form der Sklaverei funktionierte. 1966, ich war damals siebzehn Jahre alt, erhielten wir aufgrund eines vom Kongress beschlossenen Bundesgesetzes endlich unsere Menschen- und Bürgerrechte zugestanden. Bis zum heutigen Tag bilden die Erlebnisse meiner Kindheit unter der Herrschaft der US-Regierung, die Anstrengungen unserer Freiheitskämpfer, mein Unangan-Erbe von zweihundert Jahren der andauernden Unterdrückung, erst durch Russland, dann durch die Vereinigten Staaten, sowie der mutige Unabhängigkeitskampf meines Volkes die Grundlagen für all die Prüfungen und Drangsale, aber ebenso für die Erfolge meines Lebens.

Auch meine Mutter, Stefanida Zacharof, und mein Vater, John Paul Merculieff, waren auf den Pribilofs zur Welt gekommen und hatten sowohl die Schönheit als auch die Hässlichkeit dieser Inseln erlebt, die wir »Geburtsort der Winde« und »Galapagos des Nordens« nennen. Meine Mutter wurde auf Saint George geboren als Frucht einer außerehelichen Affäre ihrer Mutter und von dieser und ihrem Stiefvater aufgezogen, was für sie zeitlebens schmerzvoll blieb. Über Jahre hinweg wurde sie von ihrem Stiefvater verbal und emotional derart misshandelt, dass sie als Erwachsene kaum über ihre Kindheit sprechen konnte.

Was ich irgendwann erfuhr, war, dass sie bei den Mahlzeiten der Familie jeweils getrennt von allen anderen allein hatte sitzen müssen. Die wenigen weiteren Geschichten, die mir meine Mutter erzählte, nahmen mit dem Zweiten Weltkrieg ihren Anfang, als sie zu jenen Unangan der Pribilof-Inseln gehörte, die von der US-Regierung zwangsumgesiedelt und in Funter Bay im Südosten Alaskas in verlassene Konservenfabriken interniert wurden. In Funter Bay lernten sich meine Mutter und mein Vater kennen, als beide noch Teenager waren.

Mit Anfang Zwanzig ging ich dieser Zeit der Internierung in der Geschichte meines Volkes nach: Im Jahr 1942 besetzte die japanische Armee die Aleuteninseln Attu und Kiska und bombardierte Dutch Harbor auf der Insel Unalaska. Aleuten von der Insel Attu wurden nach Hokkaido in Japan gebracht und dort für die Dauer des Krieges gefangen gehalten. Dies war das erste Mal seit dem Amerikanischen Unabhängigkeitskrieg, dass eine fremde Macht an den Küsten der USA eindrang, Gebiete besetzte und amerikanische Bürger gefangen nahm. In der Folge befürchtete man im Bureau of Indian Affairs (BIA), dem Amt für indianische Angelegenheiten, und beim US-Kriegsministerium, das japanische Militär könnte wegen der hochwertigen und kostbaren Felle der Nördlichen Seebären zu den Pribilof-Inseln vorrücken. Und damit schienen diese Schatztruhen des US-Finanzministeriums, die von meinem Volk so lange unter Zwangsherrschaft angefüllt worden waren, bedroht.

Im Juni 1942 lief die *MV Delarof,* ein im Dienst der USA verkehrendes interinsulares Truppentransportschiff, an der Inselküste Saint Pauls ein. Den dort lebenden Unangan wurden nur wenige Stunden eingeräumt, ihre Dörfer zu verlassen. Keinem wurde erlaubt, mehr als einen Koffer mitzunehmen; sämtliche restlichen persönlichen Dinge mussten zurückbleiben. Über das Warum und Wohin dieser Zwangsumsiedlung oder darüber, ob sie jemals würden zurückkehren können, schwiegen sich die Regierungsbeamten aus. Auch wurden die Menschen nicht darüber in Kenntnis gesetzt, dass das US-Militär von nun an ihre Häuser besetzten sollte.

Anschließend wurden auch die Unangan auf der benachbarten Insel Saint George unter denselben Begleitumständen an Bord der *MV Delarof* gebracht, um dann nach Funter Bay im Südosten Alaskas transportiert zu werden. Viele von ihnen erkrankten während der Fahrt in den Laderäumen des Schiffes. Am Zielort angekommen, wurden die Menschen mit zwei großen Kisten getrocknetem Brot als einziger zur Verfügung gestellter Nahrung ausgesetzt. Offenbar nahm die US-Regierung an, als indigenes Volk könnten sich die Unangan von dem ernähren, was in der Wildnis dieser Gegend in ausreichendem Maß vorhanden sei. Niemand war auf die Idee gekommen, dass kein Unangan jemals in einem Regenwald gelebt hatte; seit sie 1767 von den russischen Pelzhändlern gewaltsam von Unalaska und Umnak vertrieben worden waren, hatten sie ununterbrochen auf den zweitausend Kilometer entfernten Pribilof-Inseln gewohnt.

Erst im mittleren Alter begann ich, mit meiner Mutter über ihre Erfahrungen während des Krieges zu sprechen: »Mama, wie hast du Funter Bay erlebt?«

»Damals, mit meinen sechzehn Jahren, fand ich es zunächst interessant, weil es einfach eine Abwechslung darstellte. Doch dann sind viele Menschen gestorben. Wir hatten kaum etwas zu essen und wurden gezwungen, zusammengepfercht in diesen baufälligen, verlassenen Gebäuden einer alten, weit von Juneau, der Hauptstadt des Bundesstaates Alaska, entfernten Konservenfabrik zu leben, ohne jede Privatsphäre. Um einen Hauch eines eigenen Bereichs zu haben, spannten wir Decken an Seilen auf. Geschlafen wurde auf dem Boden. Und für uns alle gab es bloß zwei Kochherde.«

»Woran sind die Menschen gestorben?«

»Größtenteils gingen alte oder kranke Menschen und Babys zugrunde. Sie starben an Krankheiten wie Masern; für einige war es dort aber auch einfach zu heiß. Sanitäre Einrichtungen gab es keine. Sogar der vom Staat eingesetzte Arzt verließ uns wegen all dieser Umstände. Er sagte, es gäbe keine Arzneimittel. Die Toten begruben wir dort. In einem Jahr war es besonders schwer, als sämtliche Männer nach Saint Paul und Saint George zurückgebracht wurden, um dort im Auftrag der Regierung Robben zu töten. Weil so viele von ihnen krank waren, wollten die Männer nicht gehen, wurden aber gegen ihren Willen dazu gezwungen.* Aber als sie wieder zurückkehrten, waren wir über alle Maßen glücklich.«

»Gab es damals auch Männer, die das Internierungslager verließen?«

»Ja, einige traten in die Armee ein. Sie schlichen sich aus dem Lager und fuhren nach Juneau, um sich anwerben zu lassen. Der Regierungsbevollmächtigte teilte der Armee zwar mit, wir seien keine US-Bürger, doch die Armee sah das anders und so wurden diese Männer Soldaten. Zwei von ihnen erhielten sogar irgendeine Art Orden für ihren Einsatz im Krieg.«**

»Und wann hat die Regierung dich zurückgebracht?«

* Die Regierung brauchte das Öl, das aus den Robben gewonnen wurde, für Kriegszwecke.

** Alexander Galanin von der Insel Saint George und Arteme Hapoff von Saint Paul wurden mit der Bronze Star Medal für ihre Tapferkeit im Aleutenfeldzug ausgezeichnet.

»Das war im Jahr 1945. Viele unserer Häuser waren zerstört, viele Dinge gestohlen worden. Soviel ich weiß, hatte die Armee dort ihre eigenen Leute untergebracht, während wir in Funter Bay leben mussten. Die meisten unserer Häuser waren ein einziges Durcheinander; einige unserer Möbel hatten anscheinend als Brennmaterial für die Holzöfen herhalten müssen. Unsere [russisch-orthodoxen] Ikonen wie die meisten Gegenstände in der Kirche waren gestohlen worden.«

Als meine Mutter diese Geschichte erzählte, kam vieles nicht zur Sprache – entweder sie wollte sich nicht an alles erinnern oder konnte sich auf Englisch, das für sie eine Zweitsprache war, nicht richtig ausdrücken. Doch die groben Fakten kannte ich bereits: Gemäß Berichten von Überlebenden dokumentierte die World War II Commission, der Untersuchungsausschuss zum Zweiten Weltkrieg, dass zehn Prozent der internierten Unangan, vor allem ältere Menschen und Säuglinge, an Unterernährung, Krankheiten und Hitze in den zwei Jahren starben, in denen sie von der US-Regierung in den verlassenen Konservenfabriken interniert waren. Der von der Regierung bestellte Arzt hatte aus Protest über die verwahrlosten Verhältnisse und das vollkommene Fehlen an medizinischer Versorgung seinen Dienst quittiert.

Mehrere Männer des Unangan-Volkes entkamen diesen Lagern und flohen nach Juneau, um dem Militär beizutreten. Da der für die Unangan zuständige US-Regierungsbeamte aber auf diese, im Schlachten der Robben versierten Männer nicht verzichten wollte, behauptete er, die Männer seien keine US-Bürger. Das Kriegsministerium entschied anders. Während ihres Aufenthalts in Juneau stellten die Männer fest, dass andere Menschen nicht so leben mussten, wie die Unangan es zu tun gezwungen waren. Diese konnten gehen, wohin sie wollten, und tun, was sie mochten; kein Regierungsbeamter schrieb ihnen vor, wie sie zu leben hatten. Es muss ein veritabler Schock für diese Unangan gewesen sein, als sie begriffen, was Freiheit bedeutet. Und es war diese Erkenntnis, welche sie schließlich zur 1914 gegründeten Alaska Native Brotherhood (ANB) führte, die hauptsächlich vom Volk der Tlingit im Südosten Alaskas organisiert und angeführt wurde. Die ANB kämpfte an vorderster Front für die Menschenrechte der indigenen Völker Alaskas und wurde darin vom herausragenden Anwalt Felix Cohen vertreten. Dieser wurde schließlich von der ANB beauftragt, auch den Unangan zur Seite zu stehen, was den

Beginn von deren Freiheitskampf markierte, der – vom Sommer 1945 an gerechnet, als die bis dahin internierten Unangan auf die Pribilof-Inseln zurückgebracht wurden – ganze einundzwanzig Jahre dauern sollte.

1943 wurden, wie es auch meine Mutter mir erzählte, die in Funter Bay internierten Männer der Unangan gezwungen, ihre Familien zu verlassen, um auf Saint Paul und Saint George Robben für das Öl zu töten, das als Schmiermittel für Kriegsmaschinen und Waffen gebraucht wurde. Da die Männer dort mit ebenso viel Krankheiten wie im Lager zu rechnen hatten, wollten sie nicht gehen. Auch befürchteten sie, dass ihre Liebsten bei ihrer Rückkehr gestorben sein könnten. Doch der Regierungsbeamte zwang sie zu gehen, und als sie drei Monate später nach Funter Bay zurückkehrten, waren viele ihrer Befürchtungen wahr geworden: In dem Sommer waren scharenweise Menschen an Lungenentzündung und anderen Krankheiten gestorben.

Als die Unangan schließlich im Jahr 1945 auf die Pribilofs zurückkehrten, stellten sie fest, dass ihre Häuser vom dort stationierten US-Militärpersonal verwüstet und alles Wertvolle gestohlen worden war. Alles, was die Soldaten als kostbar einschätzten, einschließlich der allermeisten alten russisch-orthodoxen religiösen Gegenstände in den Wohnhäusern und in der Kirche, war einfach mitgenommen worden.

Auch die Unangan von den Aleuteninseln Akutan, Unalaska, Umnak und Atka waren in den Südosten Alaskas zwangsumgesiedelt und interniert worden und hatten dort gleichermaßen gelitten. Als die Unangan aus Unalaska wieder freikamen, mussten sie feststellen, dass der größte Teil des von ihnen bewohnten Landes ohne ihre Kenntnis, geschweige denn Zustimmung, vom US-Militär an private Fischreiunternehmen verkauft worden war. Die Bewohner der beiden Dörfer Chernofski und Makushin auf Unalaska wurden nach dem Krieg in den Inselhauptort Unalaska gebracht ohne jedwede Mittel, um in ihre eigenen Gemeinschaften zurückkehren zu können. Viele der Unangan von der Insel Attu, die als Kriegsgefangene in den Norden Japans verschleppt worden waren, waren auf Reis als einzige Nahrungsquelle angewiesen und starben dort noch vor ihrer Freilassung. Jene, die überlebt hatten, wurden per Dekret der US-Regierung zwangsweise nach Atka umgesiedelt, weil man es für zu kostspielig hielt, die vom japanischen Militär auf Attu zerstörten Wohnhäuser wieder aufzubauen. Die meisten

Unangan, die die Tortur überlebten, sprachen über diese Zeiten erst, als die US-Regierung in den 1970er-Jahren einen Untersuchungsausschuss unter Leitung des hawaiianischen Senators Daniel Inouye ins Leben rief. Schließlich wurde die World War II Commission mit der Dokumentation des systematischen Machtmissbrauchs an den japanischstämmigen Amerikanern und den Unangan während ihrer Internierung sowie mit der Empfehlung von Lösungsschritten zur Wiedergutmachung beauftragt.

Jene Unangan-Männer, die echte Freiheit gesehen und erlebt hatten, wie es war, menschlich behandelt zu werden, begannen, eine Strategie zu entwickeln zur Änderung ihres Status als kriegsgefangene Arbeitskräfte der US-Regierung. Mit Unterstützung der ANB-Führer und Felix Cohen gelang es ihnen schließlich, die Unangan als einen staatlich geschützten Stamm gemäß dem Indian Reorganization Act von 1934 anerkennen zu lassen – einem Gesetz, das die amerikanischen Ureinwohner zu US-Bürgern und ihre Stämme zu den Organen ihrer Selbstverwaltung erklärte.

Vorher waren Versammlungen der Unangan vonseiten der US-Regierung strengstens reglementiert und ausschließlich für Gottesdienste erlaubt gewesen. So hatten Terenty Philemonof, Gabe Stepetin, Irish Stepetin, Alexander Melovidov, Elary Gromoff, Mamant Emanof senior und mein Onkel Iliodor »Eddie« Merculieff einen Plan ausgeheckt, wie sie dennoch zu getarnten Versammlungen zusammenkommen konnten: Gabe Stepetin hatte die Idee, dem Regierungsbeamten vorzuschlagen, er möge es der Männergruppe erlauben, ein Theaterstück oder eine Darbietung für die Mitarbeiter der weißen Regierung auf der Insel aufzuführen – wofür selbstverständlich geprobt werden musste. Der Regierungsbeamte nahm den Vorschlag für bare Münze und gestattete es den Männern, zwecks der Proben zusammenzukommen. Tatsächlich wurde in dieser Zeit auch ein Bühnenspiel einstudiert; allerdings konnte sich später niemand mehr daran erinnern, worum es in dem Stück gegangen war.

Als Hauptergebnis dieser »Theaterproben« in den Jahren 1948 und 49 entstand eine anschließend von der Insel geschmuggelte Petition zur Anerkennung der Gründung der Unangan-Gemeinschaften von Saint Paul und Saint George gemäß dem Indian Reorganization Act von 1934 (in der Fassung von 1936, welche auch die indigenen Völker Alaskas miteinbezog). Damit versuchten die Männer, die Menschenrechte zurückzuerlangen, derer die

Pribilof-Unangan seit ihrer ersten Versklavung durch die russischen Pelzhändler und anschließend vonseiten der US-Regierung beraubt waren.

Nachdem die USA durch den Abtretungsvertrag mit Russland im Jahr 1867 die Kontrolle über die Pribilof-Inseln erlangt hatte, wurden die Unangan zur Zwangsarbeit herangezogen: zunächst für die beiden im Regierungsauftrag tätigen Privatunternehmen, dann direkt für die US-Regierung, als diese im Jahr 1910 die Verwaltung der Pribilofs übernahm. Von dem Jahr an bis in die frühen 1960er-Jahre war es den Unangan nicht erlaubt, ihre Inseln zu verlassen, eigene Häuser zu besitzen oder Korrespondenz mit irgendjemandem außerhalb der Inseln zu unterhalten, es sei denn, ihre Briefe hatten die Zensur des Regierungsbeamten durchlaufen und waren von ihm freigegeben worden. Der Regierungsbeamte fungierte, in einer Art kolonialistischer Quasidiktatur, als Richter, Geschworener und Gesetzeshüter über die Unangan. Die Knochenarbeit der Unangan-Männer, die saisonbedingt bis zu drei Monate lang siebzehn Stunden am Tag Robben töten, ihnen die Felle abziehen und diese weiterverarbeiten mussten, wurde lediglich mit rationierten Lebensmitteln, staatlichen Wohnungen und Kleidung entgolten. Bereits im Alter von fünfunddreißig Jahren waren diese Männer ausgebrannt.

Auf Grundlage der Berichte der Unangan-Männer von den Pribilof-Inseln setzte der Anwalt Felix Cohen eine Gründungsurkunde gemäß dem Indian Reorganization Act auf, die er förmlich beim Bureau of Indian Affairs einreichte. Nachdem diese 1951 anerkannt worden war, bestand der erste offizielle Akt des Stammesrates der organisierten Unangan darin, mithilfe von Cohen eine Klage gegen die US-Regierung einzureichen wegen Verstoßes gegen einen gerechten und würdevollen Umgang mit den Pribilof-Unangan sowie wegen Missachtung der im Abtretungsvertrag festgelegten Bedingungen, wonach die US-Regierung verpflichtet war, die Unangan als US-Bürger mit sämtlichen Rechten und Privilegien der Staatsbürgerschaft anzuerkennen. Diese Klage wurde bei der Indian Claims Commission eingereicht, die zuständig war für Ansprüche von amerikanischen Ureinwohnern in den gesamten Vereinigten Staaten. Die US-Regierung widersprach dieser Klage vehement und so dauerte es weitere siebenundzwanzig Jahre, bis ein Gerichtsurteil zugunsten der Unangan gefällt wurde. Die Anwälte der Regierung legten jedoch Berufung ein und zwangen die

Unangan im Jahr 1978 zu einer außergerichtlichen Einigung. Die meisten jener Männer, die diesen Prozess angestoßen hatten, waren zu jenem Zeitpunkt bereits gestorben.

Insgesamt waren es fünf Anwälte, die während des gesamten Prozesses die Pribilof-Unangan vertraten; alle hatten sie den Fall ehrenamtlich übernommen. Ein ehemaliger Richter am Obersten Bundesgericht, Roger Conner, war der erste, der das Amt von Cohen im Namen der Unangan übernahm. Nach seinem Tod widmete sich Lloyd Miller, ein Anwalt aus Anchorage, dem Fall. Nachdem dieser in den Ruhestand getreten war, gewannen Don Green und Stephen Truitt schließlich das Gerichtsverfahren. Dank des großen Einsatzes dieser guten Seelen konnten die Unangan schließlich beweisen, dass die US-Regierung den für sie arbeitenden Männern gerade einmal 1700 Kalorien pro Tag hatte zukommen lassen und dies für die extrem anstrengende Arbeit des tagtäglichen acht bis siebzehn Stunden langen Robbentötens während dreier Monate Sommer für Sommer. Die Anwälte wiesen nach, dass im scharfen Gegensatz dazu deutsche Kriegsgefangene durchschnittlich 1900 Kalorien pro Tag erhalten hatten, während sie praktisch nichts arbeiten mussten.

Der eigentliche Grund für das Interesse der US-Regierung an den Pribilof-Inseln waren die Robben. Deren Felle brachten ihr einen erheblichen jährlichen Profit ein, und das auf dem Rücken der gefangen gehaltenen Unangan, die als Einzige wussten, wie man die Robben auf effiziente Weise tötet. Ohne gerechte Entschädigung und faire Behandlung hätte niemand sonst eine solche Drecksarbeit verrichtet, doch die Unangan hatten keinerlei Ahnung davon, dass sie die einzigen von der Regierung in den USA gefangen gehaltenen Arbeitskräfte und die einzigen Zwangsarbeiter in der Geschichte der USA waren, von denen die Bundesregierung profitierte. Nachdem sie bereits über hundert Jahre der Sklaverei hinter sich hatten, bevor die US-Regierung die Bühne betrat, waren die Unangan ganz einfach davon ausgegangen, dass die Regierung jede und jeden so behandelt.

Schließlich erlangten die Unangan der Pribilof-Inseln ihre politische Unabhängigkeit, nachdem der erste Direktor der Alaska Human Rights Commission, der Afroamerikaner Willard Bowman, Anfang der 1960er-Jahre eine Untersuchung eingeleitet hatte. Sein Bericht gelangte an den US-Kongress, der unter der Führung des Senators Bob Bartlett 1964 eine eigene Untersuchungskommission einsetzte, die dann 1966 zur Inkraftsetzung des Bürgerrechtsgesetzes der Unangan führte, dem man ironischerweise den Titel Fur Seal Act (»Seebärengesetz«) gab. Dieses Gesetz gab den Pribilof-Unangan das Wahlrecht auf Landes- und Bundesebene, das Recht, ein eigenes Haus zu besitzen, sowie das Anrecht auf das volle Gehalt von Angestellten im öffentlichen Dienst. Von den noch vor ihnen liegenden Herausforderungen für ihren menschlichen Geist ahnten die Unangan zu diesem Zeitpunkt kaum etwas.

5

Das Vermächtnis der Unangan: mein Erbe

Meine Generation war die letzte, die noch eine intakte traditionelle Erziehung genossen hat, was bei den Unangan bedeutete, vom ganzen Dorf aufgezogen zu werden. Dazu gehörte beispielsweise, dass ich als Vierjähriger für zwei Jahre meinem Großvater oder «Papa», Paul Merculieff, an die Hand gegeben wurde, das heißt, Tag und Nacht rund um die Uhr bei ihm lebte, sodass wir uns wirklich gut kennenlernen konnten. Ich schlief bei ihm, jagte und betete mit ihm. Damals gehörte diese Praxis zu unseren Bräuchen und war sehr wichtig. Mein Großvater, der als Hausmeister des Vertreters der Kolonialregierung gearbeitet hatte, war ein physisch starker und bescheidener Mann, der seiner Arbeit achtsam, diszipliniert und stolz nachkam. Als ich vier Jahre alt war, nahm er mich zu Beginn des Frühjahrs mit ans andere Ende der Insel zur Jagd auf Lummen, eine schnell ziehende Art von Wanderseevögeln, die während ihrer Brutzeit auf den Pribilof-Inseln Halt machen. Vom Aussehen her ähneln sie Pinguinen, doch »fliegen« sie sowohl über dem als auch im Wasser. Diese Vögel im klaren Gewässer der Beringsee beim Schwimmen auf der Suche nach

Nahrung zu beobachten, faszinierte mich schon immer. Dabei nutzen sie ihre Flügel unter Wasser ähnlich wie in der Luft.

Damals erlebte ich eines Tages, was für ein kundiger Jäger mein Großvater war. Wir bekamen nicht allzu viele Lummen zu sehen, da die meisten hundert Meter oder weiter draußen vor der Landzunge flogen, wo wir uns in Wartestellung befanden. Die anderen uns begleitenden Jäger sprachen darüber, wie weit von der Küste entfernt die Vögel wohl seien. Bei mäßigem Gegenwind konnten sie um die dreißig Stundenkilometer, mit dem Wind auch viel schneller fliegen. Bald zeigte sich in einiger Entfernung vom Ufer eine mit dem Wind fliegende Lumme. Mein Großvater legte seine 12-Kaliber-Schrotflinte an und nahm den Vogel ins Visier, als dieser von rechts auf uns zukam und nach links flog. Er verfolgte den Vogel etwa dreißig Sekunden lang mit seinem Blick, und ich konnte zusehen, wie er nicht etwa auf den Vogel zielte, sondern auf einen Punkt ziemlich weit vor der anvisierten Lumme. Dann feuerte er einen Schuss ab und etwa sieben Sekunden später stürzte der Vogel vom Himmel. Erst der laute Beifall der anderen Jäger machte mir klar, was für einen beeindruckenden Schuss mein Großvater soeben abgegeben hatte.

Ein anderes Mal spazierten mein Großvater und ich nach dem Gebet bei Sonnenaufgang an einem Sandstrand am Ufer der Beringsee. Es war ein unfassbar schöner Tag; die Sonne schien und es war windstill. Wir hörten die Möwen schreien und die Robben von einer entfernten Kolonie her brüllen. Die Meeresluft war frisch und alles höchst lebendig und intensiv. Kleine Wellen kräuselten sich in schneller Abfolge am Strand. Himmel und Meer dehnten sich in einer Vielzahl von Blautönen vor uns aus, und der Horizont bot ein volles Panorama von hundertachtzig Grad.

»Oh, ich liebe diesen Tag; es ist wirklich ein guter!«, rief ich laut aus, als wir langsamen, aber gleichmäßigen Schrittes über den dunklen Sand unserer Vulkaninsel gingen. *«Anaan eestahnaan Laakaiyaax»,* sagte mein Großvater leise auf Unangam Tunuu, *«Tutuuthax.»* Ich verstand, was er mir sagen wollte. Auf die für ihn typische sanfte Art machte er mir klar, was wahrscheinlich jahrtausendelang eine Lebensweisheit der Unangan gewesen war. Er hatte mir geraten, nicht zu reden, sondern wortlos zuzuhören und zu erleben. Worte waren nicht bloß überflüssig, sie minderten auch die Fülle und das Verstehen jeder menschlichen Erfahrung. Diese uralte Weisheit ist wahrscheinlich von zentraler Bedeutung dafür, wie und warum die Unangan in dieser Region überleben und sich an der Beringsee über zehntausend Jahre entwickeln konnten. Nachdem ich später selbst extreme Bedingungen durchlebte, begriff ich die Weisheit, die darin liegt, nicht alles sogleich definieren zu wollen, wie es in weiten Teilen der restlichen amerikanischen Gesellschaft so vorherrschend ist.

Als ich fünf war, hatte ich, was wir eine Aatschaa nennen, eine sich spontan entwickelnde innige Beziehung zwischen einer älteren Person und einem Kind, deren Verbindung vor allem energetischer und spiritueller Natur ist. Diese besondere Verbundenheit zwischen einem älteren und einem jüngeren Menschen macht die beiden zu Aatschaas. Mein Aatschaa wurde Nick Stepetin, ein sehr schöner Mann, der mit meiner Tante Sophie verheiratet war. Zu den beiden nahm ich jeweils Reißaus vor dem Wochenendbesäufnis im Dorf und verbrachte mit ihm den ganzen Tag auf der Jagd. Ein Aspekt solch einer Aatschaa-Beziehung ist das Mentoring. Mein Aatschaa nahm mich also von meinem fünften bis zu meinem dreizehnten Lebensjahr unter seine Fittiche und lehrte mich viel von dem, was es heißt, ein Unangan zu sein: über das Mannsein, die Jagd, die Ethik und die Werte der Unangan, die Ehrfurcht vor allem Leben und die Beziehung des Einzelnen zur gesamten Schöpfung.

Im Alter zwischen fünf und sieben Jahren wurde ich zum ersten Mal in verschiedene Kreise innerhalb des Dorfes eingeführt. Mal waren es die Ältesten, die mich zum Zelten mitnahmen und deren Geschichten ich hörte, ein anderes Mal die Frauen, die mit mir zum Beerenpflücken gingen und mir die Art der Frauen zeigten, und wieder ein anderes Mal waren es die Männer, einschließlich meines Aatschaas, die mich auf die Jagd und zum Angeln mitnahmen. Zu diesem Zeitpunkt wurde nichts anderes von mir erwartet, als dass ich beobachtete, zuhörte, lernte und mithalf. Weder gab es mündliche Instruktionen noch Erklärungen; ich sollte einfach meinen eigenen Verstand einsetzen. Während der acht Entwicklungsjahre meiner Kindheit sprach mein Aatschaa in seiner Rolle als Mentor vielleicht zweihundert Worte mit mir. Den Rest der Zeit verbrachten wir schweigend zusammen. Mein Aatschaa, wie auch alle anderen Erwachsenen in dieser Gemeinschaft, schimpften mich nie aus und behandelten mich niemals herablassend, sondern bestätigten mich jeden einzelnen Tag meiner Kindheit darin, wer ich als Mensch war, und brachten mir den gleichen Respekt entgegen wie den anderen Erwachsenen. Der einzige Unterschied wurde darin gesehen, dass ein Kind über weniger Lebenserfahrung verfügt. Das Schöne an einer solchen Lernweise ist, dass sie es mir ermöglicht hat, mein maximales Potenzial auszuschöpfen, denn *was* ich lernte, hing zur Gänze von mir selbst ab. Weder gingen die Erwachsenen von irgendeiner Begrenztheit meiner Intelligenz oder meiner Lernfähigkeit aus, noch diktierten sie mir jemals, was ich zu lernen hatte. Sie schufen für mich einfach nur Möglichkeiten des Lernens.

In der modernen Gesellschaft haben viele Erwachsene eine vorgefasste Meinung von Kindern und darüber, was diese wissen müssen und was nicht. Diese starre Schablone stülpen sie dann ihren Kindern über, was nicht selten zulasten von deren Entwicklung geht, sodass ein Kind nicht so viel lernt, wie es könnte, und seine Kreativität sicherlich darunter leidet. Mir wurde nichts vorenthalten. Alles, was ich tun, lernen oder wissen wollte, wurde mir erlaubt ohne Einschränkungen aufgrund meines Alters; die Erwachsenen griffen nur ein, wenn sie mich in Gefahr wähnten.

Um mein Lernen zu fördern, ermunterten mich die Ältesten geradezu, ihre Antworten auf meine Fragen oder auf mein Verhalten prüfend abzuwägen und darüber nachzudenken. Auf meine eher selten gestellten Fragen war die Art ihrer Antwort meinem Verständnis angepasst, das sich in der Weise meiner Frage äußerte. So ist es beispielsweise ein häufiger Fehler, den Wissenschaftler im Gespräch mit indigenen Ältesten machen, sich auf ein isoliertes, aus dem Kontext gerissenes Detail ihres Forschungsgegenstandes zu fokussieren, etwa wenn sie fragen: »Konnten Sie in Ihrer Gegend eine Abnahme der Seehundbestände feststellen? Denken Sie, die Rückgänge betreffen eher die Weibchen oder die Männchen?« Obschon die Ältesten wissen, dass der größere Kontext der gelieferten Information wichtiger ist als die eigentliche Beobachtung, spüren sie, dass die Forscherin oder der Forscher bloß an der Beobachtung interessiert ist. Folglich beantworten die Ältesten die Frage in dem engen Bezug, in dem sie gestellt wurde, und lassen das Wesentliche weg.

Heutzutage leben wir größtenteils in Gesellschaften, in denen man von uns erwartet, dass wir die »richtigen« Antworten geben oder es zumindest versuchen. Und diese »richtigen« Antworten leiten wir aus dem ab, was wir in der Schule auswendig gelernt haben. Ich bin mit dem diametralen Gegenteil aufgewachsen. Was ich darüber gelernt habe, ein Unangan zu sein, stand nicht in Büchern, und es gab auch keine »falschen« Antworten, nur bessere oder andere. Ich denke, diese althergebrachte und bei den Unangan wie in vielen indigenen Kulturen gelebte Weisheit des Lernprozesses hat mir geholfen, kreativ und kritisch zu denken, was sich in meinem Leben und in meinem Werdegang sehr positiv auswirkte.

Das Volk der Unangan weiß, dass menschliche Intelligenz nicht einfach im Verstand oder im Gehirn zu verorten ist. Das Zentrum der menschlichen Intelligenz wird gebildet von der Ganzheit von Körper und Geist. Beispielsweise sind alle meine Sinne – Hören, Fühlen, Riechen, Sehen und Schmecken – sowie Intuition, Denken, Emotionen und die Signale des Körpers beteiligt, wenn ich etwas lerne. Die sensorischen und die nicht-sensorischen werden durch diese Art von Intelligenz zu Informationen zusammengefügt. Die Unangan glauben, dass genau dies einen echten Menschen ausmacht. Dem allen zugrunde liegt das Herz mit seiner Beziehung zum Tiefgründigen, worin wir die Verbundenheit mit allem Seienden spüren. Tatsächlich ist es so: Wenn wir mit dem Gehirn denken, ohne vorher unser Herz befragt zu haben, stört dies das Wachstum unserer Intelligenz.

Eines Tages, als ich sieben Jahre alt war und meinen Aatschaa besuchte, sagte er zu mir: *«Lakaiyux, aakaathaax»* (»Junge, komm«), *«way, suuthaax!»* (»hier, nimm die!«) und gab mir eine Schrotflinte. Sofort wusste ich, was dies zu bedeuten hatte, und strahlte vor Freude. *«Kaaxaasukux ungoonesh!»* (»Ich danke dir sehr!«), sagte ich. Zum ersten Mal in meinem noch jungen Leben wurde ich als Jäger anerkannt, etwas, das mir für den Rest meines Lebens unvergesslich bleibt.

Weder musste ich eine Prüfung ablegen, noch wurden mir Fragen gestellt. Mein Aatschaa wusste einfach, dass ich für das Gewehr bereit war, weil ich die Eigenschaften eines guten Jägers besaß, Qualitäten, die ich mir angeeignet hatte, indem ich meine echte menschliche Intelligenz genutzt hatte: meine Sinne, meine Intuition, mein »Bauchgefühl«. Ich hatte dem gelauscht, was mein mir Herz sagte, und meinem sechsten Sinn (oder inneren Wissen) vertraut.

So gab es Zeiten, in den ich einen Seelöwen fühlte, noch bevor er zu sehen war, und einen Heilbutt spürte, bevor er an meiner Angel anbiss. Ich wusste, wie er am Haken hing – mit seiner Lippe, seinem Kiefer oder seinem Rumpf; ich konnte die Größe des Fisches fühlen und häufig sogar, ob es ein Männchen oder ein Weibchen war und wie stark er beim Weg nach oben kämpfen würde. Auf Grundlage all dieser Eindrücke entschied ich, wie ich den Heilbutt landen wollte: Hakte er an seinem vorderen Maul, zogen wir den Fisch ganz sanft hoch; hatte er den Haken »verschluckt«, waren wir flexibler. Das ist ein Beispiel jenes inneren Wissens, das anhand heutiger empirischer Standards nicht zu vermitteln ist. Es umfasst zu erlernende Eigenschaften, wie sie für mich und mein Volk zu dem gehören, was wir unter Menschsein verstehen: Geduld, Freundlichkeit, Sanftmut, Nichtaggression, Zusammenarbeit, Gegenwärtigkeit im Augenblick, Rücksichtnahme auf andere, Achtung vor allen Pflanzen und Tieren, also Ehrfurcht vor allem Leben.

Wenn mich mein Aatschaa mit auf die Jagd nahm, stellten wir Seelöwen und Eiderenten nach. Die Seelöwen haben für uns Unangan eine vergleichbare Bedeutung wie die Grönlandwale für die Inupiat im Norden und die Bisons für die Indianer der Prärie. Jagd machten wir ausschließlich auf jüngere, halberwachsene männliche Seelöwen; Weibchen wurden niemals gejagt. Wir verstanden, dass der Fang von Seelöwinnen dem Bestand mit der Zeit schaden würde. Zur Enten- und Seelöwenjagd gingen wir im Spätherbst, im Winter oder zu Frühlingsbeginn auf ein aus der Insel herausragendes Riff, niemals aber jagten wir während der sommerlichen Brut- und Wurfzeit. Die Unangan pflegten immer das Verständnis, dass Tiere während dieser Phase nicht gestört werden dürfen.

Stundenlang saßen wir dort am Riff und warteten darauf, dass ein Seelöwe vorbeigeschwommen käme. Während des kalten Spätherbstes, im Winter und im Frühling kommen die Seelöwen sehr selten an Land; wegen des Windes ist es dort kälter als im Meer. Seelöwen sind manchmal allein unterwegs, manchmal in kleinen Rudeln. Die Stellerschen Seelöwen haben, wie bereits erwähnt, kaum Ähnlichkeiten mit ihren bekannteren kalifornischen Artgenossen und sind wesentlich größer und wilder; alte erwachsene Männchen wiegen bis über eine Tonne und haben eine riesige, dunkelgoldene Mähne. Voll entwickelt sind sie im Alter zwischen acht und zehn Jahren. Die Weibchen sind um einiges kleiner und schlanker, etwas heller gefärbt als die Männchen, wiegen maximal dreihundert Kilogramm und erlangen im Alter von ungefähr fünf

Jahren ihre volle Entwicklung. Ein Seelöwenwelpe ist beträchtlich kleiner, viel dunkler in seiner Fellfärbung und wiegt im Alter zwischen zwei und neun Monaten etwa einhundertdreißig Kilogramm. Ich lernte diese großartigen, mutigen, starken und hochintelligenten Säugetiere lieben.

Seelöwen haben eine ganz andere Schwimmtechnik als die nördlichen Pelzrobben, für die unsere Inseln weltbekannt sind. Während Seelöwen auf längeren Strecken das Wasser durchpflügen, schwimmen und tauchen die Pelzrobben in wellenförmigem Auf und Ab. Schon wenn die Tiere noch meilenweit entfernt und am Horizont als bloßer »Punkt« zu sehen sind, können wir sie an dem Unterschied auseinanderhalten. Wir haben schon immer jeden Teil des Seelöwen genutzt und nichts verschwendet – sie versorgten unser Volk mit Häuten für Kajaks, Sehnen für Seile, Därmen für wasserdichte Parkas, Kehlen für wasserdichte Körbe, Schnurrhaaren zur Verzierung der klassischen Jagdhüte, Knochen für Speerspitzen und andere Gerätschaften sowie mit Nahrung. Seelöwen bestehen zu achtundneunzig Prozent aus magerem Fleisch und sind seit über zehntausend Jahren das Hauptnahrungsmittel der Unangan. Aus ihrem Fett wird Öl gewonnen und das Gewebe ihrer Flossen zu einer Art Gel verarbeitet, das wir *stuudenux* nennen. Das Herz und die Leber sind Delikatessen; das Fleisch lässt sich auf die gleiche Art und Weise zubereiten wie Rindfleisch.

Die Stimmung war niemals ausgelassen oder ungezügelt, wenn wir in meiner Kindheit und Jugendzeit Seelöwen jagten; wir alle waren innerlich wie äußerlich ruhig und aufmerksam für alles, was um uns herum geschah. Jede Unterhaltung hätte die Jäger abgelenkt, die einen Seelöwen bereits auf sehr große Distanz, manchmal fünf oder gar zehn Meilen weit draußen im Meer entdecken konnten. *«Cowax ukaakox!»,* rief dann einer der Jäger, »ein Seelöwe kommt!« Noch bevor er tatsächlich körperlich in Sicht kam, wussten die Jäger auf fast unheimliche Weise, dass sich ein Seelöwe näherte. Für einen guten Jäger war es entscheidend, über diese Art der Wahrnehmung zu verfügen: zum einen, weil sie die Wahrscheinlichkeit eines Fangs erhöhte, zum anderen, weil sie ihn davor bewahrte, dem Seelöwen unnötiges Leid zuzufügen, wenn er diesen tötete. Mit der Zeit fand ich heraus, wie sie das zustande brachten, und vermochte es später auch selbst zu tun.

Jeder Seelöwe hat sein individuelles Schwimmmuster. Manche bewegen sich schneller, manche langsamer; einige sind mit einem bestimmten Ziel unterwegs, andere befinden sich vielleicht gerade auf Nahrungssuche. Und jeder Seelöwe taucht in seinem ureigenen Rhythmus. Beispielsweise mag ein Tier während zwei Minuten an der Wasseroberfläche schwimmen, dann eintauchen und sich einige Minuten lang unter Wasser bewegen, wobei Seelöwen direkt vor dem Tauchgang besonders lange Luft holen. Wenn der Jäger diese unterschiedlichen Muster kennt, kann er exakt vorhersehen, wann die Lungen des Tieres mit Luft gefüllt sind und es folglich, nach dem tödlichen Schuss, an der Oberfläche treiben anstatt sinken wird. Gute Jäger jagen stets dort, wo sich die Wellen landwärts bewegen und den Körper des Tieres schnell, innerhalb von Minuten, an Land spülen.

Nachdem der Seelöwe gesichtet und sein Tauchmuster bestimmt worden war, warteten wir, bis er sich innerhalb von zwei 45-Grad-Winkeln zu unserer Linken und Rechten befand und gerade seine Lungen gefüllt hatte, um auf eine Stelle direkt hinter seinem Ohr die Todesschüsse abzugeben. Alle schossen möglichst gleichzeitig mit dem Schuss des erfahrensten Jägers, also im Abstand von nur wenigen Millisekunden, auf das Tier – wir waren derart aufmerksam füreinander, dass wir praktisch als eine Einheit funktionierten. Dieses gemeinsame Handeln in vollständiger Synchronizität ist dabei zentral, weil der Seelöwe sehr schnell reagiert und nach dem ersten Schuss innerhalb weniger Sekunden abtaucht. Würde ein Jäger auch nur zwei Sekunden zu spät schießen, träfe er das Tier bloß noch am Rücken und würde ihm starkes Leid zufügen. Dementsprechend »wussten« wir immer, dass wir das Tier getötet hatten, noch bevor die Kugel ihr Ziel traf.

In der Regel jagten drei bis sechs Männer mit Scharfschützengewehren. In meiner Kindheit haben wir die Seelöwen immer getötet, niemals verwundet. Die Jäger der Unangan waren sagenhafte Schützen. Stellen Sie sich vor, Sie schießen auf ein fünfundsiebzig bis hundertfünfzig Meter entferntes Basketball-großes, sich schnell bewegendes Ziel (Seelöwen zeigen nur ihren Kopf, wenn sie schwimmen) im Auf und Ab von rauer See und starkem Wind. Ähnlich herausfordernd sind schnell fliegende Königs- und Eiderenten in der Dämmerung. Wenn die Enten mit dem Wind flogen, bewegten sie sich nicht selten mit einer Geschwindigkeit von dreißig bis vierzig Stundenkilometern und waren bis zu einhundert Meter von uns entfernt. In solchen Situationen konnte ich häufig beobachten, wie die Jäger ihre 12- oder 20-Kaliber-

Schrotflinten noch weit vor den Enten abfeuerten, ein paar Sekunden abwarteten und dann sahen, wie die Ente fast eine Viertelmeile von uns entfernt zu Boden fiel.

Sechs, sieben oder auch zehn Stunden saßen wir auf vulkanischen Basaltblöcken direkt am Meer und warteten darauf, dass ein Seelöwe vorbeikam. Mir muss also keiner erzählen, ein fünfjähriges Kind könne nicht länger als zehn Minuten geduldig an einem Ort sitzen. In dem Alter hockte ich stundenlang ruhig an ein und derselben Stelle und war vollauf zufrieden mit meiner Situation. In meinem jungen Alter gelangte ich im Rhythmus der Wellen und des Windes und mit den Klängen Tausender im Wasser ausgelassen schwimmender Robben ganz leicht in eine heitere Benommenheit. Wenn man sich in einer solch wilden, von der Natur gegebenen Klangkulisse mit repetitiven, rhythmischen Tönen ganz still verhält, treibt man wie von selbst in einen traumartigen Zustand hinein. Es war mir damals ein Rätsel, weshalb die Jäger sich nie derart einlullen ließen, wie es bei mir der Fall war. Ein guter Jäger muss fähig sein, vollkommen gegenwärtig zu bleiben und sämtliche Umgebungsrhythmen wahrzunehmen, ohne in diese Trägheit eines halb bewussten Zustandes abzugleiten. Ist er dazu nicht in der Lage, wird seine Jagd nicht von Erfolg gekrönt sein.

Es waren (wenn auch nur scheinbar) andere Zusammenhänge, in denen ich herausfand, dass ein Mensch nur dann vollkommen »da« sein und dem Einlullen seines Bewusstseins entgehen kann, wenn er ganz und gar im gegenwärtigen Augenblick und ein bewusster, an nichts gebundener Zeuge – ein Beobachter – seiner selbst ist. Im Alter von sechs Jahren begann ich, manchmal sehr früh am Morgen das Dorf zu verlassen und eine viereinhalb Kilometer entfernte Bucht aufzusuchen, die wir »Tolstoi« nannten: einen Platz, an dem Zehntausende Seevögel nisteten und ihre Jungen aufzogen. Bis ich zwölf war, unternahm ich regelmäßig solche Ausflüge kurz vor Sonnenaufgang, früh genug, um dabei zu sein, wenn die Seevögel aufwachten und sich auf die Futtersuche für den Tag machten: nach Sandaalen, Heringen, Lodden, Pollack (ein ölreicher Fisch) und winzige Ruderfußkrebse.

Bei Sonnenaufgang begannen die Vögel, sich von den Felsvorsprüngen gleiten zu lassen, um dann vor den dunklen Basaltklippen zu kreisen. Bald schon flogen Tausende von Dickschnabel- und Trottellummen, federbuschbewehrte Papageien- und Haubentaucher, Rotgesicht- und Meerscharben, Zwerg- und Schopf-

Alken, Eissturmvögel sowie rot- und schwarzfüßige Dreizehenmöwen in langgezogenen Schleifen vor den Klippenfelsen; die Luft war ganz durchdrungen vom opulenten Klang ihrer Flügelschläge und ihres Geschreis. Einige Arten flogen schnell, wie die Trottellummen, manche langsam, wie die Dreizehenmöwen. Die Papageientaucher bewohnten Höhlen nahe der Spitze des Felsvorsprungs, die Trottellummen und Dreizehenmöwen Nester aus Tundra-Gras auf der Hauptklippe. Die Kormorane bevorzugten die äußersten Landspitzen, die aus der kantigen Felswand hinausragten. Die Alkenvögel nisteten in den Spalten unterhalb der Basaltblöcke am Fuß der Klippe.

Ich beobachtete, wie die Vögel versiert umeinander herummanövrierten, landeten und dann erneut von den winzigen Felsvorsprüngen abhoben. Ich liebte diesen Ort, weil er die Intensität des Lebens zum Ausdruck brachte und die Vögel die Ankunft eines neuen Tages zu feiern schienen.

Nachdem ich diese Ausflüge etwa ein Jahr lang unternommen hatte, wurde ich mir eines Tages unterhalb der Vogelklippen des Wunders bewusst, dass hier Tausende von Vögeln von oben nach unten, von rechts nach links, von unten nach oben, von links nach rechts und diagonal durcheinanderflogen und ich niemals einen Vogel mit einem anderen zusammenprallen oder auch nur zwei Flügel sich streifen gesehen hatte. Ich sann über diese Fähigkeit der Vögel nach und erkannte schließlich eine Verbindung zwischen ihnen und den Jägern, die sich während der Jagd niemals in einen hypnotischen Zustand einlullen ließen. Die Vögel waren von Leben erfüllt und in jedem Augenblick intensiv gegenwärtig. Diese Wachheit für den gegenwärtigen Augenblick ließ sie in jedem Moment spüren und wissen, wo genau sich die anderen gerade befanden. Und so begriff ich die Kraft des Gegenwärtigseins. Wie ein solcher Vogel wollte ich werden und so übte ich, aus dem Denken herauszufallen und einfach zu sein; diesem Training widmete ich mich, während ich die Vögel beobachtete. Allmählich lernte ich, wie ich alles in mich aufnehmen konnte, wenn ich bloß nicht zuließ, dass die Gedanken sich einmischten. Da kam mir lebhaft wieder in den Sinn, wie mein Großvater mich gelehrt hatte, auf Worte zu verzichten und stattdessen wirklich den Moment einzusaugen, ihn in seiner Fülle zu erleben.

Damals konnte ich all dies noch nicht begrifflich ausdrücken, heute würde ich sagen: In diesem Zustand wird man zu reinem

Bewusstsein, ist mit nichts verhaftet, noch nicht einmal mit dem Denken. Sobald ich wieder in meinen Kopf, in meinen Gedanken, war, begann der schläfrige Zustand. Ich erkannte, dass die Erfahrungen zutiefst verstärkt werden und sich ganz neue Dimensionen menschlicher Fähigkeiten auftun, wenn ich einfach im Bewusstsein und ohne Gedanken »war«. Als ich diese Einsicht auf meine Jagderfahrungen anwandte, war auch ich mit einem Mal in der Lage, vollkommen wach zu sein: Ich spürte den Seelöwen, bevor er in Sicht kam, aber ich erlebte auch eine tiefere Verbindung mit den anderen Jägern und allem Leben. Und so erfuhr ich das Jagen als Meditation, als eine spirituelle Praxis. Niemand hatte mir von dieser Seinsweise erzählt, doch sie war, wenn auch nicht explizit erwähnt, in den alten Geschichten der Unangan angedeutet. Hätte mir irgendjemand davon erzählt, hätte sich möglicherweise mein Verstand eingemischt und mich glauben lassen, ich sei bereits in diesem Zustand. Aber auf die Art, wie ich es gelernt hatte, war es mein eigenes reines und unvermischtes Lernen, ohne Einmischung durch die Spiritualität einer anderen Person. Und doch ist es genau das, was die anderen Jäger bereits wussten und praktizierten.

Ich lernte, dass der Unangan-Jäger sein Ego zugunsten des Gruppenzusammenhalts und des Jagderfolgs zurücknahm. Ich lernte, wie sich alle nach dem erfahrensten Jäger richteten und ihre Gewehre innerhalb von Millisekunden nacheinander abfeuerten, und wie dennoch jeder wusste, wessen Kugel das Tier tatsächlich zuerst getroffen hatte, auch wenn alle einen tödlichen Schuss auf den Seelöwen abgegeben hatten. Dieser Jäger hatte dann auch das Privileg, als erster seinen Teil des Fleisches zu wählen. Ich beobachtete, wie alle Jäger gemeinsam an der Bergung arbeiteten, abwechselnd damit beschäftigt waren, das Tier zu zerlegen, und dann jedem ungefähr der gleiche Anteil zukam, unabhängig davon, wie viele Jäger bei der Jagd anwesend waren. Und ich wusste, dass jeder Jäger erst anderen Menschen, vor allem den Älteren und den Witwen, etwas von dem Fleisch abgab, bevor er seine eigene Familie damit versorgte.

Ich bin überaus dankbar, dass meine männlichen Vorbilder, wie mein Großvater, mein Aatschaa, mein Vater und die Jäger und Fischer, mir gezeigt haben, wie ein Mann zu sein hat: geduldig, leidenschaftlich aufmerksam und rücksichtsvoll gegenüber den Menschen und allem Leben in der Wildnis, kooperativ, ohne

Macho-Allüren und nicht aggressiv, sanft in seiner Sprache und gegenwärtig im Augenblick. Es sind genau diese Eigenschaften, die in den westlichen Gesellschaften gerne – und leider oft im abwertenden Sinn – als »weiblich« bezeichnet werden. In der Weltanschauung der Unangan bedarf es dieser Eigenschaften, um ein echter Mann und ein guter Jäger und Versorger zu sein; verfügt er nicht über sie, wird der Mann kein versierter Jäger und Fischer, der gefahrlos zu jagen oder zu angeln vermag.

Kein Unangan-Jäger kann ein Tier erlegen, ohne um die Tiefgründigkeit des Tötens eines bewussten Wesens zu wissen. Uns wurde beigebracht, allem Leben und allen Lebensformen in Ehrfurcht zu begegnen und dass der Geist, der uns erfüllt, in allem Leben ist. Alles Leben stammt vom selben Ort, von genau derselben Quelle, von Agox oder »dem Schöpfer«. Es ist ein riesiger Unterschied, die Heiligkeit bloß intellektuell zu kennen oder dieses Wissen vollständig zu verkörpern.

Ich war elf, als ich zum ersten Mal die wahre Heiligkeit des Lebens kennenlernte. Eines Tages war ich draußen am Riff allein, mein Aatschaa war etwa fünfhundert Meter von mir entfernt, als plötzlich ein Seelöwe vor mir auftauchte und ich ihn erschoss. Ich erkannte den Moment seines Todes genau, und zwar nicht, weil ich mich auf meinen exakten Schuss verlassen konnte, sondern weil etwas Unerklärliches geschah. Ein äußerst zarter elektrischer Impuls zuckte blitzartig durch meinen Körper, und für mich gab es nicht den Hauch eines Zweifels: Das war der Geist dieses Tieres. In dem Augenblick, als die Lebenskraft durch meinen Körper schoss, sagte mir dieser Seelöwe, er besitze Bewusstsein und Intelligenz und habe sich mir ergeben. Es war dieses Erlebnis, das meine Sicht auf alles Leben auf diesem Planeten verwandelte. In jenem Moment wuchsen meine Ehrfurcht und mein Respekt vor allem Leben ins Unermessliche. Später erzählte ich meinem Aatschaa, was mir widerfahren war; er schaute mich an, lächelte und sagte *«Exumnaakoxt!»* (»Gut!«) – und das war es auch schon. Mit diesem einzigen Wort bekräftigte er, dass mein Erlebnis wirklich gewesen war und nicht etwa ein Gebilde meiner Fantasie. Mit nur einem Wort ließ er mich wissen, dass er dieses Erlebnis kannte und dass es natürlich und echt war.

Ich begriff den Grund dafür, dass mein Volk schon immer eine derartige Ehrfurcht vor jedem Tier hatte, das ein Jäger tötete, und dafür, dass sie eine wechselseitige Beziehung entwickelten. Das

Volk der Unangan auf den Pribilofs gehört zu den Seelöwen. Der Stellersche Seelöwe hat uns in guten wie in schweren Zeiten versorgt. Im Dank dafür, dass der Seelöwe uns ernährt, bewahren wir diese Tiere vor dem rücksichtslosen Abschlachten; wir schützen sie und ihren Lebensraum vor Zerstörung; und wir ehren jeden getöteten Seelöwen, indem wir ihn essen, jeden möglichen Teil seines Körpers verwenden und jedes Tier mit so vielen Familien wie möglich teilen. Wenn wir das Tier so gut wie möglich in Gänze verwertet haben, geben wir die Überreste dem Meer zurück – nicht ohne ein Dankesgebet an das Tier und an dessen Schöpfer.

Als ich die Tiefgründigkeit des Seelöwen-Todes wie soeben beschrieben erlebte, kam ich wirklich mit dem in Verbindung, was es bedeutet, das Göttliche zu berühren und Teil davon zu sein – ich spürte das Einssein aller Schöpfung. Dieses Erlebnis, als ich den Seelöwen tötete, lehrte mich, dass wir im tiefsten Inneren miteinander verbunden sind. Egal, was unser Verstand uns auch sagt, wir sind nicht voneinander getrennt.

6

Robbenwildern in Boxershorts

Eines Sommertages waren wir am Strand – keine fünfhundert Meter vom Dorf entfernt – und wälzten uns im Sand, geschüttelt von Lachanfällen und unfähig, unsere Ausgelassenheit zu mäßigen, auch wenn wir riskierten, von Bundesbeamten entdeckt zu werden. Diese *federal agents* waren natürlich keine FBI-Agenten, sondern Aufseher im Auftrag der Regierung, und wir hatten soeben gegen das Gesetz verstoßen, weil wir vier Robben getötet hatten.*

* In meiner Zeit als Jugendlicher war es den Unangan vonseiten der US-Regierung gestattet, sich von Juni bis Ende August während des staatlich sanktionierten jährlichen Robbenschlachtens vom Fleisch der Tiere aus den *"killing fields"* zu

Bei diesem Erlebnis erhielt ich meinen ersten Einblick in das, was man »zivilen Ungehorsam« nennt. Was unser Volk seit mindestens zehntausend Jahren getan hatte, war nun illegal geworden: sich von Robben zu ernähren.*

In jener Zeit verfügten die Unangan-Familien über geringe finanzielle Mittel, und was wir aßen, kam größtenteils noch immer vom Land oder vom Meer – Heilbutt, Seelöwen, Robben, Kormorane, wilder Sellerie, Beeren und womit auch immer uns Land und Wasser versorgten. Die Regierungsrationen an Salz, Zucker, Kartoffeln, Reis, Zwiebeln und gepökeltem Rindfleisch reichten nie aus für unseren neunköpfigen Haushalt bestehend aus meinen zwei Brüdern und zwei Schwestern, meinem Großvater, meinem Onkel, meiner Mutter, meinem Vater und mir. Ich weiß noch genau, dass ich vom Spätherbst bis zum Frühlingsbeginn Tag für Tag hungrig war und immer den Moment herbeisehnte, wenn Robben, Heilbutt und Vögel ab Mitte des Frühlings auf unsere magische Insel zurückkehrten.

In jener Zeit des Hungers gab es unzählige Male, da meine Mutter mit den Zubereitungen des Abendessens zuwartete und daraufsetzte, dass mein Vater, der den ganzen Tag auf der Jagd verbracht hatte, etwas Kochbares mitbrächte. Erpicht auf seine Rückkehr, begrüßten wir Kinder und meine Mutter ihn an der Tür. Doch ich war stets der Erste, der ihn vom Fenster aus kommen sah. Wenn er unter dem Gewicht seines Jagdsacks vornübergebeugt auf unser Haus zukam, konnte ich bereits an seinem Gang erkennen, ob er einen Seelöwen oder einige Vögel geschossen hatte. Ging er nicht gebeugt, waren es wahrscheinlich ein oder zwei Vögel, mit denen er heimkam. Noch bevor meine Mutter den Sack öffnete, wussten wir schon, was sich darin befand: Entweder es roch nach Fleisch oder nach nassem Gefieder. Mein Vater scheiterte kaum auf der Jagd nach unserem Essen, auch wenn es manchmal nur ein paar Kormorane waren, die er nach Hause brachte. Das Fleisch dieser Vögel ist zwar zäh, taugte aber für eine gute

ernähren. Außerhalb dieser staatlich erlaubten Fangzeit betrug die Strafe für das Töten einer Robbe zehntausend Dollar oder zehn Jahre Haft oder auch beides. Dieses Gesetz existiert bis heute.

* Entlang der Aleutenkette und auf den Pribilof-Inseln finden sich Überreste von neuntausend Jahre alten Schlachtabfallplätzen mit großen Mengen an Robbenknochen, was auf eine menschliche Besiedlung und die jahrtausendelange starke Abhängigkeit unseres Volkes von der Pelzrobbe schließen lässt.

Suppe, die unsere Mägen füllen konnte. Diesen Kormoran nannten wir »Unangan-Truthahn«, weil er in der Regel das war, was am Erntedankfest auf den Tisch kam.

Zurück zu dem besagten Sommertag. Da waren wir also – mein Onkel Iliodor, auch »Eddie« genannt, der ernsthafte, aufrichtige Leiter des Chores der russisch-orthodoxen Kirche, Präsident des Dorfrates und höhere Verwaltungsangestellte auf einer von der Regierung kontrollierten Insel, sein bester Freund, »Kusukahx« (was in unserer Sprache »Russe« bedeutet) und dessen Frau Tina –, die gemeinsam an einem frühen Samstagmorgen um vier Uhr auf der unmittelbar neben dem Dorf gelegenen und für alle gut einsehbaren Pelzrobbenkolonie unserer Insel wilderten. Ich war als Fünfjähriger dabei und von der merkwürdigen Unwirklichkeit dieser Szene fasziniert: Erwachsene schlichen eifrig flüsternd am Strand herum, als würde sie ihre normale Lautstärke dem »Regierungsmann« verraten, der womöglich an einem Wochenendmorgen um diese Zeit schon wach sein und uns durch die meterdicken Betonmauern des anderthalb Kilometer entfernten Regierungsgebäudes belauschen könnte.

Wie Karikaturen »echter Menschen« krochen wir bei Anbruch einer sehr ruhigen Morgendämmerung in geduckter Haltung auf die am Strand schlafende Robbenherde zu. Onkel Eddie und Kusukahx schlichen mit am Strand gefundenen dicken, schweren Stücken Treibholz in den Händen voran, ihren Blick auf die Robbenherde fixiert und fest entschlossen, ein paar der Tiere zum Essen mitzubringen.

Besonnenheit verlangte rasches Handeln und schnelle Bewegung; denn, würden wir uns zu lange am Strand aufhalten, riskierten wir, vom Regierungsbeamten entdeckt zu werden. Onkel Eddie und Kusukahx kamen mit insgesamt vier Robben zurück – in jeder Hand eine – die sie in Richtung Straße hinter sich herzogen. Dort warteten Tina und ich, so weit vom Strand entfernt, dass wir nur ihre Silhouetten ausmachen konnten. Der Mann, der uns am nächsten war, das erkannten wir an seinem wesentlich schmaleren Körperbau, war Onkel Eddie. Plötzlich klappte Kusukahx hinter ihm zusammen!

Tina rief auf Unangam Tunuu: »Etwas stimmt nicht mit meinem Mann!« Mein Onkel ließ die toten Robben fallen, rannte zurück und brach zu unserem Erstaunen ebenfalls zusammen. Tina und ich waren außer uns, als wir beobachteten, wie die beiden Männer im Sand hin und her rollten – etwas Schlimmes musste ihnen zugestoßen sein.

Tina voran, eilten wir in ihre Richtung. Als wir näherkamen, wurde uns klar, warum sie nicht mehr auf die Beine kamen – beide krümmten sich in einem hysterischen Lachanfall! Kusukahx brachte seine Erklärung kaum heraus: »Meine Hosenträger haben sich gelöst! Aus Angst, dass wir entdeckt werden, bin ich weitergerannt. Damit meine Hose nicht ganz herunterrutscht, habe ich versucht, mit O-Beinen zu laufen… Hat aber nicht wirklich funktioniert. Sie fiel runter bis auf meine Knöchel und ich bin gestolpert. Vor lauter Lachen fand ich keine Kraft mehr zum Aufstehen!«

Auch Tina und ich konnten nicht mehr an uns halten, stimmten in das Lachen der beiden Unglückseligen ein und taten somit genau das, was wir alle soeben noch geschworen hatten zu vermeiden, nämlich: laute Geräusche von uns zu geben. So verfielen wir dem zwerchfellerschütternden entwaffnenden Gelächter über die Komik dieser Situation angesichts eines erwachsenen Mannes mit heruntergelassener Hose, in gepunkteten Boxershorts, neben einer toten Robbe. Ich liebte es so sehr, dass die Unangan immer einen Sinn für Humor hatten, ganz egal, wie schwer oder herausfordernd die Umstände waren. Vielleicht haben wir genau dadurch all das überlebt, was uns vom Leben abverlangt wurde.

7

Die indirekten Folgen staatlicher Unterdrückung für jedes Kind der Unangan

Außer während der russisch-orthodoxen Fastenzeit entging kaum ein Kind meiner Generation dem Schrecken, dem Chaos, der Aufregung und der Gefahr vonseiten betrunkener Erwachsener während ihrer regelmäßigen Exzesse an den Wochenenden. Ich war Zeuge dieser Ereignisse, seitdem ich drei Jahre alt war, und blieb es, bis ich mit zwölf mein Dorf verließ, um aufs Internat zu gehen.

Die Männer der Insel verrohten in ihrer nicht enden wollenden Schufterei von bis zu siebzehn Stunden pro Tag beim Abschlachten von Pelzrobben für die Bundesregierung während der drei bis vier Sommermonate, in denen die Tiere auf die Insel zurückkehrten. Gefrühstückt wurden Pfannkuchen, Eipulver und Speck. Den Rest des Tages gab es für die Arbeiter nur kärgliches Essen, das ihnen viel zu wenig Energie zuführte: Mittags und auch abends erhielten sie Kaffee und ein Sandwich. Alles andere als ungewöhnlich war es, wenn diesen »Robbenjägern«, aber auch den im Dorf arbeitenden Männern, von den Regierungsbeamten in harschem Befehlston Kommentare an den Kopf geworfen wurden wie: »Ihr blöden Aleuten, es braucht fünf von euresgleichen, um einen einzigen Graben auszuheben« oder »Ihr haltet euch wohl für besonders clever, ab mit euch auf den Müllwagen!« Tagein und tagaus, und dies jahrelang, waren die Männer Beschimpfungen solcher Art ausgesetzt. Einzig an den Wochenenden hatten sie Ruhe vor verbaler Misshandlung, und während sie Peeva tranken, ein selbstgemachtes Gebräu, ließen sie manchmal Dampf ab, um sich von den erlittenen Demütigungen zu erholen und sich auszutoben. Peeva wurde in Zweihundertliterfässern aus Rosinen, Zucker, Obst und Kartoffeln zusammengebraut und schmeckte fürchterlich. Aber die Männer tranken es gemeinsam mit ihren Frauen bis zur Besinnungslosigkeit Wochenende für Wochenende. Mit Ausnahme von ein paar wenigen Familien waren alle Erwachsenen im Dorf betrunken. Häufig kam es unter den Männern zu Schlägereien und ich erinnere mich noch gut, wie mein Onkel Eddie (also Iliodor) einmal auf dem Boden lag, nachdem ihn Tracy, eine Freundin unserer Familie, bewusstlos geschlagen hatte. Zu diesen Zeiten war unser Dorf kein sicherer Ort für Kinder, insbesondere nicht für Mädchen.

Ich war neun Jahre alt, als ich eines Tages meine siebenjährige Schwester aus ihrem Zimmer im unteren Stockwerk um Hilfe schreien hörte. Ich rannte hin, doch die Tür war verschlossen. Meine Schwester schrie, ein Mann sei im Zimmer. Da ich die Tür nicht öffnen konnte, stürmte ich nach draußen zu ihrem Fenster und öffnete es. Ein fünfunddreißigjähriger betrunkener Mann war im Begriff, meine Schwester zu befummeln. Während ich durch das Fenster kroch, schrie ich ihn an, er solle aufhören. Er muss wohl die Wut in meinem Gesicht und meiner Stimme kapiert haben, denn schnell schloss er die Tür auf und rannte hinaus. Als unsere Eltern am nächsten Morgen wieder nüchtern waren, berichteten wir, was geschehen war, doch sie glaubten uns nicht. Als ob nichts Besonderes passiert sei, ging es an diesem wie auch an den Tagen danach »normal« weiter. Viele Mädchen im Dorf erlebten das Gleiche: Wenn die Eltern ihren Rausch ausgeschlafen hatten, berichteten ihnen die Mädchen von solchen Vorfällen am Wochenende, doch diese wollten nichts davon wissen und schenkten ihren eigenen Kindern kein Gehör. Stattdessen taten sie so, als sei während ihrer Alkoholexzesse am Wochenende nichts Ungewöhnliches vorgefallen.

An Feiertagen wie dem 4. Juli, Weihnachten und Ostern wurde noch mehr Alkohol konsumiert; doch die meisten von uns Kindern fanden trotzdem Wege, diesen Festen eine lustige Zeit abzugewinnen. Meine Tante und mein Aatschaa teilten gerne das Wenige, was sie besaßen, mit anderen, und zu Weihnachten half ich ihnen mit meinem Schlitten, Geschenke zu anderen Häusern zu transportieren. Mir gefiel diese Aufgabe außerordentlich. Nachdem wir Kinder ein wochenlang einstudiertes Weihnachtsprogramm im großen Saal aufgeführt hatten, in dem das ganze Dorf versammelt war, freuten wir uns auf die Weihnachtsgeschenke und die Ankunft des Weihnachtsmannes, dessen Einzug von der gesamten Gemeinde mit dem Lied "Here Comes Santa Claus" besungen wurde. Ein stets sehr großer, vom Stammesrat organisierter und bis obenhin geschmückter Weihnachtsbaum stand auf der linken Seite des Saals, darunter lagen für jedes Kind im Dorf Geschenke und für jedes Gemeindemitglied ein großer Beutel mit Obst und Süßigkeiten, bereitgestellt von der Fouke Fur Company. Dieses Unternehmen hatte den Exklusivvertrag mit der US-Regierung zur Veredlung der Pelzrobbenfelle und produzierte unter anderem Mäntel der Luxusklasse, die damals mindestens viertausend Dollar pro Stück kosteten.

Während also die Kinder nach der Weihnachtsaufführung die Geschenke ihrer Eltern auspackten, waren die Erwachsenen am Trinken. Mein erstes Weihnachtsgeschenk, das ich von meinen Eltern erhielt, war eine von meinem Vater geschnitzte Holzpistole, die mittels Gummibänder Geschosse abfeuern konnte und die ich liebte. Zu jener Zeit glaubte ich noch an den Weihnachtsmann –

bis er eines Jahres betrunken vor unserer Tür stand. Der Mann, der zu uns »zum Feiern« gekommen war, wurde von meinem Vater abgefangen und weggeschickt, weil wir Kinder ihn so nicht sehen sollten.

An allen Festtagen traf sich die Gemeinde, um ausgiebig zu feiern. Nach der siebenwöchigen Fastenzeit versammelte sich das ganze Dorf in der russisch-orthodoxen Kirche zum Ostergottesdienst. Im Anschluss daran besuchten die Kinder ihre Patentanten, um irgendwelche Leckereien zu bekommen, bevor zu Hause mit der Familie Ostern gefeiert wurde. Das Festessen bestand normalerweise aus Heilbuttpastete und Heidelbeerkuchen – beides Delikatessen für besondere Anlässe, die ich bis heute sehr gerne esse. Nur in der Fastenzeit und an Ostern tranken die Erwachsenen keinen Alkohol, aber schon am Tag nach den Gottesdiensten ging es mit dem Trinken wieder weiter.

Dinge geschahen, die kein Kind jemals durchmachen, sehen oder hören sollte. Obschon die Tage, an denen die Erwachsenen nüchtern blieben, durchaus glückliche waren, standen sie in starkem Kontrast zu dem, was an den Wochenenden los war und was die Kinder im besten Fall verwirrte, im schlimmsten Fall in einen Teufelskreis aus Angst und Schrecken und Gewalt stieß, dem sie nicht mehr entkommen sollten.

Erst später im Leben begriff ich die volle Tragweite des schweren Erbes an spiritueller Kränkung und verinnerlichter Unterdrückung, das mein Volk seit der Ankunft der russischen Pelzhändler entwickelt hatte, als innerhalb eines Zeitraums von fünfzig Jahren achtzig Prozent der Unangan an Krankheiten, Unterernährung und Völkermord starben. Und dieses Elend dauerte während ihrer anschließenden Versklavung durch die US-Regierung ein weiteres Jahrhundert fort.

8

Die Robbenjagd

Ich habe noch eine lebhafte Erinnerung daran, wie mein Vater, John Merculieff, entkräftet von der auslaugenden Arbeit an fünf Tagen pro Woche abends nach Hause kam. Er war einer der höhergestellten Robbenjäger: ein »Knüppler« oder »Betäuber«. Man musste sich über Jahre hinweg durch sämtliche Stellungen hocharbeiten, bis man es zur Position eines Betäubers brachte, der am besten bezahlten auf den Schlachtfeldern: Es verlangte großes Geschick, mit einem anderthalb Meter langen Nussbaumstock einen sich schnell bewegenden Seehund mit nur einem Schlag auf den Kopf zu betäuben oder zu töten und dies wieder und wieder zu tun. Auf diese Weise erlegten sechs oder sieben Männer jeden Tag bis an die viertausend Robben.

Im Alter von fünf Jahren durfte ich zum ersten Mal mit zur Robbenjagd und sah mit eigenen Augen, wie hart die Männer arbeiteten. Es war ein besonderes Ereignis, wenn einem als Kind gestattet wurde, die Robbenfänger zu begleiten. Das Robbentöten begann jedes Jahr im Juni und wurde Mitte August beendet. Wollte man das von der Regierung zur Verfügung gestellte Frühstück bekommen – kleine Pfannkuchen, Eipulver, Speck und Kaffee –, hatte man sich um drei Uhr früh auf den Weg zu deren Frühstücksraum zu machen.

Die Regierung war darauf erpicht, dass die Männer das Zusammentreiben der Robben beendet hatten, noch bevor die Tagestemperatur zehn Grad erreichte. Anderenfalls kam es bei den Tieren zu einer Überhitzung, woran sie eingingen und zu »Straßenfellen« wurden, was bedeutete, dass die Felle ihre feine Qualität und damit ihren hohen Preis verloren. Hinzu kam, dass diese Straßenfelle sich nur schwer vom Körper der Robben abziehen ließen und somit auch häufig eingerissen waren. Also bestiegen die Männer um vier Uhr morgens die Muldenkipper der Regierung, mit denen die Robbenkadaver und -felle vom Schlachtfeld nach getaner Arbeit abtransportiert wurden. Ältere Männer und Knüppler fuhren im einzigen überdachten Truck mit, den wir den »Wasserwagen« nannten, weil er frisches Wasser für die Betäuber beförderte. Die Temperatur von etwa fünf Grad und die Feuchtigkeit vor Sonnenaufgang ließen uns immer frösteln. Ich hockte mich in den Fußraum des Trucks, um dem eiskalten Wind zu entgehen.

In einer Karawane von zehn Lastwagen fuhren wir zur Nordostspitze, zur größten jener sieben Robbenkolonien unserer Insel, in denen sich vor allem »Junggesellen« unter den Robben, also nicht geschlechtsreife männliche Tiere zu Zehntausenden sammelten. Die Lastwagen erreichten den anvisierten Ort und die Fahrer stellten die Wagen in einer geraden Linie in der Tundra ab. Ich wusste sofort, wo die Robben normalerweise getötet wurden, weil das Gras dieser *killing fields,* hundertfünfzig Jahre lang gedüngt vom Blut von Hunderttausenden von Robben, wesentlich grüner als das restliche war. Mir kam der Gedanke, wie hart meine Vorfahren hatten arbeiten müssen, als man noch keine Lastwagen einsetzte, sondern ein fünfzehn Meter langes und eine Tonne schweres traditionelles Boot, Baidar oder Nixalax genannt, von und nach den Schlachtfeldern und dem Dorf gerudert werden musste.

Hatten die Männer die *killing fields* erreicht, versammelten sie sich um die Trucks, tranken Kaffee, rauchten Zigaretten und unterhielten sich auf Unangam Tunuu über Alltägliches: über die Zahl der Robben, die sie an diesem Tag voraussichtlich zu töten hatten, darüber, ob das Wetter wohl gut genug sei, um nach der Arbeit noch Heilbutt zu angeln, und wie es den Leuten im Dorf und den Familien so ging.

»Sieht wie ein Tag aus, an dem es viel zu töten gibt.«

»Ja, in dieser Kolonie leben immer viele Robben.«

»Hoffentlich sind wir heute schnell fertig. Es scheint ein guter Tag zum Angeln zu werden. Meine Familie könnte etwas Heilbutt gebrauchen.«

»Lasst uns vorsichtig sein. Der Chef scheint heute schlechte Laune zu haben.«

»Ja, als er letzte Woche mies drauf war, hat er fünf Leute einfach ohne Bezahlung nach Hause geschickt, weil er meinte, sie seien zu langsam.«

»Mein Rücken schmerzt noch von gestern. Sie haben gesagt, wir hätten zweieinhalbtausend Robben getötet; das steckt mir noch in den Knochen. Hoffentlich bremst mich der Schmerz nicht aus, sonst wird's für alle noch mühsamer.«

Die Robbenjäger der Unangan waren die perfekten Teams, weil Zusammenarbeit und rückhaltloser Dienst an anderen zentrale Aspekte unserer Kultur sind. Die Teamarbeit begann mit dem Zeichen zum Aufbruch vonseiten des Vorarbeiters der Betäuber. Die rund dreißig Männer gingen zur Kolonie der männlichen Jungtiere und rannten dann, wenn sie nah genug bei den Küstenfelsen waren, wo die Robben ruhten und schliefen, gleichzeitig los und positionierten sich zwischen den Robben und der Küste, um ihnen den einzigen Fluchtweg abzuschneiden.

Ich hörte das heisere Brüllen von Zehntausenden von Robben, die jeden Zentimeter der verschiedenen Kolonien besetzten, wo sich die Basaltblöcke in der Nähe der Küste über Kilometer erstrecken. Es gab gemischte Kolonien mit Leitbullen und ausgewachsenen weiblichen Tieren, Kolonien, in denen sich inaktive Bullen, die ihre Blütezeit hinter sich hatten, ausruhten, sowie Kolonien von noch nicht geschlechtsreifen Männchen. Ausschließlich auf die Letzteren hatten wir es abgesehen.

Ich schloss mich den rennenden Männern an, weil es auch uns Jungen erlaubt war, an der »Treibjagd« teilzunehmen. Wir alle mussten auf der Hut sein. Die schwarzgefärbten Robben unterschieden sich sogar bei Tageslicht kaum von der Farbe der Felsen, und jetzt dämmerte es gerade erst. Eine bedrohte Robbe kann so wild reagieren wie ein afrikanischer Löwe und ist in der Lage, sich schneller zu bewegen, als ein Mensch über die rutschigen Felsen in der Kolonie zu rennen vermag. Mit ihren großen und sehr scharfen Eckzähnen kann eine Robbe – was aber eher selten vorkommt – den Oberschenkel oder das Bein eines Mannes derart aufreißen, dass die Wunde mit vielen Stichen genäht werden muss. Ich malte mir solch ein zerrissenes Bein in lebhaften Farben aus, was meine Wachsamkeit noch zusätzlich verstärkte, als ich mit den Männern durch Hunderte wütend knurrender Robben rannte. Obschon die meisten dieser Tiere nicht vollständig ausgewachsen, also im Alter von zwei bis vier Jahren waren, fanden sich darunter auch ein paar grimmige, bis zu dreihundert Kilogramm schwere Robbenbullen. Wir liefen also erst in Richtung Küste, um den Robben den Fluchtweg abzuschneiden, und trieben sie dann landeinwärts zusammen. Die Männer und Jungen pfiffen und machten mit ihren Stöcken Lärm, um die Robben in Bewegung zu halten. Die Szenerie und die Geräusche erinnerten mich stark an Filme, in denen ich Gruppen von Männern hatte Vieh zusammentreiben sehen.

Indem sie den Robben auf dem Weg zu den Schlachtfeldern kleinere Ruhepausen gönnten, verhinderten die Männer, dass sie später zu »Straßenfellen« wurden. Pelzrobben besitzen keine Schweißdrüsen; die Wärme entweicht durch ihr Ausschnaufen, das dann als Nebelhauch über ihnen hängt. Das Fleisch einer an Hitzekollaps verendeten Robbe war nicht mehr zum Verzehr geeignet und ihr Fell nur schwer zu reinigen.

Wenn sich Bullen und Weibchen unter den zusammengetriebenen halbwüchsigen Tieren befanden, wurden diese auf dem Weg zu den Feldern freigelassen. Ich sah, wie sie ein paar Meter von der Herde wegrobbten und sich dann ausruhten, während die restlichen Tiere der Herde verängstigt und verwirrt blieben. Auf den Schlachtfeldern angekommen, gönnten sich die Männer eine Pause, und die von drei oder vier Männern und Jungen bewachten Robben schienen sich wieder zu sammeln. Aufgrund der Herdengröße konnten die Männer abschätzen, wie lange der Arbeitstag dauern würde. In der Regel waren es um die zweitausend Robben, die aus den verschiedenen Kolonien zusammengetrieben wurden (von denen es insgesamt sieben mit vorwiegend noch nicht geschlechtsreifen männlichen Robben gab), was dann einen Acht-Stunden-Tag des Tötens bedeutete.

Sobald der Vorarbeiter das Kommando gab, sonderte einer der Männer eine Gruppe von sechs oder sieben Robben von den anderen ab, indem er mit einer großen Metallkaffeekanne an einem Stock kräftigen Lärm machte. Dieser »Herdenteiler« trieb die kleine Gruppe zu den Betäubern, die dann mit ihren anderthalb Meter langen Keulen aus schwerem Nussbaumholz den Robben auf den Kopf schlugen, die häufig auch gleich mit diesem ersten Schlag getötet wurden. Diese Männer waren handverlesen wegen der Genauigkeit beim Betäuben der Robben. Die Arbeit war eine ebenso brutale wie brutalisierende Arbeit. Ich habe mich oft gefragt, welche Wirkung dieses Tun wohl auf die Männer und insbesondere auf meinen Vater haben musste.

Innerhalb von Sekunden wurden die betäubten oder toten Robben fortgezerrt und in Fünferreihen hingelegt. Dann kam der »Abstecher« ins Spiel, der, um den Tod der Tiere sicherzustellen, jeder Robbe die Hauptschlagader durchtrennte und Schnitte rund um die Flossen und den Kopf ausführte. Ein Trupp von drei oder vier Männern, die sogenannten »Abzieher«, befestigten anschließend ein großes zangenartiges Werkzeug an dem um den Kopf herum eingeschnittenen Fell, das dann von der Robbe abgezogen und zur Abholung ausgelegt wurde. Jeweils zur Halbzeit oder am Ende des Robbentötens wurden die Fellhäute eingesammelt und mit Mistgabeln auf einen der Lastwagen geladen. Dieser fuhr dann zur Pelzfabrik, wo die Felle eingeweicht, »entspeckt« und für den Versand zur Weiterverarbeitung durch die Fouke Fur Company in zweihundert Liter fassende Holzfässer gelegt wurden. Der Prozess des Entspeckens war eine weitere der strapaziösen Arbeiten, bei der Männer mit großen gebogenen Schneidewerkzeugen die Fettschicht vom Fell trennten. Die Robbenkadaver wurden anderenorts hingebracht, wo man sie zu Nerzfutter verarbeitete. Vorher war es den Einheimischen jedoch erlaubt, die Robben für die eigene Ernährung zu nutzen. Sie entnahmen üblicherweise Herz, Leber und Zungen, Schultern und Rippen. Die Jagdmonate waren die einzige Zeit, in der die Regierung unserem Volk ihr traditionelles Robbenfleisch zugestand.

Wen wundert es also, dass die Unangan-Männer bereits im Alter von fünfunddreißig Jahren ausgelaugt waren? Diese unmenschlich-brachiale Arbeit forderte ihren körperlichen wie auch geistigen Tribut.

9

Tod eines Sechsjährigen

Für die Unangan der Pribilof-Inseln, deren Gemeinschaften in den abgelegenen Weiten der Beringsee lebten, war Krankheit immer ein ernstes Ereignis. Die einzige Krankenstation liegt mehr als tausenddreihundert Kilometer Luftlinie vom nächsten voll ausgestatteten Krankenhaus in Anchorage, Alaska, entfernt. Zur Zeit meiner Kindheit war der größte Teil der amtlichen Einrichtungen des Gesundheitswesens den Weißen vorbehalten und so mussten unsere Eltern mit den unzähligen Krankheiten, die man sich im Dorf zuzog, ohne professionelle Hilfe fertigwerden. Eine der schlimmsten Erfahrungen, an die ich mich erinnern kann, waren die Grindblasen oder Impetigo, eine hoch ansteckende Hautkrankheit, an der meine Schwester Rinna und ich wie auch die meisten der Dorfkinder litten, mit unerträglich juckenden Wunden, welche Arme, Beine, Rumpf und Gesicht fast vollständig bedeckten. Zur Behandlung dieses Hautausschlages gehörte ein Bad in einer mit Salzwasser gefüllten Wanne, das sich wegen der vom ständigen Kratzen verursachten offenen Blasen quälend schmerzhaft gestaltete. Mumps, Masern, Körper- und Kopfläuse, Grippe, Polio, Pocken oder Mittelohr- und andere Entzündungen, mit denen wir aufgrund der andauernden Winterwinde, denen wir ausgesetzt waren, zu kämpfen hatten, gehörten ebenfalls zu häufigen Krankheiten. Die staatliche Krankenstation war für unser Volk nur in lebensbedrohlichen Situationen zugänglich. Und eines Tages, an den ich mich noch genau erinnern kann, geriet ich in eine solche.

Meine Mutter, mein Vater, mein Großvater und meine Schwester setzten sich gerade an den Mittagstisch, zur größten Mahlzeit des Tages, wenn die Männer nicht auf Robbenjagd waren. Ich fühlte mich derart unwohl, dass ich mich nicht zu ihnen gesellte, sondern ins Wohnzimmer ging, das von meiner Mutter immer im tadellosen Zustand gehalten wurde. Es war der Raum, in welchem die russisch-orthodoxen Ikonen aufbewahrt wurden und in den der Priester und der Dorfchor geführt wurden, um Gebete zu sprechen und zu singen, wenn sie in der Weihnachtszeit und in den Osterferien von Haus zu Haus gingen. Mein linker Arm schmerzte dermaßen, dass ich zu weinen begann. Meine Mutter kam ins Zimmer und fragte, was mit mir los sei, worauf ich ihr von meinem schmerzenden Arm und meinem Schwindelgefühl erzählte. Sie berührte meine Stirn und Wangen. Ich glühte.

Sie ließ mich meine Jacke anziehen, um mit mir zum Amtsarzt zu eilen, der ungefähr einen Kilometer von uns entfernt in der Krankenstation anzutreffen war. Auf dem Weg dorthin begann sich alles wie wild um mich herum zu drehen. Mir war extrem schwindelig und ich weinte. Meine Mutter nahm meine Hand und zog mich bestürzt hinter sich her. Sie war noch jung und erst vor sechs Jahren mit mir als Erstgeborenem Mutter geworden. Solch eine Situation war vollkommen neu für sie und machte ihr Angst.

Keiner von uns ging gern in die Krankenstation, wo nur ernsthaft leidende Menschen hinmussten; die Dorfbewohner brachten den nüchternen, nach Äther und Reinigungsalkohol riechenden Ort mit Tod in Verbindung. Die örtliche Hilfskrankenschwester maß bei mir einundvierzig Grad Fieber. Ein Grad mehr und mein Gehirn hätte zu braten angefangen. »Herr Doktor«, sagte sie mit Nachdruck, »schauen Sie sich diesen Jungen an. Er ist richtig krank!«

Der Arzt, ein Weißer, war ein Bundesangestellter, der aus den Lower 48 auf unsere Insel geschickt worden war.* Die meisten dieser von den Bundesbehörden entsandten Angestellten wollten mit den Unangan außerhalb des ihnen zugewiesenen Zuständigkeitsbereichs nichts zu tun haben; und wenn es doch einmal zu einem derartigen Kontakt kam, versäumten es die anderen Regierungsmitarbeiter nicht, ihre Missbilligung über diese Verbindung auszudrücken. Sämtliche Amtsärzte, mit denen ich vorher jemals in Berührung gekommen war, hatten sich kalt und distanziert verhalten, und dieser sollte keine Ausnahme sein.

Nachdem er sich die Quecksilbersäule angeschaut hatte, runzelte der Arzt die Stirn, schüttelte das Thermometer und steckte es mir erneut in den Mund. Dann platzierte er ein kaltes Stethoskop unter mein Hemd und hörte meinen Brustkorb vorn und hinten ab. »Lunge und Bronchien sind verstopft«, sagte er zu niemandem im Speziellen, einfach in den Raum hinein. Er wies die Krankenschwester an, ein Bett für mich bereitzustellen, da ich wahrscheinlich an einer doppelseitigen Lungenentzündung leide – meiner Mutter, der die Sorge ins Gesicht geschrieben stand, schenkte er keinerlei Beachtung. Zur Krankenschwester sagte er: »Bereiten Sie ihm erst einmal ein kaltes Bad vor, damit seine Temperatur sinkt.« Erst jetzt wandte er sich an meine Mutter und erklärte ihr, dass ich mich in einem äußerst gravierenden Zustand befände und sterben könne. Diese Bemerkung hörte auch ich und bekam Angst.

»Geh nicht weg, Mama! Verlass mich nicht!«, flehte ich sie an.

Der Arzt sagte mit einem unerbittlichen Blick: »Du musst hierbleiben und deine Mutter muss gehen; so sind die Regeln.« Weinend, in einem Zustand von Übelkeit und Schwindel, verwirrt

* Mit *"the Lower 48"* bezeichnen die Einwohner Alaskas die Conterminous [aneinandergrenzenden] United States, also die achtundvierzig (von ihnen aus gesehen südlich gelegenen) nicht durch Ozeane oder internationale Grenzen voneinander getrennten »Festland«-Bundesstaaten der USA [A.d.Ü.].

und verängstigt ging ich mit der Krankenschwester zu meinem Bett, das ich die nächsten sechs quälenden Wochen hüten musste.

»Leg all deine Sachen ab und zieh dies hier an«, sagte sie und gab mir ein weißes Nachthemd. »Ich bereite dein Bad vor und hole dich dann.«

Sie ließ mich allein und ich mühte mich ab, meine Kleidung auszuziehen; ich fühlte mich so elend, dass jede kleinste Bewegung, wie das Herunterbeugen, um meine Strümpfe auszuziehen, eine Tortur war. Beim Vorbeugen wurde mir noch übler und noch schwindliger. Als die Krankenschwester zurückkam, war ich zu schwach, um vom Bett aufzustehen. Wie schnell doch alles gegangen war. Morgens hatte ich mich vollkommen gut gefühlt und jetzt, nur wenige Stunden später, war mein Körper nass vor kaltem Schweiß und ich konnte mich kaum bewegen.

Die Krankenschwester musste mich vom Bett zur Wanne tragen und setzte mich in das extrem kalte Wasser. Die Kälte nahm mir regelrecht die Luft zum Atmen, ich bekam eine Gänsehaut und weinte bitterlich. In dem Moment begann sich alles vor mir zu verdunkeln, als ob ich mein Augenlicht verlöre. Ich verstand nichts von dem, was mir da widerfuhr, absolut niemand machte sich die Mühe, mir zu erklären, was gerade geschah, und so hämmerten die Worte des Arztes, »er könnte sterben«, laut in meinem Kopf. Ich war zu Tode verängstigt, doch konnte ich dieses Entsetzen nicht mehr zum Ausdruck bringen. Alles wurde schwarz und blieb es; während der nächsten zwei Wochen war ich größtenteils nicht bei Bewusstsein.

Mein erster Eindruck, als ich kurzzeitig wieder zu mir kam, war die Dunkelheit, in der ich aufwachte und vollkommen allein war. Ich blickte mich um und erkannte nur seltsame, düstere Umrisse der einzigen Abteilung auf der zweiten Etage der Krankenstation. Ich war die einzige Person im gesamten Gebäude und mir, als einem kleinen Jungen, erschien der Raum, in dem man mich untergebracht hatte, riesig und unheilvoll. Die Schwesternstation befand sich irgendwo im unteren Stockwerk.

Noch immer fühlte ich mich entsetzlich krank und mir war weiterhin übel. Ich beugte mich nach vorn, um mich auf den Boden zu übergeben, und wurde erneut bewusstlos. Im Grunde genommen war dies der Augenblick, in dem ich mich für die Bewusstlosigkeit entschied, da ich mir in meinem kindlichen Verstand sagte, dass ich einfach nicht hier sein wollte. »Ich kehre wieder zurück«, sagte ich mir. Es war ein wohltuender Ort, zu dem ich ging. Ihn zu beschreiben, fällt mir nicht leicht, aber dort befand ich mich in einer unendlichen Leere, in der ein über alle Maße hinausgehender, nie zuvor erlebter Frieden herrschte. Ich spürte eine Verbundenheit mit allem Existierenden, ohne aber mein Seinsgefühl zu verlieren. Grenzen physikalischer oder energetischer Art gab es keine mehr. Ich konnte mich mit allem verbinden, sei es Vergangenes, Gegenwärtiges oder Zukünftiges, und mittels meiner bloßen Absicht überall auf der Erde oder im Weltraum sein. Dies war eine herrliche Erfahrung und ein Ort, den ich meiner tatsächlichen physischen Wirklichkeit bei Weitem vorzog. Ich wusste nicht, ob ein solcher Ort etwas Ungewöhnliches war, mir schien er überaus vertraut und einladend. Die lebendige Erinnerung an diesen »Nichtort« oder an diese Leere sollte mich in meinem späteren Leben noch häufig verfolgen.

Mein Zeitgefühl setzte vollständig aus; nur aufgrund von Dunkelheit oder Helligkeit wusste ich, wenn ich zwischendurch wieder zu Bewusstsein kam, ob es Nacht oder Tag war. Manchmal, wenn ich im Dunkeln erwachte, fragte ich mich, ob ich nun, wie am Tag meiner Ankunft in der Krankenstation, wieder blind geworden war. Was es bedeutet, blind zu sein, »wusste« ich aus Filmen, Comics und Büchern.

Ich erinnere mich an das permanente schreckliche Gefühl, dass ich sterben würde, und zwar allein. Ich sehnte mich nach meiner Mutter, meinem Vater, meinem Onkel, meinen Schwestern, nach jemandem, der bei mir war. Wo waren sie alle? Was ich damals nicht wusste, war, dass der Amtsarzt allen Unangan den Besuch in der Krankenstation untersagt hatte; wahrscheinlich, weil er davon ausging, sie würden irgendwelche Dinge stehlen. Ich aber verstand einfach nicht, warum mich Eltern, Geschwister und Verwandte dort niemals besuchten, und fühlte mich vollkommen alleingelassen und in einem Zustand bitterer Angst.

Eines Tages schreckte ich mit einem stechenden Schmerz im Rücken aus dem Schlaf. Während der Doktor gerade dabei war, mir mit einer langen Nadel Penizillin zu injizieren, drehte ich mich bei diesem schmerzhaften Aufwachen so plötzlich auf die andere Seite, dass die Nadel brach und in mir steckenblieb. Der Doktor wirkte gereizt und sagte schroff: »Du musst ganz still liegenbleiben, wenn ich dir diese Spritze gebe; danach wird es dir besser gehen!« Der Hilfskrankenschwester befahl er, eine Zange zu holen. Um einen Eindruck zu bekommen, ob mein Zustand besorgniserregend war oder nicht, bemühte ich mich, seinem Gesicht eine Reaktion abzulesen, aber seine Miene blieb ungerührt. Als die Krankenschwester mit der Zange zurück war, entfernte der Arzt die abgebrochene Nadel und sagte: »Ich werde dies jetzt noch einmal machen und du musst ganz still sein. Hast du verstanden?« Ich nickte, riss mich zusammen und biss mir auf die Unterlippe, als er begann, die dreizehn Zentimeter lange Nadel in mich hineinzustechen. Ein furchtbarer Schmerz, der noch schlimmer wurde, als die Nadel auf den Knochen traf.

Nach zwei Wochen fiel ich nicht mehr in Zustände der Bewusstlosigkeit, nur die unregelmäßigen Schlafanfälle blieben. Aber noch vier weitere Wochen lang, in denen ich in der Krankenstation lag, verschmolzen meine Tage mit den Nächten und die Nächte mit den Tagen. Manchmal erwachte ich in meinem eigenen Urin oder in meinen Exkrementen. Ich war die ganze Zeit über erschöpft, und jeder Knochen und jeder Nerv in meinem Körper schmerzten. Noch immer erhielt ich keinerlei Besuch in diesem Gebäude, in dem auch keine anderen Patienten lagen. Ich war vollkommen allein.

Ab und zu kam die Nachtschwester, um »nach mir zu schauen« oder vielmehr, um zu sehen, ob ich in Urin oder Exkrementen läge. Eines Abends, nachdem sie mich gesäubert hatte, streichelte sie meine Genitalien und fragte: »Fühlt sich das gut an?« Ich wusste nicht, was ich antworten sollte, aber ich spürte genau, dass diese Berührung nicht in Ordnung war. Dann sagte sie, sie müsse meine Temperatur überprüfen und dazu das Thermometer in mein Gesäß stecken. Ich spürte, wie ihr Finger in mich einfuhr; das solle das Einbringen des Thermometers erleichtern, sagte sie. Ich konnte diese Gegebenheiten nicht einschätzen, die sich während der kommenden Wochen zur Routine entwickelten und jedes Mal von mir still daliegend und wortlos ertragen wurden. Ich war verwirrt und voller Sorge, ich würde nichts zu essen bekommen oder sie würde sich nicht mehr um mich kümmern, wenn ich mich gegen das, was sie tat, auflehnte. Später erfuhr ich, dass es schon damals Gerüchte gab über ihren sexuellen Missbrauch von Kindern.

Irgendwann teilte man mir dann mit, dass ich die Krankenstation verlassen könne. An Freude oder Begeisterung meinerseits kann ich mich nicht erinnern, nur an eine extreme Erleichterung, diesen Ort des Grauens verlassen zu dürfen. Gegen Mittag kam mein Großvater in mein Zimmer, meine Mutter etwas später. Mein Vater konnte nicht kommen, er war am Schuften für die Regierung.

«Aang laakaiyaax», begrüßte mich mein Großvater auf Unangam Tunuu.

«Aang, Papa», antwortete ich. Mein Großvater war gütig und freundlich zu seinen Enkelkindern und brachte uns immer irgendwelche Leckereien. An diesem Tag war es eine Orange, die er mir entgegenstreckte. Orangen waren etwas ganz Besonderes. Die Inselbewohner erhielten jeweils zu Weihnachten einen Sack davon; Weiße hingegen konnten immer Orangen essen, sobald das Versorgungsschiff angekommen war. Jetzt jedenfalls war es nicht Weihnachten – also war diese Orange etwas ganz Außergewöhnliches.

Damals, als kleines Kind, gab ich ihm und meinen Eltern die Schuld dafür, dass sie mich ganz allein an diesem Ort der Finsternis zurückgelassen hatten. Ich wendete mich abrupt von meinem Großvater ab, schüttelte den Kopf und weigerte mich, die Orange aus seiner Hand zu nehmen. Mein Großvater fragte die Krankenschwester: »Was hat er?«, worauf sie erwiderte, dass sie keine Ahnung habe. Er verließ das Krankenzimmer und wieder waren die Krankenschwester und ich allein. »Wenn du mir nicht diese Orange gibst, darfst du die Krankenstation nicht verlassen.«, sagte sie salopp. Ich hatte keine Ahnung, ob sie nur Spaß machte, aber die Panik stieg wieder in mir auf. Schnell händigte ich ihr die Frucht aus und sie half mir beim Anziehen. Als ich endlich meine »Draußen«-Kleidung trug, war ich extrem erleichtert – nun wusste ich, dass ich wirklich gehen durfte. Die Orange bekam ich nicht zurück.

Als dann meine Mutter kam, um mich nach Hause zu holen, schwieg ich und würdigte sie keines Blickes.

Nachdem ich die Krankenstation hatte verlassen können, beschloss ich, dass mir so etwas nie wieder passieren würde. Da ich nichts davon wusste, dass der Arzt ihnen während meines sechswöchigen Aufenthalts jeglichen Besuch verweigert hatte, befand ich mich in einem Zustand, der schon jenseits bloßen Zorns auf meine Eltern und meinen Großvater war – sie hatten mich alleingelassen und mich nicht beschützt. So schottete ich mich von ihnen und Erwachsenen im Allgemeinen ab. Nur zu meiner Tante Sophie und ihrem Mann, meinem Aatschaa, hielt mein Vertrauen. Sogar meinem eigenen Körper gegenüber hatte ich jede Zuversicht verloren – ich fühlte, dass er mich im Stich gelassen, mich aufgegeben hatte. Erst Jahre später wurde mir bewusst, wie sehr mir diese Erfahrung ein grundsätzliches Vertrauen jedem Erwachsenen, aber auch mir selbst gegenüber genommen hatte.

Wieder zu Hause, schloss ich mich in meinem Schlafzimmer ein und mied den Kontakt zu meiner Familie. Zum Mittagessen nahm ich meinen Teller mit aufs Zimmer, um allein zu essen, Tag für Tag. Als Einzelgänger, zu dem ich mich nun entwickelte, pflegte ich nur noch drei Freundschaften: zu Nicky, Victor und Peanuts. Bis zur neunten Klasse blieben die drei meine einzigen beständigen Freunde. Mit den Jahren kamen dann noch zwei weiße Jungen dazu: Roland Doe und Craig Euneau.

Die in der Krankenstation durchlebten Traumata bestimmten noch auf Jahrzehnte das Muster meines Lebens. Den Großteil meiner Teenager- und Erwachsenenzeit hindurch erlebte ich allmorgendlich meine Lungenentzündungssymptome und Erfahrungen auf der Krankenstation aufs Neue: Mit Panik wachte ich auf und nieste fünf bis zehn Mal, bis meine Lungen und Bronchien voller Schleim waren. Gebadet in kaltem Schweiß, hatte ich wieder das Gefühl, sterben zu müssen. Erst nachdem Zehntausende Kriegsveteranen mit ähnlichen Symptomen aus Vietnam zurückgekehrt waren, fand man eine Bezeichnung für das, was auch mich quälte: eine Posttraumatische Belastungsstörung oder PTBS.

Ich lebte ein Leben, in dem ich niemandem Vertrauen schenken konnte. Und ich flüchtete mich in die »Welt der Geister«, um der von mir empfundenen Hässlichkeit der Menschheit mit all ihrer Gewalt, Unverbundenheit und Trennung zu entkommen. Nur in der Welt der Geister fühlte ich mich »zu Hause«. Ich schwieg über meine Gedanken und Gefühle und wurde zu einem Geheimniskrämer. Niemand durfte mich berühren und ich misstraute den Möglichkeiten der westlichen Medizin, überhaupt jemandem helfen zu können. Darüber hinaus hatte ich das tief sitzende Gefühl, selbst meinem eigenen Körper nicht trauen zu können, dass er mich gesund hielte. Dass es meine Erfahrung als Sechsjähriger war, die sich mir als Lebensmuster eingeprägt hatte, wurde mir erst bewusst, als ich erneut schwer erkrankte und sich andere Menschen um mich sorgten. Erst durch eine erneute lebensbedrohliche Krankheit wurde mir klar, dass ich meinen Standpunkt, niemanden vertrauen zu können, aufgeben musste; noch nicht einmal meine beiden Ehescheidungen hatten mich zu diesem Schluss kommen lassen. Ich hatte meine Liebsten so lange auf die aussichtslose Probe gestellt, bis sie mich verließen.

Meine selbstgewählte Isolation ging so weit, dass ich fast schon als Mönch oder Einsiedler durchgegangen wäre. Ab meinem sechsten Lebensjahr verbrachte ich meine Kindheit größtenteils mit der Suche nach Geborgenheit und Seligkeit in der Natur. Tag für Tag trat ich in Verbindung mit unserer Insel: Ich versenkte mich in das Wunder der vorbeiziehenden, von geheimnisvollen Winden getriebenen Wolken, und ich liebte es, allein in der Tundra zu liegen, dem Summen der Hummeln und Schmeißfliegen zu lauschen, dem Klang des Windes, dem Rascheln des Grases, dem Gesang der Spornammer, den sie nur während ihres Abwärtsfluges erklingen ließ, dem Zwitschern der Schneeammern, die wir einfach nur »Schneevögel« nannten, und dem Ruf der rosabäuchigen Schneegimpel, die wir als *“muskies”* kannten. Ich atmete die wunderbaren Düfte des Grases und die frische salzige Luft ein, aber auch das mich umgebende pulsierende Leben. An diesem Ort fühlte ich mich beschützt und angenommen.

Manchmal ging ich zur Küste, um das Watt zu durchwandern und seine vielen Lebewesen zu erforschen – die grünen, spindelförmigen Seeigel, die wir »Aagonin« nannten, Seetange und von uns als »Chimkaiyoon« bezeichnete Seeschnecken, Seesterne, winzige Felsenfische, »Kundoolin«, Seeanemonen, vereinzelt vorkommende Tintenfische und Sandflöhe, genannt »Kootmies«. Die Unangan hatten für jedes Lebewesen ihrer Umgebung ein eigenes Wort.

Landeinwärts wanderte ich über grasbedeckte Basaltblöcke und rastete auf den höchsten Hügeln der Insel; von hier aus genoss ich den Ausblick auf einen Großteil der knapp zwanzig Kilometer langen und – an ihrer weitesten Stelle – acht Kilometer breiten Insel und auf die sie umgebende Beringsee. Manchmal zogen Hunderte von Rentieren röhrend und unglaublich leichthufig über den felsigen Eishang unter mir. Am frühen Abend beobachtete ich, wie die Wolken herabsanken, erst über die beiden höchsten Hügel, von denen ich später erfahren sollte, dass sie für den männlichen und den femininen Aspekt dieser himmlischen Insel stehen, danach auch über die niedrigeren Anhöhen. Der männliche Aspekt trägt den russischen Namen Bogoslow, was »die Stimme Gottes« bedeutet. Bogoslow ist ein inaktiver Vulkan, der seine Felsformation in der Mitte der Insel markant in die Höhe streckt. Der weibliche Aspekt wird Polowina genannt, was so viel bedeutet wie »auf halbem Weg«. Das smaragdgrüne, grasbewachsene Profil seiner Anhöhe gleicht dem einer schwangeren Frau mit runden Brüsten.

Ab meinem sechsten Lebensjahr machte ich mich oft um drei oder vier Uhr morgens auf die fünf Kilometer vom Dorf bis zu den vielen rund um die Inselküste verstreuten Nistplätzen der Seevögel. Mir war es wichtig, noch vor Sonnenaufgang bei den Klippen zu sein, um das Erwachen und den Kreisflug der Tausenden von Seevögeln zu beobachten.

Ich fing an, das Gemisch der Gerüche entlang der Küste zu lieben wie auch das Wunder und das Geheimnis all dieses Lebens, von dem ich intuitiv wusste, dass es auf eine schöne und vollkommene Art miteinander verbunden war. Mit all dem befand ich mich im Fluss und in einem solchen Maß von Einheit, dass ich nicht mehr hätte sagen können, wo ich anfing und wo ich endete. Diese Erfahrung fühlte sich ebenso tief vertraut an wie jener Ort, den ich entdeckt hatte, als ich an der Lungenentzündung erkrankt und bewusstlos war.

Die tiefe Verbindung zur Natur, die sich mir offenbart hatte, sollte mich auch in den vielen Prüfungen und Schwierigkeiten tragen, die mir noch bevorstanden.

10

Eine persönliche Sicht innerer und äußerer Unterdrückung

In meinem späteren Leben habe ich mich damit auseinandergesetzt, was Unterdrückung Menschen antut. Welchen Schrecken sich mein Volk gegenübergestellt sah und welche geistigen Krankheiten und Symptome verinnerlichter Unterdrückung sich daraus entwickelten und weitervererbt wurden, lässt sich nur erahnen. Noch heute erzählen uns Geschichten von dieser Zeit.

Im Rahmen einer vom Fernsehsender Discovery Channel finanzierten Meeresexpedition zur Erkundung antiker Unangan-Siedlungen besuchte ich in den frühen 1990er-Jahren die Insel des »Masada« der Unangan, wo sie ihren letzten Widerstand gegen die von Soliev angeführten russischen Pelzhändler leisteten, wie in Kapitel 2 beschrieben. An den von jenen Gräueltaten überschatteten Ort zurückzukehren, hatte sich seit damals wahrscheinlich kein anderer Unangan getraut. Zum Erkundungsteam gehörten ein forensischer Anthropologe vom Smithsonian Institute (Bruno Fröhlich), ein seit zwanzig Jahren auf die Aleuten spezialisierter Geologe und ein Museumskurator. Egal, wohin wir schauten, wir fanden fast an jeder Stelle der Insel Überreste von Siedlungen. Um potenziellen Schatzsuchern keine Anhaltspunkte für ihre genaue Lokalisierung zu bieten, bat ich das Filmteam, die Insel nicht aus der Entfernung zu filmen, sondern nur Nahaufnahmen zu machen.

Während der Rest des Teams zu dem Ende der Insel aufbrach, wo die Gräueltaten begangen worden waren, löste ich mich von der Gruppe, um zwei Adlern zu folgen, meinen »Führern«. Mir kamen diese beiden Adler unterdessen vertraut vor; auf jeder der von uns zuvor besuchten Inseln hatte ich sie gesehen. Weil für mich klar war, dass es sich hierbei nicht um einen Zufall handelte, folgte ich ihrer Flugrichtung bis zu einer Klippe über dem Meer. Ich spürte deutlich, dass ich an diesem Ort ein Unangan-Lied zu singen hatte, und so schlug ich die Trommel und stimmte meine Klage an. Auf unerklärliche Weise hörte ich die Stimme einer meiner Vorfahren sagen: »Wir sind noch immer hier und warten. Wir sind hier, um unser Volk zu mahnen, dass es den Schmerz, das Leid und das Sterben noch nicht betrauert hat, die hier und überall auf diesen Inseln geschehen sind. Unser Volk hat all dies vergessen.« Dass ich meinen Vorfahren wirklich so sprechen hörte, brachte mich aus der Fassung. Zwar hatte ich von Leuten gehört, die solche Dinge erlebten, allerdings hatte ich derartigen Geschichten nie große Beachtung geschenkt. Nun erlebte ich es selbst und es traf mich mitten ins Herz. Ich wusste, dass diese Botschaft vollkommen stimmte.

Wenn Menschen ein Trauma erleben, kommt der Trauer eine besondere Bedeutung zu, weil sie helfen kann, den Kummer loszulassen. Mein Volk aber hat nicht getrauert, seit jenem schrecklichen Tag, als die russischen Pelzhändler hier ankamen. Ich kannte den Grund. Die Menschen, welche die Sklaverei überlebten, nahmen Verhaltensweisen an, die zu Depressionen, Süchten, Selbstmorden, häuslicher Gewalt und Morden führten – Reaktionen, welche die Traumata noch vertieften. Diese Menschen wurden Eltern und gaben diese Verhaltensmuster weiter, und auch ihre Kinder wurden zu Erwachsenen, bekamen Kinder, die wieder mit denselben Verhaltensweisen aufwachsen mussten. Dieses transgenerationale Trauma verschlimmerte all das Krankhafte, das aus dem Leben unter den kolonialen Unterdrückern, zuerst den russischen Pelzhändlern, dann der US-Regierung, resultiert war. Noch heute leiden wir daran, nicht, weil die Unterdrücker physisch präsent wären, sondern einfach dadurch, dass wir sie internalisiert haben und von uns glauben, wir seien keine echten Menschen mehr. »Ich bin nicht lernfähig, ich bin zu dumm, ich bin weniger wert als ein Weißer…« Was die ursprünglichen Unterdrücker über uns sagten, sagen wir uns nun selbst; und so sind wir zu unseren schlimmsten Feinden geworden.

Damit wir den inneren Dialog und unsere mit ihm verbundenen äußeren Handlungen umpolen können, müssen wir zunächst einmal trauern. Trauern ist ein individueller Vorgang, der lange dauern kann. Doch zum Glück gibt es Trauerberater und das Alaska Native Medical Center, die ihre Hilfe anbieten, und diese Unterstützung sollten wir unbedingt in Anspruch nehmen.

Haben wir es erst einmal geschafft zu trauern, sollten wir uns bewusstwerden, inwieweit all die Verluste zu den Entscheidungen geführt haben, die wir in unserem Leben trafen. Wenn dieser Prozess abgeschlossen ist, müssen wir die Größe entwickeln, uns selbst zu vergeben. Ohne dass und bis wir uns selbst vergeben, können wir auch niemand anderem vergeben. Erst wenn dies geschehen ist, fangen wir an zu verstehen, was es bedeutet, Vergebung und Mitgefühl für andere zu empfinden: für unsere Eltern, für unsere Vorfahren, für die russischen Pelzhändler, für die US-amerikanische Regierung.

Solange wir nicht trauern, werden wir weiterhin in Ärger und Zorn gegenüber uns selbst und dann gegenüber all den anderen leben. Dieser Ärger und dieser Zorn in uns selbst sind es, die dazu beitragen, unser Volk und uns selbst zugrunde zu richten. Hierin liegt die Ursache der Gewalt uns selbst und anderen gegenüber, die Ursache für Kriege zwischen den Völkern.

Wenn wir uns von unserem Herzen abschneiden, ist es ebenso einfach, uns von anderen abzutrennen, einschließlich von Mutter

Erde. Die Ältesten sagen: »Im Außen wird nichts erschaffen, wenn es nicht zuvor im Inneren erschaffen wird.«

11

Die Geburt eines jungen Rebellen

»Der Amtsarzt will an allen neunjährigen Jungen herumdoktern!«, schrie Buxaa in großer Angst.

»Was meinst du damit?«, fragte ich ihn.

»Mein Vater sagte, dass der Arzt allen Neunjährigen etwas wegschneiden wird! Da unten, weißt du?«

»Was bedeutet das?«, versuchte ich erneut herauszufinden. Von Beschneidung war mir bis da noch nie etwas zu Ohren gekommen.

»Mein Vater meinte, der Arzt müsse unsere Haut um unseren Poony herum aufschneiden (Unangam Tunuu für »Penis«), damit wir sauber bleiben; und alle kommen dran – du, ich, Junior – jeder, der neun Jahre alt ist!«

»Ich werde nicht gehen!«, sagte ich verängstigt und trotzig. Ich traute dem Arzt ganz und gar nicht, nicht nach dem, was ich im Alter von sechs Jahren bei meiner doppelten Lungenentzündung durchlebt hatte. Weil ich wusste, dass der Arzt keinerlei Schmerzmittel verabreichen würde, versetzte mich der Gedanke, bei vollem Bewusstsein beschnitten zu werden, in Panik. Später fand ich heraus, dass solche Patienten mittels Äther in einer medizinischen Gaze über Nase und Mund in den Schlafzustand versetzt wurden. Dosierung und Dauer dieser Betäubungsweise hingen ganz von der Erfahrung und der persönlichen Einschätzung des Arztes ab. Zu viel davon und wir konnten daran sterben; zu wenig und wir würden inmitten der Operation aufwachen.

Zu jener Zeit hatten die Anordnungen des Amtsarztes dasselbe Gewicht wie Anordnungen vom Regierungsvertreter. Ihnen hatte man Folge zu leisten oder man bekam die Konsequenzen zu spüren: eine Kürzung der ohnehin schon schlechten Bezahlung der Männer, eine Zuteilung eines noch schlechter bezahlten oder weniger »angesehenen« Jobs, wie beispielsweise die Arbeit am Müllwagen oder in der Straßenbaukolonne, oder gar Gefängnis, Verlust der Unterkunft oder, für die schwersten Straftäter, Abschiebung. Doch ich war inspiriert von Leuten wie meinem Onkel Eddie (alias Iliodor), der der Bundesregierung die Stirn geboten hatte, als er Stammesvorsitzender war und im Jahr 1951 die Klage angestoßen hatte, welche der US-Regierung vorwarf, die Unangan ungerecht und würdelos zu behandeln. Also beharrte ich darauf, dass der Arzt mich nicht anfassen würde, ganz egal, was auch passierte!

Als ich nach Hause kam, hielten meine Eltern die Anordnung des Amtsarztes bereits in den Händen, die ihnen befahl, mich zwecks besagter Operation in die Krankenstation zu bringen. »Ich werde nicht dorthin gehen!«, schrie ich, halb weinend und halb wütend. »Ganz egal, was ihr macht, ich gehe nicht! Ich laufe fort, wenn ihr versucht, mich zu zwingen, und ich werde gewiss nie mehr zurückkommen!«, erklärte ich mit hysterischer Stimme.

»Ist gut, ist gut«, sagte mein besorgter Vater. »Wir werden dich nicht zwingen hinzugehen, aber dann kommt der Arzt und holt dich ab.«

»Soll er ruhig kommen; ist mir doch egal!«, schrie ich außer mir, und die Tränen kullerten nur so aus meinen Augen, als ich begriff, dass meine Eltern mich vor diesem Gräuel nicht schützen würden. Mir war vollkommen klar, dass sie wie alle anderen Dorfbewohner dazu gezwungen waren, der Regierung zu gehorchen, wenn unsere ganze Familie nicht unter den Konsequenzen zu leiden haben sollte.

Meine Mutter und mein Vater besprachen die Angelegenheit auf Unangam Tunuu. Er sagte, sie solle in die Klinik gehen und dem Arzt mitteilen, dass ich mich nicht operieren lassen wolle. Meine Mutter zog ihre besten Kleider an.

Immer, wenn die Unangan ein Anliegen hatten, das sie mit einem der weißen Aufseher besprechen wollten, machten sie sich schick. Im Nachhinein denke ich, der Grund lag darin, dass unsere Leute von Regierungsvertretern und anderen Weißen als »schmutzig« beschimpft wurden und man sich deshalb sonntags in die allerbesten Kleider hüllte, um den Weißen zu beweisen, dass wir eben nicht schmutzig waren. Die meisten Frauen der Generation meiner Mutter hielten ihre Häuser schon aus Gewohnheit makellos rein, da der von der Regierung eingesetzte Arzt jahrelang jede Woche in seinem weißen Kittel und mit einem Klemmbrett in der Hand hereinspazierte und unsere Häuser auf Sauberkeit und Hygiene untersuchte. Wenn dem Arzt irgendetwas nicht passte, hatte der »Mann des Hauses« mit Nachteilen zu rechnen: Essensrationen wurden gekürzt oder seine Arbeitsleistung schlechter bewertet und letztlich sein Lohn gekürzt. Ich erinnere mich, wie meine Mutter Böden wischte und wachste, bis sie in tadellosem Zustand waren, Fenster putzte, sämtliche Schränke auswusch, die Kleidung sorgfältig zusammenlegte und wegräumte und jeden Topf, jede Pfanne und jede Tasse im Haus scheuerte, bevor der Arzt ins Haus kam.

Auch der Regierungsvertreter führte die Gemeinde wie ein Militärlager und bestand dauernd auf »Ordnung und Sauberkeit«. Die regierungseigenen Betonhäuser, gebaut in bolzengeraden Reihen, wurden Jahr um Jahr weiß und mit frischen grünen Rändern gestrichen. Die Straßen aus rotem Vulkanmaterial, also Schlacke, wurden häufig planiert. Dabei ging die Straßenbaukolonne hinter der Planiermaschine her, hob die losen Steine auf und warf sie von der Straße, bis diese einigermaßen eben war. Im Dorf gab es nirgendwo Schrottmaschinen; in dieser quasi staatlich geführten Werkssiedlung waren sämtliche Fahrzeuge und Maschinen im Besitz der Regierung. Diese wurden von den Unangan-Männern gewartet und betrieben, während die Frauen im Haus zu bleiben, zu kochen, sich um die Familie zu kümmern und das Haus sauber zu halten hatten. Wir sprachen übrigens niemals vom »Zuhause«, immer nur vom »Haus«. Jedes Jahr im Frühling machten die Familien den obligatorischen Frühjahrsputz, wuschen und strichen die Wände und putzten die Fenster.

Ich wartete nun also an der offenen Tür darauf, dass meine Mutter von der Krankenstation zurückkehren würde. Unser Haus stand am Ende der ersten Häuserzeile auf der Hügelspitze an der Südseite des Dorfes. Die Station, wo der Arzt arbeitete, befand sich im unteren Teil auf der Nordseite. Ich sah meine Mutter um Apaloons Haus in der zweiten Reihe herumkommen. Als sie ankam, war sie erkennbar verzweifelt und sprach tränenreich auf Unangam Tunuu mit meinem Vater. Sie berichtete, der Arzt sei dermaßen außer sich gewesen, dass er sie mit rot gewordem Gesicht angebrüllt habe, er werde mich gleich holen kommen, und dass er sie eine unfähige Mutter genannt habe, weil ich ihr nicht gehorchte. Es betrübte mich sehr, dass ich für diese Situation verantwortlich war; aber meine Meinung änderte ich nicht. Dieser Mann würde mich nicht foltern, ganz egal, welche Folgen das nach sich zöge.

Mein Vater, der glaubte, ich würde mich fügen, sobald der Arzt einträfe, sagte: »Mach dich schon mal bereit, der Arzt kommt gleich!«

Ich stellte mich an die Haustür und behielt die Gegend um Apaloons Haus im Blick. Bald sah ich jemanden in einem langen weißen Kittel die Straße entlang, um Apaloons Haus herum und an der Schule der russisch-orthodoxen Kirche vorbeigehen, bis er auf der Straße war, die geradewegs zu unserem Haus führte. Ich nahm all meinen Mut und meine Entschlossenheit zusammen, starrte den Arzt an, als er zügig die Straße hoch auf mich zukam. Unsere Blicke trafen sich, als er nur noch zwei Häuser entfernt war. In seinen Augen sah ich nichts als blanke, fast schon kranke Wut. Niemals hatte ein Unangan es gewagt, seine Autorität infrage zu stellen. Es galt, an mir ein Exempel zu statuieren.

Ich stieg die beiden Eingangsstufen hinab und wartete, bis er nur noch ein Haus von unserem entfernt war. Dann stürmte ich die Straße hinunter, der wütende Arzt hinter mir her. Ich war zwar erst neun, für mein Alter aber groß und stark. Mindestens vier meiner neun Jahre hatte ich damit verbracht, frei auf der Insel herumzurennen. Wohin es mich als Kind auch getrieben hatte, immer rannte ich wie ein Verrückter – auch wenn der Ort kilometerweit außerhalb des Dorfes lag. Der Arzt, wahrscheinlich in den Vierzigern, war offensichtlich nicht in bester körperlicher Verfassung. Ich wusste, dass ich ihm davonlaufen konnte.

Der dritten Häuserzeile entgegenrennend, hörte ich ihn hinter mir schnaufen und stöhnen, was mein Selbstbewusstsein noch vergrößerte, denn ich war noch kein bisschen außer Atem. Mitten auf der Straße hielt ich inne und der Arzt dachte, er könne mich nun packen, aber ich stürmte erneut davon, als er mir etwa auf hundertfünfzig Meter nahegekommen war. Und so rannte ich weiter, eine Häuserreihe nach der anderen. In meinem gestärkten Selbstvertrauen fing ich an, mit ihm zu spielen. Als er das merkte, schrie er mich an und drohte, mich auszupeitschen, wenn er mich erwische. Ich schwieg und setzte diesen Akt des hartnäckigsten Widerstands fort. Als ich die unterste Häuserzeile auf meiner Seite des

Dorfes erreichte, schlossen sich mir zwei meiner besten gleichaltrigen Freunde an. Jetzt rannten wir zu dritt einer gefürchteten Autoritätsperson davon. Wir lachten und begannen, aufgeregt zu kichern, als der inzwischen ziemlich erschöpfte Arzt uns weiterverfolgte.

Ich plante nun, jede Reihe von unten nach oben hindurchzulaufen und führte daher meine Freunde entlang der russisch-orthodoxen Kirche den Hügel hinauf und vorbei am »Regierungsgebäude« bis zur untersten Häuserreihe. Mittlerweile schauten uns die Leute zu; sie standen vor ihren Häusern oder blickten durch ihre Fenster. In den Gesichtern einiger von ihnen konnte ich ein Grinsen erkennen, was mir ein richtig gutes Gefühl gab.

Als wir die zweite Häuserzeile, dieses Mal auf der Nordseite des Dorfes, hochliefen, rief der Arzt zu zwei jungen Männern vor uns, sie sollen uns aufhalten. Ich wurde langsamer, da meine beiden vorauslaufenden Freunde kurzerhand von den beiden Unangan gepackt wurden, die ja bloß »die Anweisungen des Arztes« befolgten. Später im Leben wurde mir bewusst, dass die meisten Menschen diesem Satz eine vollkommen andere Bedeutung gaben als ich. Hätten die beiden Männer nicht getan, was ihnen befohlen wurde, hätten nicht nur sie, sondern auch ihre Familien zweifellos darunter zu leiden gehabt. Der Arzt befahl den beiden Männern im Vorbeieilen, die Jungen in der Klinik abzuliefern. Und sie kamen dieser Anordnung nach.

Der Arzt war unterdessen wieder zu Atem gekommen und wurde schneller. Ich musste mich sputen, um ihm zu entkommen. Wo ich mich verstecken wollte, wusste ich bereits, und rannte ihm davon zum grasbewachsenen Hang, den wir einfach den »Dorfhügel« nannten. Das Gras roch stark nach den Zweihundertliterfässern Benzin, welche die Regierung dort oben lagerte; viele davon waren undicht und ihr toxischer Inhalt floss in die Tundra, deren sanfte Hügel das ganze Dorf umschlossen. Ein Jahr später, als ich an diesen Vorfall zurückdachte, kam ich auf die Idee, dass man etwas gegen das stinkende Gras auf dem Hügel unternehmen müsse.

So schnell ich nur konnte, raste ich den Hang hinauf. Oben angekommen, sprang ich zwischen den großen Felsen auf der Rückseite des Dorfhügels hinunter, wo ich mich in einer Art kleiner Höhle aus Basaltblöcken, überdeckt vom smaragdgrünen Gras der subarktischen montanen Tundra, versteckte. Nur ein paar

Minuten später hörte ich etwa sechs Meter über mir das schwere Atmen des Arztes. Mir war klar, dass er die Gegend mit seinem Blick absuchte. Ich hielt den Atem an. Überraschenderweise kletterte er dann aber nicht die Felsen herunter oder blieb dort sehr lange stehen. Nach etwa einer Stunde wagte ich mich langsam aus meinem sicheren Versteck zwischen den Felsen und dem Gras hervor. Vom Arzt war weit und breit nichts zu sehen. Entlang den Hügeln kroch ich zurück zu unserem Haus am Rande des Dorfes, immer unterhalb der Hügelkämme, um nicht gesehen zu werden. Die Regierung hätte den Befehl ausgeben können, mich »einzufangen« oder, was ich genauso wenig wollte, ich hätte vielleicht jemanden in eine schwierige Lage gebracht; auch wollte ich nicht jenen in die Fänge gehen, die allen Befehlen der kolonialen Unterdrücker nachkamen.

Ich war überzeugt, dass der Arzt irgendwann versuchen würde, mich in der Schule zu überraschen oder meine Eltern zu zwingen, mich doch noch in die Krankenstation zu bringen; seltsamerweise geschah beides nicht. Bis zum heutigen Tag verstehe ich nicht, warum der Arzt nicht versucht hat, mich letzten Endes doch noch zu erwischen oder ein disziplinarisches Exempel an mir zu statuieren. Außer dass im Dorf darüber geflüstert wurde, hörte man kein Wort mehr über den Vorfall. Meine Freunde hatten nicht so viel Glück. Aufgrund langwieriger Infektionen dauerte es Wochen, bis sie sich vom physischen Schock der Beschneidung erholt hatten; und vielleicht dauerte es ihr ganzes Leben lang, das emotionale Trauma zu verarbeiten.

Dies war der Beginn meiner Reise in ein Leben, in dem ich Autorität stets infrage gestellt, niemals die Entscheidungen jener, die die Kontrolle besaßen, passiv akzeptiert und Ungerechtigkeit angefochten habe, wo auch immer ich ihr begegnete. Zwischendurch gab es viele Abenteuer, wie jenes an dem Tag, als ich einen benzin- und dieselgetränkten Hügel neben unserem Dorf in Brand steckte. Aber das ist eine andere Geschichte.

12

Die lieblose Schule

Mit zwölf Jahren war ich bereits in der zehnten Klasse, da ich mehrere Stufen übersprungen hatte. Ich hätte noch weitere Klassen auslassen können, aber meine Eltern entschieden sich klugerweise dagegen, damit ich mit Kindern zusammen sein konnte, die noch annähernd in meiner eigenen Altersgruppe waren. In der Schule war ich immer unter den Besten. Mit meinen über alles geliebten Comics, insbesondere *Superman, Batman, Richie Rich, Die gute kleine Hexe Wendy* und *Der freundliche Geist Casper,* hatte ich mir das Lesen selbst beigebracht – im Alter von vier Jahren. Lesen lehren brauchte mich also niemand, und Mrs. Dallums, unsere Lehrerin in der ersten Klasse, ließ mich den Zweitklässlern helfen.

Weil ich mich mit meinen Leistungen in jedem Thema hervortat, bedachten mich die Lehrer und Lehrerinnen mit besonderer Aufmerksamkeit. Ich wurde zum Musterschüler und die anderen Kinder wurden von ihren Eltern ermahnt, sie sollten sich an mir ein Beispiel nehmen. Natürlich konnten die Jungs diese Predigten nicht ausstehen und so verpassten sie keine Gelegenheit, mich zu schikanieren und zu verhauen. Aber da waren auch meine drei Freunde Peanuts, Buxaa und Nicky. Sie waren meine dicksten Kumpane aus der Kindheit, mit denen ich die Spielzeuge tauschte und »Cowboys und Indianer« spielte. Wenn ich Indianer war, fertigte ich mir Pfeile aus Strandhafer, mit denen ich die Cowboys attackierte. Manchmal gewannen die Indianer, manchmal die Cowboys. Die Indianer »kannten« wir aus den damaligen Filmen; von der Unterdrückung der amerikanischen Ureinwohner hatten wir keine Ahnung.

Unter den sechshundert aus dem gesamten Westen stammenden Kindern an dem vom Bureau of Indian Affairs geleiteten Internat in Chemawa, acht Meilen nördlich von Salem, Oregon, war ich der jüngste Zehntklässler. Es war das erste Mal, dass ich »rauskam«, und das war im November jenes Jahres, in dem ich vierzehn wurde. Die meisten der nicht aus Alaska kommenden Schüler waren Diné (oder Navajo) aus Arizona, Utah und New Mexico. Wir wohnten in Schlafräumen, in denen jeweils bis zu sechs Schüler untergebracht waren. Vier meiner Zimmergenossen waren Navajo, und ich fand schnell heraus, dass sie die Ureinwohner Alaskas nicht mochten. Tatsächlich blieb jede Volksgruppe größtenteils unter sich, was mich ziemlich überraschte. Unsere Ältesten hatten uns gelehrt, respektvoll miteinander umzugehen, und so verhielt ich mich anderen gegenüber niemals rassistisch. Was unsere Ältesten uns vorlebten und sagten, verbot uns, über andere schlecht zu denken. Später habe ich mich darüber gewundert, wie die Ältesten dies fertigbrachten, obwohl die weißen Aufseher unser Volk so erniedrigend behandelten. Als Folge davon machte ich jedenfalls nie einen Unterschied zwischen den Ureinwohnern Alaskas und anderen. Im Gegenteil: Ich habe mich in Chemawa in ein Navajo-Mädchen verguckt und wir wurden gute Freunde.

Ein Internat des Bureau of Indian Affairs war in jenen Tagen kein einfacher Ort. Es herrschte eine strickte Kleiderordnung und unsere Haare mussten im Militärstil geschnitten sein. Wochentags wurden wir jeden Morgen um sechs Uhr von einem lauten Klingelton geweckt, am Wochenende um sieben. Unsere Betten mussten derart stramm gezogen gemacht werden, dass eine Münze von der Decke hätte abprallen können. Danach ging es unter die Gemeinschaftsdusche, bevor wir die uns zugewiesenen Reinigungsaufgaben in den Schlafräumen zu erledigen hatten. Ich übernahm gerne die Böden, welche mit der Poliermaschine zu säubern waren. Erst nach diesen Hausarbeiten gingen wir zum Frühstück in die Kantine. Egal, was sie uns vorsetzten, ich blieb immer hungrig; ganz besonders hasste ich, was wir »Scheiße auf Dachschindeln« nannten, irgendeine über Brotscheiben geschüttete Fleischsoße.

Ohne Passierschein konnten wir das Schulgelände nicht verlassen; und hatten wir diese Erlaubnis tatsächlich ergattert, durften wir nur bis zu einem Laden auf der anderen Seite der Bahngleise. Neun Monate lang war es uns nicht gestattet, nach Hause zu unseren Familien zu fahren. Ich lebte immer in Vorfreude darauf, einmal im Monat von meiner Mutter einen Brief und ein Fresspaket mit Keksen und anderen leckeren Dingen zu erhalten. Wir bezeichneten unseren Aufenthalt dort als »in die lieblose Schule gehen« – weil es genau das war. An Weihnachten und Ostern konnten wir über Seefunk mit unseren Eltern sprechen, das war alles. Auf Saint Paul hatte ich manchmal dem Vater meines weißen

Freundes Roland Doe am Funkgerät zugehört; er arbeitete als Marinefunker für den US Fish and Wildlife Service, der für die Inselverwaltung zuständig war. Von ihm hatte ich das Protokoll für das Sprechen am Funkgerät gelernt, das ich nun zum Austausch mit meinen Eltern nutzte. Solch ein Gespräch musste immer kurz sein, da der Regierungsbeamte auf Saint Paul nur zwei Minuten dafür erlaubte.

»Hallo Mama und Papa, wie geht es euch? Over.«

Ihre Antwort war ähnlich: »Bei uns ist alles in Ordnung, Sohn. Over.«

»Ich freue mich so darauf, nach Hause zu kommen. Ihr fehlt mir. Over.«

»Wir vermissen dich auch. Ist unser Paket angekommen? Over.«

»Ja, ich habe es bekommen und wir haben alles aufgegessen. Over.«

Meine Mutter lachte: »Das ist gut. Nächsten Monat kommt das nächste Paket. Over.«

»Danke, Mama. Ich freue mich wirklich über diese Pakete. Over.«

»Wir werden uns bald sehen. Pass auf dich auf. Over.«

»Ja, Mama. Ich liebe euch beide so sehr. Over.«

»Wir lieben dich auch, Sohn. Over und Ende.«

Wie auf Saint Paul war ich auch im Internat ein Musterschüler in allen Fächern. Im Schreibmaschinenkurs machten mich meine einhundertzehn Wörter pro Minute zur schnellste Schreibkraft der Schule. Eines Tages kam unser Mathematiklehrer, ein pensionierter Pilot der Air Force, auf Peanuts und mich zu und sagte: »Ihr beiden gehört nicht an diese Schule. Sie ist für Kinder, die wir ›Sozialfälle‹ nennen und die Lernschwierigkeiten haben. Ihr wärt an der Schule des BIA in Alaska besser aufgehoben.« Ich war überrascht, weil mir meine Mitschüler in Chemawa nie wie Problemkinder vorgekommen waren. Jedenfalls wurde Peanuts und mir schließlich mitgeteilt, dass wir ab dem kommenden Jahr, dank der Initiative unseres Mathematiklehrers, die Mont Edgecumbe High School in Alaska besuchen würden.

An dieser Schule waren sämtliche Schüler Ureinwohner aus ganz Alaska. Wiederum zählte ich zu den besten, allerdings fühlte ich mich hier wohler; zudem kam eine größere Gruppe von Schülern und Schülerinnen von den Inseln Saint Paul und Saint Georg. Im großen Schlafsaal waren wir sechzig Jungen, die in ordentlich aufgereihten Etagenbetten schliefen. Diese mussten morgens auf die gleiche Art und Weise wie in Chemawa gemacht werden und auch hier wurden uns Hausarbeiten zugeteilt. Nicht nur die Kantine ähnelte der in Chemawa, sondern auch das knapp bemessene Essen, von dem wir nie bis zur nächsten Mahlzeit satt wurden. Aber hier war ich mit Schülern zusammen, die ähnliche Werte und Verhaltensweisen teilten.

Meine erste politische Aktion in Mount Edgecumbe unternahm ich mit vierzehn. Ich war im vorletzten Schuljahr und ich hatte eine Freundin. Nur beim Tanzen durften wir Händchen halten, ein Gute-Nacht-Kuss am Ende einer gemeinsam besuchten Veranstaltung war uns nicht gestattet. Mittlerweile hatte ich angefangen, das System infrage zu stellen, wenn ich das für notwendig hielt. Also entwarf ich eine Petition, die forderte: »Wir, die unterzeichneten Studierenden in Mount Edgecumbe, verlangen, wie junge Erwachsene behandelt zu werden, die ein Mitspracherecht bei den Regeln und Vorschriften haben, nach denen wir leben sollen.« Die Petition ließ ich in der gesamten Schule zirkulieren und jeder Schüler und jede Schülerin unterzeichnete sie. Danach reichte ich sie im Sekretariat des Schulleiters ein und noch am selben Abend ließ man mich wissen, der Leiter, Mr. Crites, erwarte mich bei sich zu Hause zum Abendessen. Da er bisher noch niemals einen Schüler eingeladen hatte, war allein das schon eine Leistung. Nach dem Abendessen sagte Mr. Crites zu mir: »Na, das war ja mal eine Petition, die du da heute eingereicht hast. Ich habe darüber nachgedacht und entschieden, euch einen Blankoscheck zu geben: Ihr stellt die Regeln auf, nach denen ihr leben wollt.«

»Sagen Sie damit, wir könnten unsere eigenen Regeln bestimmen?«, fragte ich.

»Ja«, antwortete der Schulleiter. »Solange die vom Schülerrat aufgestellten Regeln vernünftig sind, werden wir sie befolgen.« Ich jauchzte innerlich und erzählte allen, denen ich begegnete, von dieser wundersamen Wendung.

Am nächsten Tag traf ich mich mit der Schülervertretung, informierte sie über alles und bat sie, an diesem Tag als erste Regel aufzustellen, dass Schüler und Schülerinnen sich an den Händen halten und sich auch, zum Beispiel nach einer gemeinsam besuchten Veranstaltung, einen Gute-Nacht-Kuss geben dürften. Alle waren sich einig und verabschiedeten diese erste Regel. Als sich die Nachricht herumsprach, machte mich das zum BMOC, zum Big

Man on Campus, und mir wurde als erstem Jungen in der Geschichte des Internats die einzigartige Anerkennung zuteil, zum Ehrenpräsidenten des Mädchenwohnheims ernannt zu werden. Im darauffolgenden Schuljahr, ich war nun in der zwölften und letzten Klasse, wurde ich zum Präsidenten der Schülerschaft gewählt.

In diesem letzten Jahr hatte ich einen Termin bei einem Berufsberater, um über meine Pläne nach dem Schulabschluss zu sprechen. Er riet mir: »Geh an ein eher kleines College, dort hast du bessere Erfolgschancen.« Ich ging nicht darauf ein und informierte mich, trotz oder vielleicht gerade wegen dieses gut gemeinten Ratschlags, stattdessen lieber über die größte Universität, die ich an der Westküste finden konnte. An der University of Washington in Seattle studierten zu jener Zeit vierunddreißigtausend Studenten – dort bewarb ich mich und wurde angenommen.

13

Die Dorfgemeinschaft und der Tod

In unserem Dorf war der Tod etwas höchst Gemeinschaftliches. Es waren die örtlichen Tischler wie mein Vater, John Paul Merculieff, die den Sarg zimmerten, und die Dorfbewohner, die das Grab aushoben und den Leichnam mit großer Ehrfurcht wuschen und bekleideten. Die Särge bahrte man, häufig offen, drei Tage lang im nach Weihrauch duftenden Wohnzimmer oder in der Kirche auf. Verblieben die Särge während dieser Zeit in den Privathäusern, verhüllte man sämtliche Spiegel – zu oft hatte jemand das gespenstische Bild des Verstorbenen darin erblickt. Sämtliche Mitglieder der Gemeinschaft zollten dem oder der Verstorbenen mit ihrem Besuch Respekt und boten den Hinterbliebenen ihre emotionale Unterstützung an.

Nach drei Tagen wurde der Leichnam in die russisch-orthodoxe Kirche überführt, wo die Totenmesse vor vollen Rängen gehalten wurde. Die a capella gesungenen Trauerlieder wurden einzig von gedämpftem Weinen begleitet. Der Priester sang in einem klagenden Ton, der den von allen Anwesenden empfundenen Schmerz zum Ausdruck bringen sollte. Die Zeremonie, die mangels Sitzplätzen im Stehen vollzogen wurde, dauerte anderthalb Stunden – Männer und Jungen auf der einen Seite, Frauen und Mädchen auf der anderen, alle in ihrer besten Sonntagskleidung.

Der Tod war für mich genauso wenig ein Fremder wie für jeden anderen Dorfbewohner. Doch bei mir kam jene merkwürdige Erfahrung hinzu, die ich im Alter von gerade mal neun Jahren machte, als ich ausgewählt wurde, auf die Särge achtzugeben, wenn sie in der Kirche standen. Diese Aufgabe erhielt ich, weil ich einwilligte, sie zu übernehmen. Sie bestand darin, die ganze Nacht allein – außer man hatte einen Freund, der einen dabei Gesellschaft leistete – beim Leichnam in der Kirche zu verbringen. Es gab nicht viele, die solch eine Aufgabe übernehmen wollten. Und auch ich fand nie einen Freund, der bereit war, sich mir anzuschließen. Verübeln konnte ich es keinem. Ich weiß nicht mehr, wie oft ich das Gefühl hatte, der Leichnam bewege sich in dem offenen Sarg, wenn ich ihn nur lange genug betrachtete. Dann standen mir die Haare zu Berge und ich war schweißgebadet. Doch ich blieb auf meinem Posten.

Dass man vor der Beerdigung am Sarg Wache stand, war vor vielen Jahrzehnten zur Tradition geworden, nachdem eines Tages etwas Rätselhaftes geschehen war, während ein Sarg in der Kirche gestanden und über Nacht niemand nach ihm geschaut hatte: Als die Dorfbewohner am nächsten Morgen in die Kirche zurückkehrten, fanden sie den Sarg von seinem Sockel gehoben und auf den Boden gestellt vor. Man ging von einem makabren Scherz aus, hob den Sarg wieder auf den Sockel und verriegelte dieses Mal sämtliche Kirchentüren. Doch am nächsten Tag zeigte sich den Leuten dasselbe Bild. Also wurden am Abend wiederum Türen und Fenster verriegelt, dieses Mal allerdings wies der Priester die Leute an, vor der Kirche Posten zu beziehen, um Wache zu stehen. Doch auch am nächsten Tag stand der Sarg wieder auf dem Boden. Von da an wurden alle Särge bewacht.

Ich erinnere mich noch lebhaft daran, wie ich während der Trauerfeiern immer auf den Leichnam starrte, der im offenen Sarg lag. Ich bemühte mich, den Sinn des Todes und der Tatsache zu begreifen, dass diese Person, die ich hatte lächeln, arbeiten oder spielen sehen, jetzt nicht mehr da war. Irgendwie rechnete ich immer damit, dass der Leichnam sich gleichwohl noch regen würde. Doch die Baumwolle in Nase und Ohren zur Verhinderung eines eventuellen Blutflusses, das kunstvoll gravierte Papierband um den Kopf, die verschränkten Arme auf der Brust, die in die steifen Hände geschobene Ikone, die geschlossenen Augen und der Sarg – alles wies darauf hin, dass diese Person unverkennbar nicht mehr hier war.

Bevor der Sarg geschlossen wurde, machten alle beim Vorbeischreiten ein letztes Mal neben der Leiche Halt und vollzogen persönliche Rituale, mit denen man sich selbst und den Verstorbenen freimachte von alten Verletzungen – einer Rauferei, einem Streit, einem unfreundlichen Wort, einfach von allem, was Erlösung brauchte. Manche küssten die Stirn, die Hände oder die Lippen des Verstorbenen. Auch ich tat dies und war jedes Mal erschüttert, wie kalt und leblos sich die Person anfühlte. Andere nahmen die Ikone aus den Händen des Verstorbenen und segneten damit die Person, indem sie sie mit der Ikone bekreuzten. Und wieder andere standen einfach am Sarg, warfen einen letzten Blick auf den Leichnam, während sie in stillem Gebet verharrten, um Vergebung baten oder einfach nur weinten oder klagten.

Nachdem jeder sein Ritual abgeschlossen hatte, wurde der Sarg zu einem herzzerreißenden Trauerlied feierlich geschlossen. Dann trug man ihn in ein Fahrzeug, das der andachtsvollen Prozession zum Friedhof voranfuhr, auf dem zwanzig Generationen meines Volkes begraben liegen. Nach der Beisetzung fand im Haus des Verstorbenen eine Totenwache statt, an der die Menschen andächtig zusammenkamen, ihr Mitgefühl ausdrückten und freudige Geschichten über den Verstorbenen miteinander teilten. Es war ein wundervoller Brauch und ein guter Weg, einem Tod beizuwohnen.

Meine Mutter, Stefanida, erklärte mir einmal, die Unangan würden weinen, wenn ein Mensch geboren wurde, und feiern, wenn ein Mensch gestorben war. Sie täten dies aus der Erkenntnis heraus, dass, aus dem Geist in den Körper hineingeboren zu werden, bedeute, das Leid und die Schwere des menschlichen Körpers zu durchleben. Demnach ist der Tod der entgegengesetzte Geburtsvorgang, ein Freigelassenwerden in die Geistwelt, in der man wieder über alle Vorstellungskraft und Grenzen hinaus frei ist. Ein großartiger Weg, den Tod zu verstehen und zu schätzen.

Jene allerdings, die Selbstmord begangen hatten oder betrunken starben, wurden von der Kirche nicht auf diese Weise behandelt. Das wurde mir mehrfach derart machtvoll vor Augen geführt, dass ich mich veranlasst sah, aus der orthodoxen Kirche, damals das spirituelle Lebenselixier meines Volkes, meiner Eltern und aller meiner auf dem Hügel gegenüber dem Dorf begrabenen Vorfahren, auszutreten. Als ich mich dazu entschied, war ich gerade mal sechzehn Jahre alt.

Es war eine kalte Winternacht, als ich aus dem Dorfkino nach Hause zurückkehrte. Dabei konnte ich zwischen zwei Wegen wählen: Der eine verlief über den Friedhof, der andere entlang der direkt neben der Kirche verlaufenden Straße. Wenn ich des nachts allein unterwegs war, fühlte sich der Weg über den Friedhof, auf dem alle Diakone, Vorleser und Priester begraben waren, beklemmend an, also wählte ich die Straße. Wie es typisch ist für die Winter auf den Pribilof-Inseln mit ihrem wolkenverhangenen Himmel, war es eine dunkle, sehr kalte und windige Nacht. Als ich mich der Kirche näherte, machte ich am Boden eine dunkle Gestalt aus, die mit dem Rücken an der kleinen Mauer des Steingartens lehnte: Es war eine alte Dame namens Perscodia, die ganz offensichtlich zu viel getrunken hatte.

»Was treibst du hier, Großmütterchen?«, fragte ich besorgt. »Du könntest in dieser Kälte sterben! Ich begleite dich besser nach Hause«, sagte ich in einem Tonfall zwischen Bestimmtheit und einer Bitte um Erlaubnis. Alten Leuten, so hatten es mich meine Eltern gelehrt, galt es unter allen Umständen Respekt zu erweisen. Auch Perscodias Trunkenheit verbat mir, sie respektlos zu behandeln. Aus ihren traurigen, weisen, alten Augen blickte mich diese schöne Frau mit einer Klarheit an, die ich von jemandem in ihrem Zustand nicht erwartet hätte. Ganz deutlich spürte ich, dass sie gleich etwas entgegnen würde, das für sie von größter Bedeutung war.

Perscodia sprach auf Unangam Tunuu mit einer kräftigen, deutlichen und zutiefst liebevollen Stimme: »Sohn, bitte lass mich allein. Mir ist vollauf bewusst, was ich hier tue. Ich will bei meiner geliebten Kirche sterben.«

Ihr ganzes Leben lang war diese Frau eine orthodoxe Christin gewesen. Das, was sie sagte, traf mich völlig unvorbereitet. Ihr

Ton, ihre Art und ihre bestimmten Worte berührten mein Herz auf eine so unmittelbare Weise, wie ich es noch nie zuvor erlebt hatte. Ich dachte: »Diese Frau bereitet sich auf den Tod vor, und ich störe sie in einem der privatesten und kraftvollsten Momente ihres Lebens! Mein Gott, sie bittet mich, ihren Wunsch zu sterben zu respektieren!«

Mein unentschiedener Verstand weigerte sich noch zu akzeptieren, was mein Herz längst wusste: dass ich ihren Wunsch anzuerkennen hatte. »Ich liebe dich Großmütterchen!«, sagte ich.

»Und ich liebe dich, mein Sohn. Und ich danke dir sehr.« Langsam entfernte ich mich, zutiefst berührt von all dem, was mir diese Frau innerhalb weniger Minuten enthüllt hatte: Mut, Schönheit, Würde, Liebe und Angstlosigkeit. Das sollte meinen Blick auf mein Volk für den Rest meines Lebens verändern.

Wie durch ein Wunder jedoch überlebte Perscodia jene kalte Nacht. Vielleicht war eine andere Person vorbeigekommen und hatte sie gegen ihren Willen nach Hause gebracht. Ich jedenfalls war erleichtert. Wie wäre ich mit dem Wissen klargekommen, dass ich ihr hätte das Leben retten können, es aber nicht getan hatte? Nur eine Woche später starb sie – betrunken. Da erinnerte ich mich an die Worte meiner Mutter: »Die Alten wissen um die Zeit ihres Todes. Es ist ein Geschenk Gottes.«

Der örtliche Priester entschied, dass Perscodia die Ehre einer orthodoxen Beerdigung nicht zustehe – keine Gebete, keine Zeremonien, nur die Beisetzung ihres Leichnams in einem von ihren Vorfahren getrennten Grab, was symbolisieren sollte, dass sie in Sünde und Schande gestorben sei. Das Einzige, woran ich aber denken konnte, war ihr letzter Wunsch, bei ihrer Kirche zu sein, und an die Entscheidung eines törichten Priesters, ihr diesen Wunsch nicht erfüllen zu wollen. Ich entschied an Ort und Stelle, dass ich mit einem solchen harten Verurteilen wunderschöner Menschen nichts zu tun haben wollte. Damals trug für mich nicht jener Priester, sondern die gesamte Kirche die Schuld; ich wusste nicht, ob es der Linie der Kirche oder seiner persönlichen Haltung entsprach. Für mich spielte es keine Rolle. Aufgrund dieses Erlebnisses trat ich – für viele Jahre – aus der Kirche aus.

14

Ich war ein »Aufspießer«

Ich nehme an, nur sehr wenige Menschen in den Vereinigten Staaten haben jemals das getan, woraus mein erster Job bestand. Ich war fünfzehn und bereitete mich auf mein Studium an der University of Washington vor. Das bedeutete, dass ich Geld verdienen musste, weil meine Eltern wie auch alle anderen in unserer Gemeinschaft arm waren. Mein Freund Craig Euneau, Sohn des damaligen Inselverwalters, fragte mich, ob ich nicht auch, wie er es tat, für Lee Paola arbeiten wollte. Ich stimmte dem Vorschlag zu, denn Lee war zu jener Zeit der Einzige im Dorf, der Jobs im nichtstaatlichen Bereich anbot, auch wenn sein Geschäft nicht komplett unabhängig war. Lee betrieb mit Genehmigung der Regierung die Pelzrobben-Verwertungsanlage, in der die von den Einheimischen nicht als Nahrung genutzten Tierkadaver zermahlen und, im Sinne einer weiteren Nutzung, zu Futter für Nerzfarmen verarbeitet wurden.

Lee war ein freundlicher, aber harter Mann und ein überaus zäher Arbeiter. »Du willst also für mich arbeiten? Ich kann nur jemanden gebrauchen, auf den ich mich verlassen kann, der stark und Überstunden zu leisten bereit ist und alles tut, was es braucht!« Während Lee nachdrücklich darlegte, worum es bei dem Job ging, musterte er mich aufmerksam. Zu jener Zeit war ich ein magerer Teenager, was ich aber mit einer Menge Schneid, wie man so schön sagt, wieder wettmachte.

»Ich kann den Job machen!«, antwortete ich entschieden.

»In Ordnung, dann fängst du gleich morgen früh an. Craig zeigt dir, was es zu tun gibt.«

Wie stolz ich war! Ich sagte mir: Ich arbeite nicht für die Regierung! Und das verschaffte mir ein gutes Gefühl, weil es doch bewies, dass ich noch immer ein Rebell war. Aber ich hatte keine Ahnung, was da auf mich zukam. Meine Arbeit begann ausgerechnet am Folgetag jener Jagd, an der die höchste Zahl von Robben erlegt worden war: Etwa dreitausend hatten den Tod gefunden, die

Leute hatten nicht mehr als hundert Tiere als Verpflegung mitgenommen und so mussten an die zweitausendneunhundert Robben verarbeitet werden.

So stand ich um sechs Uhr morgens zum ersten Mal vor der Verarbeitungsanlage. Craig führte mich in den Ankleideraum, wo wir schwere Regenkleidung anzogen, Gummihandschuhe, Regenkappe und Watstiefel, die bis zu den Hüften reichten. Erst kam mir diese Schutzausrüstung etwas rätselhaft vor, doch schon bald lernte ich den Grund dafür kennen.

Craig war genauso alt wie ich und sehr groß. Abgesehen von ein paar wenigen wollten die jugendlichen Unangan nichts mit dem Sohn des staatlich eingesetzten Inselverwalters zu tun haben. Mir aber war beigebracht worden, allen Menschen freundlich zu begegnen, und meine Eltern und mein Großvater ließen trotz der schrecklichen Behandlung, die sie ihr ganzes Leben über zu erdulden gehabt hatten, niemals ein schlechtes Wort über »die Weißen« verlauten. Bevor Craigs Vater auftauchte, hatten sich die Regierungsvertreter in all den Jahren uns gegenüber unaufhörlich herablassend und rassistisch verhalten und waren überzeugt, dem Volk der Unangan überlegen zu sein. Bis 1966 waren wir sogar dem Gesetz nach keine Bürger der Vereinigten Staaten, sondern »Schutzbefohlene« der Regierung, die wie eigensinnige Kinder behandelt und dazu gezwungen werden mussten, wie »die Weißen« zu werden. Den Unangan war es verwehrt, an Distrikt- oder Bundeswahlen teilzunehmen, sogar noch nachdem Alaska im Jahr 1959 zum neunundvierzigsten US-Bundesstaat geworden war.

Trotzdem war ich mit Craig befreundet. Mir gefiel es, dass dieser junge, etwas unbeholfene Mann im Herzen ein Rebell war, und zwar ein freundlicher und intelligenter. Sein Vater war selbst ein amerikanischer Ureinwohner aus den Lower 48, was wahrscheinlich mit ein Grund dafür war, dass Craig keine Spur von Rassismus zeigte. Howard, Craigs Vater, wurde von den meisten Erwachsenen im Dorf gemocht. Er war der erste Regierungsvertreter, der unser Volk als Menschen behandelte, auch wenn alle anderen Regierungsangestellten auf der Insel dies nicht taten.

An besagtem Morgen erklärte mir Craig: »Also, die Lastwagen werden jetzt von den Schlachtfeldern ankommen und wir müssen bereit sein.« Damit meinte er, dass wir beim inneren Ende der Rutsche stehen mussten, über welche die großen Trucks ihre blutige Fracht in das Gebäude entluden. Dort, wo wir standen, verlief ein Förderband mit einer Kette bizarr anmutender Haken, die sich im Rundlauf hinüber zum Fleischwolf bewegte und wieder zurück. Unsere Aufgabe bestand darin, die zwanzig bis fünfundzwanzig Kilogramm schweren, gehäuteten Robbenkadaver zu packen und die Köpfe oder Hälse an den Haken aufzuspießen. Das war alles. Diesen Job würde ich mit links machen – dachte ich.

Ohne viel Aufhebens war draußen die erste Lastwagenladung von ungefähr zweihundert Robbenkadavern auf die Rutsche geschüttet worden und die blutigen Tierkörper ergossen sich um uns herum auf den betonierten Fußboden. Der grauenhafte Anblick fuhr mir in die Knochen: Von diesen schönen, anmutigen und starken Tieren waren nur noch blutige Hüllen übriggeblieben, aus denen wulstige Augäpfel hingen. Wie die Kadaver dort behandelt wurden, stand in krassestem Gegensatz zu der Haltung, die ich von meinem Aatschaa gelernt hatte: nämlich die Tiere zu respektieren, auch wenn wir sie töteten, um sie zu essen. Was ich hier sah, widerte mich an; ich war regelrecht empört und mir wurde übel. Doch dann übernahm mein Teenager-Ich das Kommando: »Denen werde ich es zeigen; ich kann den Job genauso gut erledigen wie irgendein Weißer!« Ich machte mich an die ersten Kadaver, hob sie auf und schleuderte sie auf die großen Haken. Craig machte dasselbe. »Wir müssen darauf achten, dass an jedem Haken eine Robbe hängt«, schrie er gegen den Lärm der Lastwagen- und Förderbandmotoren an. »Und wir dürfen nicht lockerlassen, es wird echt anstrengend!«

Mit dieser ersten Ladung hatten wir ungefähr eine halbe Stunde zu tun. Doch kurz bevor wir die letzten Kadaver an den Haken hatten, stürzte schon die zweite Ladung die Rutsche herunter und nur wenig später eine dritte und dann noch eine und wieder eine, sodass uns die toten, blutigen Robbenkadaver bis zur Hüfte reichten. Mit jeder Ladung rutschten zweihundert bis zweihundertfünfzig neue Tierleichen auf uns herunter. Das Rätsel unserer schweren Arbeitskleidung war gelüftet. Sechs Stunden lang spießten wir ununterbrochen Kadaver auf, dann machten wir Mittagspause. Ich war ungeheuer erleichtert, doch noch immer türmten sich die Tierleichen anderthalb Meter hoch und dies mindestens zehn Meter in jede Richtung. Und am Nachmittag würden weitere Ladungen hinzukommen!

Schon jetzt fühlte ich mich erschöpft, meine Muskeln im Rücken, im Nacken, in den Schultern und den Armen schmerzten. Meine Finger waren ermüdet, wie ich es noch nie zuvor erlebt hatte. Eingetrocknetes Blut überzog jeden Quadratzentimeter meiner Schutzkleidung, und der Geruch war einfach abstoßend. Als ich die Gummihandschuhe auszog, waren meine Hände von einer gelblichen Farbe – das Blut war durch das Gummi gesickert! Unter meinen Fingernägeln hatte sich das Blut angesammelt und auch meine Haare waren mit einer Blutkruste überzogen.

Zu Mittag fuhren wir mit Craigs kleiner Honda die anderthalb Kilometer in die Stadt zu meinem Haus. Mein Großvater, meine Brüder und Schwestern, mein Onkel und meine Mutter saßen bereits am Esstisch, als ich ankam. Die Hauptmahlzeit der Unangan wurde mittags gegessen, was zur Überlebensstrategie der Männer gehörte, die Energie brauchten, um Tag für Tag ihre harte Arbeit leisten zu können. Mein Vater allerdings, der mit seiner furchtbaren Arbeit bereits um vier Uhr morgens begonnen hatte, war noch immer auf den Schlachtfeldern, weil die Regierung den Knüpplern für den frühen Schichtbeginn einen besonderen Bonus am Ende der Saison in Aussicht gestellt hatte.

Meine Familie sah mich entsetzt an, als ich eintrat. Mit all dem Blut, das mich bedeckte, und meinem widerlichen Geruch muss ich wie ein Monster gewirkt haben. Meine Mutter sagte nur: »Wasch dich sehr gründlich!« Nach einer Viertelstunde des Schrubbens dachte ich, es sei okay, und setze mich an den Esstisch. Doch meine Schwester Rinna hielt sich vor Ekel die Nase zu und sagte: »Iiiii, du riechst furchtbar! Ich esse woanders!« Auch die übrigen verließen fluchtartig den Tisch. Ich musste also allein speisen. Noch immer war mir übel, doch mir war klar, dass ich etwas essen musste. Ich blickte hinunter auf meinen Teller: Heute gab es Robbenfleisch.

15

Universitätsleben

Im Herbst nach meinem High-School-Abschluss reiste ich nach Seattle, um mich an der University of Washington einzuschreiben. Aus meinem Dorf war ich erst die dritte Person, die ein Studium absolvierte. Die beiden vor mir waren nie mehr auf die Insel Saint Paul zurückgekehrt; von der Nachbarinsel Saint George hatte nur eine Person studiert. Aus dem Grund konnten Pat Pletnikoff, mein Freund aus Kindertagen, der sich im selben Jahr an der Western Washington Universität in Bellingham einschrieb, und ich niemanden über das Leben an der Universität befragen.

Als ich in Seattle ankam, wusste ich weder, wie man einen Bus nimmt, noch wie man telefoniert. Ich fand aber den Weg zum Campus und zum Wohnheim Terry Hall, dem man mich zugeteilt hatte. Es war zehn Stockwerke hoch!

Die oberste Etage, in der ich wohnen sollte, war, wie ich später erfuhr, eines der beiden Stockwerke, die die Crème de la Crème der Studenten in jenem Wohnheim beherbergte. Diese waren in der Regel weiß und stammten aus wohlhabenden Familien, wie es auch bei meinem Zimmergenossen der Fall war. Wir begrüßten einander und erzählten uns, woher wir kamen. Das war der Beginn einer langen Freundschaft. Zu den anderen Studenten im Wohnheim konnte ich keine echte Beziehung aufbauen und ihnen ging es umgekehrt genauso. Für meinen Geschmack hatten sie einen etwas seltsamen Humor, genauer gesagt: sie waren mir ein bisschen allzu schlagfertig. Der indigene Humor ist wesentlich hintergründiger und für gewöhnlich von Selbstironie durchzogen, sodass ich in ihrer Konversation oft nicht mithalten konnte. Tatsächlich fielen mir die meisten Gespräche auf dem Campus eher schwer, und so fühlte ich mich doch sehr allein.

Am Tag nach meiner Ankunft wollte man bei der Einschreibung wissen, welche Kurse ich zu belegen gedachte. Ich hatte das Vorlesungsverzeichnis, das mir nach Saint Paul geschickt worden war, gut durchgesehen und wusste, welche Kurse für mich infrage kamen. Allerdings war mir nicht klar, dass ein Student durchschnittlich ein Arbeitspensum von zwölf bis fünfzehn Leistungspunkten belegte. In der Annahme, der Unterricht sei hier wie an der High School organisiert, schrieb ich mich für zwanzig Leistungspunkte ein, was sechs Kursen entsprach.

Der Campus war dermaßen weitläufig, dass man zwischen den Vorlesungsorten zu Fuß mitunter bis zu einer halben Stunde unterwegs war. Als mich einmal meine Schwester Eva besuchte, führte ich sie auf dem Gelände herum, was sie zu der Bemerkung veranlasste: »Wow, die University of Washington ist echt groß.« Damit hatte sie jedoch nur ein einzelnes Gebäude gemeint, noch nicht einmal den gesamten Campus.

Die Klassengröße war ebenfalls enorm: im Schnitt dreihundert Studenten, was der Hälfte der Bevölkerung meines Dorfes entsprach! Anfangs fühlte ich mich dadurch etwas überfordert, denn an der High School hatte ich mit nur zwanzig Schülern in einer Klasse gesessen. So dauerte es eine Weile, bis ich mich an die neuen Verhältnisse gewöhnte. Auch hatte ich während meiner gesamten vier Jahre an der Universität kein einziges persönliches Gespräch mit einem der Dozenten oder einem Studienberater. Aber ich war dazu erzogen worden, die Dinge selbst herauszufinden, und mit einiger Anstrengung gelang mir dies auch.

Weil es mir nicht genügte, die ökonomischen Aspekte der Armut der amerikanischen Ureinwohner bloß zu studieren, wollte ich in meinem zweiten Jahr vom Universitätspräsidenten wissen, weshalb in einem Bundesstaat, der damals zweiundzwanzig Indianerreservate beheimatete, an einer Universität mit 34 000 Studierenden sich lediglich vier Studenten als »indigen« bezeichneten. Mittlerweile wusste ich, dass man in einer Sache am ehesten mit einer Antwort oder einer Entscheidung rechnen kann, wenn man sich direkt an den Verantwortlichen wendet. Also ging ich zum Büro des Präsidenten, wo mich seine Sekretärin fragte, ob ich einen Termin hätte. Ich hatte keinen. Freundlich erklärte sie mir: »Er ist ein sehr beschäftigter Mann, und jeder, der ihn sprechen möchte, muss mit ihm einen Termin vereinbaren.«

Darauf antwortete ich: »Ich würde gerne hier warten, bis er etwas Zeit für ein Gespräch hat.« Die Sekretärin fragte mich, was ich denn mit ihm besprechen wolle. »Ich bin ein Unangan-Indianer aus Alaska und wundere mich, warum nur vier andere amerikanische Ureinwohner an einer Universität eingeschrieben sind, die von Indianerreservaten umgeben ist. Ich dachte, der Präsident könnte mir vielleicht den Grund dafür erklären.«

Sie betrachtete mich aufmerksam und merkte, dass mir das Gespräch ein ernstes Anliegen war. »Warten Sie einen Moment. Ich schaue nach, ob er Zeit für Sie hat«, sagte sie. Einige Augenblicke später kam sie zurück und meinte: »Der Präsident wird Sie empfangen, aber er hat nur ein paar Minuten Zeit.«

Ich dankte ihr und betrat das große Büro des Präsidenten. Er war so um die fünfzig Jahre alt, trug einen dreiteiligen Anzug und wälzte sich durch seinen Papierkram, als ich eintrat. »Guten Morgen, junger Mann. Ich bin Präsident Odegaard. Sie haben also ein Anliegen, was die Universität betrifft und Aufmerksamkeit verdient«, sagte er mit sanfter Stimme.

Ich erklärte: »Ist es nicht beschämend für eine Universität, die 34 000 Studenten ausbildet, dass darunter nur vier amerikanische Ureinwohner sind? Und diese Universität liegt in einem Bundesstaat mit zweiundzwanzig Indianerreservaten!«

Nach einem Moment des Überlegens sagte er: »Ich finde, Sie haben recht. Wie sähe denn ein Programm aus, mit denen wir die amerikanischen Ureinwohner für die Universität gewinnen könnten? Ich stelle Ihnen ein staatlich finanziertes Auto, ein Büro und ein kleines Budget zur Verfügung. Sie hätten dann die Aufgabe, junge indigene Menschen zu rekrutieren und sie später zu beraten, wenn sie Hilfe benötigen. Wie fänden Sie das?«

Sein Vorschlag machte mich vollkommen sprachlos. Niemals hätte ich mit einer derart spontanen Entscheidung gerechnet und mit einem solchen Jobangebot an einen Achtzehnjährigen – aber er hatte es getan. Und so begann meine, mit monatlich fünfhundert Dollar bezahlte Arbeit, die darin bestand, in einer großen »Staatskarosse« Indianerreservate zu besuchen und Studentinnen und Studenten für die University of Washington zu gewinnen. Ich rechne es den Menschen auf Saint Paul hoch an, dass sie mich immer, jeden einzelnen Tag, in dem bestärkt hatten, was ich tat. Bis zu meiner Zeit an der Universität war ich dazu erzogen worden, an mich selbst zu glauben und nicht an mir zu zweifeln. Das Programm, das ich damals ins Leben rief, wurde als American Indian Education Program bekannt; es existiert noch heute. Und an der University of Washington gibt es mittlerweile sogar eine eigene Fakultät, die sich der Erforschung der amerikanischen Ureinwohner widmet.

Ich habe viereinhalb Jahre gebraucht, um mein Grundstudium zu beenden, weil ich mir noch im meinem vorletzten Jahr nicht sicher war, in welchem Fach ich meinen Hauptabschluss machen wollte. Ich fragte den Dekan der Fakultät für Stadtentwicklung, ob ich in der mir verbleibenden Zeit eine unabhängige Studie durchführen könnte, in der ich die Gründe für die Armut der meisten Stämme der Ureinwohner erforschen wollte. Zu diesem Zweck schwebte mir vor, mehrere Reservate im und um den Bundestaat Washington zu besuchen. Die Studie wurde tatsächlich bewilligt, und so forschte ich in den kommenden zwei Jahren in mehr als dreißig Reservaten in Washington, Oregon, Idaho, New Mexico, Oklahoma und Arizona.

Während dieser Zeit besuchte ich auch Phyllis und ihre Eltern. Phyllis war ich zum ersten Mal auf Saint Paul begegnet, als sie elf und ich vierzehn war. Ich kannte sie nicht, als sie eines Tages aus dem Gemeindehaus herausgerannt kam, aber ich wusste sofort, dass sie eines Tages meine Frau werden würde. Sie und ihre Eltern zogen später weg von der Insel nach Bothell, Washington, ungefähr vierzig Kilometer nördlich von Seattle gelegen. Weder Phyllis noch ihren Eltern hatte ich von meinen Vorahnungen aus Kindheitstagen erzählt, doch wir fanden tatsächlich wieder zueinander und kamen uns sehr nahe. Wir heirateten, als Phyllis achtzehn und ich zwanzig war.

Als jüngster Leiter eines Universitätsprogramms für amerikanische Ureinwohner wurde ich zur Teilnahme an der Convocation of American Indian Scholars eingeladen, einer Versammlung von einhundert ausgewählten Wissenschaftlerinnen und Wissenschaftlern, die sich dem Kampf gegen die Verletzung der Menschenrechte indigener Völker in der westlichen Hemisphäre verschrieben hatten. Das erste Treffen, an dem ich teilnahm, fand an der Universität von Princeton statt. Für mich Achtzehnjährigen war es eine aufregende Versammlung. Dort begegnete ich unter anderem Navarre Scott Momaday, dem Romanautor, der kurz darauf, 1969, als erster indigener Amerikaner den Pulitzerpreis gewinnen sollte, Vine Deloria, dem indianischen Autor des Buches *Custer Died for Your Sins,* sowie Buffy Sainte-Marie, der international bekannten indigenen kanadischen Sängerin und Songwriterin – um nur drei zu nennen.

Hier wurde ich mir zum ersten Mal der Brutalität einiger Regierungen gegenüber indigenen Völkern wirklich bewusst. Wir sahen dort Filmaufnahmen aus einem südamerikanischen Land, die zeigten, wie Ureinwohner mittels Maschinengewehren aus einem Hubschrauber heraus abgeschlachtet wurden, während die Angegriffenen Speere in Richtung des Helikopters warfen, um sich zu verteidigen. Diese Menschen wurden im Auftrag der Regierung ermordet, weil sie Widerstand gegen den Bau einer Straße leisteten, die den Zugang zu Edelmetallen und Öl sichern sollte.

Während der einwöchigen Versammlung sprachen wir die meiste Zeit darüber, wie sich solche Gräueltaten stoppen ließen. Resultat der Diskussionen war eine Entscheidung, von der wir glaubten, sie würde nicht nur zum Ende der Verfolgung, sondern auch zur Rückgabe des Landes an die indigenen Völker führen. Wir beabsichtigten, dieses Filmmaterial der Regierung und den beteiligten Privatunternehmen mit der Androhung zu zeigen, dass wir es der ganzen Welt enthüllen würden, falls sie den Forderungen unserer Versammlung nicht entsprächen. Tatsächlich kam es zu einer Abmachung: Die Gräueltaten wurden eingestellt und Vorbereitungen getroffen, den indigenen Menschen einen Teil ihres Landes zurückzugeben.

Ein junger Lobbyist

Im Sommer 1968 lud der Stammespräsident der Aleutengemeinschaft von Saint Paul, Gabe Stepetin, Patrick (Pat) Pletnikoff und mich ein, uns mit dem Rat zu treffen. Ich ging von einer großen Sache aus, vor allem, weil sich bei unserer Ankunft der gesamte Rat bereits versammelt hatte. Gabe erklärte: »Der US-Kongress hat vor Kurzem das Gesetz verabschiedet, das uns die Bürgerrechte verleiht einschließlich des Rechts, eine Stadt zu gründen, wozu uns aber das Geld fehlt. Wir wollen euch beide engagieren, um uns bei der Beantragung finanzieller Unterstützung und anderer Hilfestellungen in Washington zu vertreten. Unsere Wahl ist auf euch gefallen, weil ihr beide auf dem College seid und einerseits besser Englisch sprecht als wir und andererseits Erfahrung damit habt, in der Welt der Weißen zu arbeiten. Wir zahlen euch viertausend Dollar zur Deckung eurer Aufwendungen. Was meint ihr dazu?«

Dass die Stammesvertreter es überhaupt in Erwägung zogen, zwei so junge Männer im gerade mal ersten Studienjahr zu engagieren, um den Rat zu vertreten und bei der Umsetzung des

Pelzrobbengesetzes von 1966 zu helfen, verblüffte mich. Ich erhob mich und formulierte eine Zusage. Noch während ich sprach, unterbrach mich Gabe: »Larry, warum sprichst du nicht Englisch?«

Erst da merkte ich, dass ich in der Art und Weise der Weißen gesprochen hatte, nicht in dem Englisch, das in unserem Dorf gesprochen wurde. »Ich möchte mich dafür entschuldigen. Ich war mir dessen nicht bewusst. Ich sprach einfach so, wie man an der Hochschule spricht. Von nun an werde ich Englisch sprechen.« Was Gabe gemeint hatte, war, dass ich wie ein Weißer gesprochen hatte.

In dem Sommer wurden Patrick und ich als Stammesvertreter verpflichtet. Weil wir Flore Lekanof kannten – den einzigen Inselbewohner von Saint George, abgesehen von Patrick, der das College besucht und seinen Abschluss gemacht hatte – und wussten, dass er in Washington DC für das Bureau of Indian Affairs arbeitete, riefen wir ihn an. Er wollte für uns ein Treffen mit Ted Stevens arrangieren, dem Senator von Alaska. Dies war das Einzige, das uns als Stammesvertreter zu tun einfiel.

Als wir am Flughafen Dulles ankamen, mietete ich ein Auto, ohne daran zu denken, nach einer Straßenkarte zu fragen. So dauerte es geschlagene sechs Stunden, bis wir endlich in DC ankamen, das nur fünfunddreißig Kilometer vom Flughafen entfernt liegt. Ich hielt beim erstbesten Hotel; es war das Marriott und es war teuer.

Am nächsten Morgen fuhren wir nach DC und verfingen uns prompt im Dupont Circle. Zwar klappte die Einfahrt in den berüchtigten Kreisverkehr, aber ich fand keine Ausfahrt. So drehten wir mehrere Runden, zwischen Spuren voller Autos. Schließlich nahm ich all meinen Mut zusammen und kreuzte in einem allgemeinen Hupkonzert drei Fahrspuren auf einmal in Richtung einer Ausfahrt. So fanden wir zum Gebäude, in dem Flore arbeitete. Er stellte uns dem Kommissar des BIA vor und brachte uns zum Büro von Senator Stevens auf dem Capitol Hill.

Es war ein kunstvoll eingerichtetes Büro mit einer Couch und einem großen Mahagonischreibtisch. An jeder Wand hingen Erinnerungsstücke und Fotos aus ganz Alaska. Wir wurden von Senator Stevens warmherzig begrüßt, während Flore ihm erklärte, dass wir den Stamm von Saint Paul vertraten. Ich bedankte mich beim Senator für das Treffen: »Wir sind sehr froh, mit Ihnen sprechen zu können, Senator. Wir würden gerne in Erfahrung bringen, ob wir irgendwo die finanziellen Mittel beantragen können, um eine Stadt zu gründen, wie es durch das Pelzrobbengesetz von 1966 möglich geworden ist. Darüber hinaus würden wir gerne klären, ob wir einen Bootshafen eröffnen können. Noch immer sind wir ausschließlich von der Regierung abhängig, was unsere Arbeitsplätze und die systemkritische Infrastruktur betrifft. Obwohl wir für diese Dienstleistungen bezahlen, werden sie subventioniert.« Den Bootshafen erwähnte ich, weil mein Onkel Eddie, der ein Jahr zuvor verstorben war, davon gesprochen hatte, so ein Hafen könne eine Grundlage für die wirtschaftliche Entwicklung sein. Weil ich das auch glaubte, brachte ich das Thema zur Sprache, ohne mich vorher mit irgendjemandem beraten zu haben.

Senator Stevens dachte kurz nach und sagte dann: »Okay, ich werde schauen, was ich für Sie erreichen kann. Mir ist durchaus bewusst, dass die Menschen auf den Pribilofs es unter dem Diktat der Regierung sehr schwer haben, und Sie über keine finanziellen Mittel verfügen. Ich werde mir etwas überlegen.« Das war alles. Nachdem wir uns angemessen voneinander verabschiedet hatten, verließen wir das Büro im Gefühl, unser Ziel erreicht zu haben. Zurück beim Auto, hatte ich einen Strafzettel – einen von insgesamt siebzehn, die ich während unseres damaligen Aufenthalts in DC kassierte.

Mehrere Monate lang hörten wir nichts von Senator Stevens. Erst im darauffolgenden Herbst, als ich wieder am College war, wurde der Stammesrat von dessen Büro unterrichtet, er werde fünfzigtausend Dollar erhalten, um die Stadt zu gründen, und der Senator plane einen Besuch im folgenden Sommer. Tatsächlich kam der Senator im Sommer 1970 nach Saint Paul und Saint George. Als Vorbereitung auf den Besuch gab die Stammesregierung von Saint George dem örtlichen Bauamt den Auftrag, eine Straße in der Nähe des Dorfes zu verbreitern. So entstand die erste Landebahn auf der Insel. Bis zu dem Zeitpunkt war die Post noch aus Flugzeugen abgeworfen worden.

16

Lobbyarbeit für mein Volk

Nach meinem Universitätsabschluss kehrte ich nach Alaska zurück und arbeitete zunächst für die Alaska Native Foundation. Dieser Stiftung beschaffte ich Unterstützungsgelder von der Kellogg Foundation, mit denen die Verbindung zwischen Ortskörperschaften und der staatlichen University of Alaska Fairbanks gefördert werden sollte. Danach arbeitete ich, mit gerade mal dreiundzwanzig Jahren, als jüngster Landdirektor bei einer regionalen indigenen Körperschaft. Der US-Kongress hatte eben erst den Alaska Native Claims Settlement Act von 1971 verabschiedet, mit dem den Ureinwohnern Alaskas eine Milliarde Dollar bereitgestellt und Eigentumsrechte an 17,5 Millionen Hektar Land, mit dem sie geschichtlich verbunden waren, überschrieben wurden. In jeder Region und jedem Dorf wurden Grundstücke entsprechend der Bevölkerung parzelliert. Die Gebietskörperschaften entschieden sich in der Regel dafür, private, gewinnorientierte Unternehmen zu gründen, um die Rechtstitel und Kompensationszahlungen zu erlangen, die den Kern dieses Gesetzes ausmachten. 1972 rief das Volk der Unangan auf dieser Gesetzesbasis die Aleut Corporation (TAC) ins Leben, und ihr erster Präsident, Michael Swetzoff, engagierte mich, um die Ausbildung von Menschen aus zwölf Dörfern zu leiten, die dem neu erlassenen Gesetz entsprechendes Land identifizieren und auswählen sollten. Ich stellte zwei Mitarbeiter für meine neue Abteilung ein und machte mich mit ihnen an die Arbeit, die Dorfbewohner bei der Auswahl des Landes in unserer Region zu unterstützen. Abgesehen von wenigen Ausnahmen waren wir die ersten Unangan, die sämtliche Dörfer unserer Region kennenlernten und die mehr als zwei Millionen Hektar des zur Auswahl stehenden Landes überflogen.

Nachdem wir die Menschen in den Dörfern geschult und die Auswahl des Landes für die TAC abgeschlossen hatten, wurde ich 1975 als erster Geschäftsführer der Körperschaft meiner Heimatstadt Saint Paul angestellt und später zu deren Präsidenten gewählt. Wir beteiligten uns an den ersten Unternehmen, die auf Saint Paul ihren Betrieb aufnahmen (abgesehen von den Coffeeshops und dem Kino, den einzigen Betrieben, wozu die Inselbewohner – unter der ehemaligen Regierungsverwaltung, die nicht wollte, dass diese genug Geld besaßen, um die Insel verlassen zu können – überhaupt das nötige Kleingeld besessen hatten), dazu gehörten die Gründung einer Baugesellschaft, die Übernahme und der Betrieb des Hotels International Inn in Anchorage sowie die Verpachtung von Grundstücken für kleine Bootshafenbetriebe.

In den zehn Jahren meiner Arbeit bei der Dorfkörperschaft erzielten wir durch den Betrieb des International Inn durchgehend Gewinne. Profite machten wir auch mit dem Hotel-, Restaurant- und Tourismusbetrieb auf unserer Insel sowie mit einem Fischverarbeitungsbetrieb und mit unserem Kleinfischerboot-Projekt. Geld investierten wir unter anderem in die Lobbyarbeit für einen Bootshafen auf Saint Paul, der dann Mitte der 1980er-Jahre tatsächlich gebaut wurde und seitdem das Herzstück der Inselwirtschaft bildet. Wie bereits erwähnt, war dieser Hafen der Traum meines Onkels Eddie gewesen, die Pläne waren aber nach seinem Tod in den Siebzigerjahren in die Schublade gewandert. Nachdem der Hafen dann mit Mitteln des Pionierkorps der US-Armee und des Bundesstaates Alaska gebaut war, stieg unser Pro-Kopf-Einkommen von zehntausend Dollar zur Zeit der höchsten Löhne im öffentlichen Dienst* in weniger als einer halben Generation auf dreißigtausend Dollar – dank der Transformation von einer staatlich geführten Werkssiedlung in ein privatwirtschaftlich wertschöpfendes Dorf.

Um uns die Grundlagen für unser Kleinfischerboot-Projekt anzueignen, heuerten wir einen alten Seebären an: Sig Jaeger, pensionierter Kapitän eines Heilbuttschoners aus Seattle, der mehr als zwanzig Jahre lang die Beringsee befahren hatte. Er und ich entwarfen gemeinsam ein sechseinhalb Meter langes Boot, das man vom Strand aus zu Wasser lassen konnte und das gerade über so viel handelsübliche Ausrüstung für den Heilbuttfang verfügte, dass sich der Betrieb solcher Boote lohnte. Wir ließen zwei dieser selbstentworfenen Skiffs bauen und nach Saint Paul bringen. Die

* Der öffentliche Dienst war auf den Pribilof-Inseln in den 1950er-Jahren eingeführt worden, allerdings bis in die frühen Sechzigerjahre mit einer auf fünfzig Cent die Stunde herabgesetzten Vergütung – weit unterhalb des üblichen Stundenlohns.

Gruppe von Männern, die sich für dieses Freiwilligenprojekt gemeldet hatten, verbrachte die eine Hälfte der Zeit im Unterricht und die andere Hälfte auf dem Meer beim Fischen. Im ersten Jahr fingen wir zwei Tonnen Heilbutt, was wir für durchaus bemerkenswert hielten. Doch das war nichts im Vergleich zu den fünfhundert Tonnen, die wir vier Jahre später an Land brachten, nachdem der Stammesrat eingewilligt hatte, den privaten Kauf kleiner Fischerboote finanziell zu unterstützen.

Ich war einer von vier Skippern, denen die ersten kommerziellen Fischerboote anvertraut wurden, die wiederum von Sig und mir entworfen worden waren. Es waren umgebaute sechseinhalb Meter lange Oregon-Dories, die von den ehemaligen Docks der Regierung zu Wasser gelassen werden konnten. Es war mir ein Anliegen, dass sich diese Boote bereits durch den ersten Jahresfang an Heilbutt finanzieren ließen, weshalb wir sie so konzipierten, dass sie bei niedrigeren Anschaffungskosten mehr Fisch einzubringen vermochten. Wir lernten, mit der Ausrüstung umzugehen und den Heilbutt sogar bei dem in den Sommermonaten häufig nebligen Wetter auf den Inseln zu orten, indem wir LORAN nutzten. Die Long Range Aid Navigation war damals der Stand der Technik für die Meeresnavigation und ermittelte den eigenen Standort in Längen- und Breitengrad zu jedem Zeitpunkt mittels der Triangulation von Funksignalen von drei Stationen in der Beringsee. Eine dieser Stationen befand sich auf Saint Paul, die anderen beiden auf zwei Aleuteninseln. Wir alle erlernten die Navigation mittels LORAN, die uns sogar bei Nebel bis auf fünfzehn Meter genau navigierte. Später erwarben einige Einheimische größere Boote und verwenden heute GPS und Radar zur Navigation. Mittlerweile besitzen auf Saint Paul mehr als dreißig Unangan-Familien ein Kleinfischerboot, was auf dem Höhepunkt der Fischerei der lokalen Bevölkerung jährlich etwa eine Million Dollar eintrug. Heute ist es so, dass der Bestand an Heilbutt, wahrscheinlich aufgrund des Klimawandels und der Überfischung durch Fabriktrawler aus Seattle, kontinuierlich sinkt, sodass die Zukunft der Kleinfischerei auf den Pribilof-Inseln ungewiss ist.

In den frühen 1980er-Jahren setzte die US-Regierung ihren Plan in die Tat um, die Pribilof-Inseln endgültig und bedingungslos dem Volk der Unangan zu überlassen.

17

Familienleben

Erst als wir wieder auf Saint Paul waren, bekamen Phyllis und ich Kinder. Wir hatten nicht gewollt, dass diese in einer Stadt aufwachsen würden, und so warteten wir, bis wir wieder auf unserer Insel lebten. 1976 kam unsere Tochter Leatha zur Welt, 1978 wurde Marissa geboren. Sie waren wunderschöne Kinder mit sehr unterschiedlichen Persönlichkeiten. Was sie aber schon immer miteinander teilten, war, dass sie es liebten, im Freien zu sein. Ich besaß einen Pickup und egal, wann ich mit der Familie unterwegs war, Leatha und Marissa wollten auf der Ladefläche mitfahren – sommers wie winters. Phyllis und ich liebten die Insel und so verbrachten wir als Familie viel Zeit draußen.

Marissa unterschied sich schon immer sehr von den anderen Mädchen im Dorf. Eines Abends, als sie fünf Jahre alt war, gingen wir des nachts eine Straße entlang. Es gab nur wenige Laternen, der Himmel war wolkenfrei, und so sahen wir die Sterne in all ihrem Glanz. Marissa fragte: »Papa, was sind Sterne?«

Nach einer Weile versuchte ich es mit einer wissenschaftlichen Erklärung: »Es existieren Milliarden von Sternen und sie entstanden vor Milliarden von Jahren durch den Urknall.«

Marissa überlegte und erwiderte: »Nein, Papa, du irrst dich. Sterne sind die Geister von Menschen.« Schon in diesem Alter wusste Marissa genau, was sie wollte. »Papa, ich weiß, was ich später machen will. Ich möchte genug Geld verdienen, damit ich mit fünfundvierzig Jahren in den Ruhestand gehen kann, und begraben werden will ich unter der Cheops-Pyramide.« Bis heute frage ich mich, wie sie in ihrem Alter etwas über die Cheops-Pyramide erfahren hatte.

Nach ihrem High-School-Abschluss ging Marissa an die Arizona State University und begann ein Jurastudium. Heute verfügt sie über zwei Abschlüsse, in indigenem Recht und in Umweltrecht. Ich habe sie einmal gefragt: »Warum hast du dich für die Arizona State University entschieden?« Ihre Antwort bleibt mir unvergesslich: »Ich habe mir einfach die Fotos der Schulen angesehen und dann die erste gewählt, an der es keinen Schnee gab.«

Nach ihrem frisch abgeschlossenen Jurastudium bestand Marissas erster Job darin, bei der Rückforderung der Wasserrechte für die Maori mitzuarbeiten. Und in nur einem Jahr haben sie und ihre Kollegen genau das geschafft. Heute lebt sie mit ihren beiden Söhnen Kanuux und Hamati an der Ostküste und arbeitet als Hauptanwältin des Stammes auf Saint Paul, unserer Heimatinsel.

Meine älteste Tochter, Leatha, ist ebenso erfolgreich. Sie arbeitete als Direktorin beim Alaska Native Medical Center, das alle Dörfer der Ureinwohner im ganzen Bundesstaat Alaska mit medizinischen Dienstleistungen versorgt. Heute ist sie Verwaltungsdirektorin des Southeast Alaska Regional Health Consortium, das medizinische Dienstleistungen für Gemeinden im Südosten Alaskas zur Verfügung stellt.

Meine beiden Töchter sind schön, intelligent und gebildet. Doch so geschliffen sie auch sein mögen, haben beide ein gewisses Maß aus ihrer Erziehung als Dorfmädchen bewahrt, und beide kehren nach Saint Paul zurück, so oft sie können. Ich fühle mich gesegnet, dass sie beide es so gut machen.

Mein Sohn, Ian Alexander, wurde sechzehn Jahre nach Leatha in meiner Ehe mit Sumner MacLeish geboren. Auch er gab bereits in jungen Jahren Bemerkenswertes von sich. Als Ian einmal vom Spielen mit seiner besten Freundin zurückkam, sagte er: »Wenn ich groß bin, werde ich Alix heiraten und wir werden in einem Bauernhaus wohnen mit Rosen, die am Himmel befestigt sind.« Er war damals vier Jahre alt. Jetzt, in seinen Mittzwanzigern, arbeitet Ian hier in Anchorage in der Welt der kulinarischen Kochkunst, aber sein Herz und seine Seele sind von einer anderen Kunstform angezogen: Neben seiner Arbeit und seinem Vatersein für seine einjährige Tochter Leah arbeitet er als talentierter Drehbuchautor.

18

Ein Regierungsrückzug bringt ein Volk in Gefahr

Die Unangan auf den abgelegenen Pribilof-Inseln in der Beringsee durchlebten in den frühen 1980er-Jahren eine tiefgreifende Krise, die sich letztendlich als spiritueller, kultureller und wirtschaftlicher Wendepunkt ihres Lebens herausstellte. Zweihundert Jahre lang hatte die durch die Regierung betriebene kommerzielle Robbenjagd die einzige wirtschaftliche Grundlage der Menschen auf Saint Paul und Saint George dargestellt, die im Jahr 1983 auf einen Schlag wegfiel. In dem fatalen Jahr kam es bei den Pribilof-Unangan zu drei Morden, vier Selbstmorden und rund einhundert Selbstmordversuchen. Im ganzen Jahrhundert zuvor hatte es keinen einzigen Selbstmord gegeben und nur ein einziger Mord ist dokumentiert.

Der in der Nordpazifischen Pelzrobbenkonvention von 1911 begründete Bestandsschutz hatte dafür gesorgt, dass sich die Population der Tiere erholen konnte, was sich über die Unangan auf den Pribilof-Inseln nicht sagen lässt. Der Schutzvertrag war in Kraft gesetzt worden, damit die Jagd von Pelzrobben auf hoher See unterbunden werden konnte – eine Praxis, die in naher Zukunft zum Aussterben der Tiere geführt hätte. Als Gegenleistung für einen Anteil der Felle, die auf den Pribilofs entnommen wurden, einigten sich die Vertragsparteien darauf, der Schutzkonvention auf hoher See nachzukommen. Innerhalb von zwanzig Jahren erhöhte sich der Bestand der nördlichen Pelzrobben aufgrund der durch den Naturschutz durchgesetzten Verträge von zweihunderttausend auf fast eineinhalb Millionen.

Weitaus weniger besorgt als um die Pelzrobben war die US-Regierung um die Unangan, die noch immer wie Bürger zweiter Klasse behandelt wurden und unter der willkürlichen, repressiven und manchmal grausamen Kontrolle von Regierungsvertretern leben mussten, welche das Pribilof-Programm umsetzten. Diese Unangan waren vielen kulturellen Demütigungen ausgesetzt: von der erzwungenen Umstrukturierung ihrer bevorzugten Arbeitsmethoden bis hin zur Zensur ihrer Kommunikation mit der Außenwelt. Traditionelle Vorgehensweisen der Unangan bei der Bewältigung von Problemen und Konflikten wurden einfach ignoriert und Regierungsbeamte übernahmen sämtliche Funktionen als Polizisten, Richter und Geschworene. Proteste der Unangan wurden durch die staatlichen Androhungen, die Unruhestifter abzuschieben, sie aus ihren Häusern zu werfen, ihre Lebensmittel-, Kleidungs- oder Wohnrationen einzuschränken oder ihnen den Job wegzunehmen, im Keim erstickt.

All dies sollte sich in den frühen 1960er-Jahren zu ändern beginnen. Alaskas einzige von Indigenen geführte Zeitung, *The Tundra Times,* veröffentlichte von den Inseln geschmuggelte Leserbriefe, in denen diese Gräueltaten detailliert beschrieben wurden, was zu Nachforschungen durch die Menschenrechtskommission und den US-Kongress führten. Obwohl 1966 ein Gesetz verabschiedet wurde, das den Pribilof-Unangan die Bürgerrechte der Vereinigten Staaten verlieh, änderte sich rein gar nichts an ihrer wirtschaftlichen Grundlage: Sie waren weiterhin davon abhängig, dass die US-Regierung ihnen Arbeitsplätze im staatlich verwalteten Programm zum Pelzrobbenfang bot.

Im Jahr 1969 initiierte die Non-Profit-Organisation Friends of Animals eine Kampagne, um dem staatlich organisierten Fang von Pelzrobben auf den Pribilof-Inseln Einhalt zu gebieten. Dieser Initiative schlossen sich Ende der Siebzigerjahre weitere Tierschutzgruppen an, die Teil der kanadischen Anti-Robbenfang-Kampagne waren. Diese Organisationen stießen gut finanzierte Medienkampagnen gegen den Seerobbenfang an: Ganzseitige Anzeigen wurden in überregionalen Zeitungen geschaltet, in denen die Unangan als brutale, blutrünstige und gierige Tierschlächter beschrieben wurden. Die Inselbewohner sahen sich mit Hasszuschriften von überall auf der Welt konfrontiert. Im Jahr 1980 erreichte die Anti-Robbenfang-Kampagne ihren Höhepunkt: Der US-Kongress erhielt Tausende von Karten und Briefen von Amerikanern, die gegen die Rolle der US-Regierung bei der Pelzrobbenjagd protestierten. Der Druck vonseiten der Öffentlichkeit und von Tierschutzorganisationen wie der Humane Society of the United States sorgte für eine Ankündigung der US-Regierung, mit dem kommerziellen Robbenfang aufhören und sich darüber hinaus innerhalb eines Jahres vollständig von den Pribilof-Inseln zurückziehen zu wollen.

Den Unangan war bewusst, dass mit diesem Entscheid ihre einzige wirtschaftliche Basis vernichtet wurde: Achtzig Prozent der örtlichen Arbeitsplätze würden verschwinden wie auch alle behördlich geleisteten Dienste, die bisher für den Seetransport, den Betrieb der Elektrizitätswerke, die Wartung des Flughafens und die Bereitstellung von Heizöl und Lebensmittel gesorgt hatten. Wie vorherzusehen, führte die Entscheidung der Regierung zu Angst und Unsicherheit in der Unangan-Gemeinschaft und ließ sie in einem Gefühl der Wut und Zukunftsangst zurück, was eine breite und tiefgreifende Depression auslöste. Die tragische Zahl der Todesfälle im Jahr 1983 zeugt von der Angst und der Sinnlosigkeit, in die eine unpersönliche und lebensferne Bürokratie die Unangan gestürzt hatte. Gleichzeitig sah sich das Volk auf den Pribilofs mit einem massiven Rückgang der Meeressäuger und Meeresvögel rund um die Inseln konfrontiert. Immer wieder brachten die Unangan ihre diesbezüglichen Sorgen mit detaillierten Informationen unterfüttert zum Ausdruck, und immer wieder wurden sie und ihre Bedenken mit Verweis auf Berichte einzelner Artenforscher marginalisiert, welche die Insel lediglich sechs bis acht Wochen im Jahr besuchten.

Ab Mitte der Siebzigerjahre begann der Bestand an Pelzrobben kontinuierlich um sechs bis sieben Prozent pro Jahr zu sinken. Diese Tatsache griffen Tierschutzgruppen auf, die den kommerziellen Robbenfang der Regierung für den Rückgang verantwortlich machten. Die Anführer der Pribilof-Unangan wiesen jedoch darauf hin, dass diese Rückgänge ein Symptom dafür seien, dass das gesamte Ökosystem der Beringsee ernsthaft bedroht war, und wahrscheinlich auch mit einem Nahrungsmangel der Robben zusammenhing. In zahlreichen Foren erzählten sie von ihrer Beobachtung besorgniserregender Zustände und ungewöhnlicher Verhaltensweisen von Wildtieren: Küken stürzten einfach von Felsvorsprüngen und starben in großer Zahl, Stellersche Seelöwen fraßen viel häufiger Pelzrobbenwelpen als jemals zuvor und die Felle der Pelzrobben wurden immer dünner.

Aber die Stimme der Unangan wurde erstickt. Wissenschaftler erklärten die Beobachtungen dieser Indigenen für anekdotisch und sahen darin nur einen geringen Wert für Forschung und Management. Also schlug ich 1983 eine Konferenz von Wissenschaftlern und Ureinwohnern Alaskas vor, um diese Bestandsrückgänge zu thematisieren und den Ernährungsstress als ursächliches Problem in den Fokus zu rücken. Um wissenschaftliche Vorgehensweisen und Standards zu gewährleisten, organisierte ich diese Tagung gemeinsam mit dem Dekan des Instituts für Fischerei an der University of Alaska Southeast in Juneau. Der World Wildlife Fund unterstützte mich dabei mit zehntausend Dollar zur Finanzierung der Konferenzkosten. Sämtliche Meereswissenschaftlerinnen und -wissenschaftler, die zu der Zeit in der Beringsee im Kontext Seevögel und Meeressäuger forschten, sagten ihre Teilnahme zu. Doch dann erging – von wem auch immer in den Büros der Bundesregierung – ein behördliches Machtwort und sämtliche (staatlich geförderten) Wissenschaftler zogen ihre Beteiligung zurück. Die Konferenz fand nicht statt.

Als die Unangan im Jahr 1977 ihre ersten Beobachtungen der Bestandsrückgänge machten, erkannten sie, dass sechs Arten von Wildtieren bedroht waren. Dreizehn Jahre später galten die Nördlichen Seebären gemäß dem Gesetz zum Schutz von Meeressäugern als bestandsdezimiert, die Stellerschen Seelöwen gemäß dem Gesetz über gefährdete Arten als gefährdet, und eine Gruppe von Wissenschaftlern unterschiedlichster Disziplinen rief eine Konferenz ins Leben mit dem Titel: »Liegt es an der Nahrung?«, die feststellte, dass die Bestandsrückgänge im Zusammenhang mit dem Nahrungsstress dieser Tierarten standen. Ich nahm an der Konferenz teil, auch wenn ich nicht eingeladen war – kein einziger Ureinwohner Alaskas war es. Die Wissenschaftler diskutierten dort ausschließlich in den Gruppen ihres jeweiligen Forschungsgegenstandes und erlaubten nicht den Austausch und den Einbezug von Informationen über die Fachgebietsgrenzen hinweg, wie ich es 1983 für unsere Konferenz vorgeschlagen hatte.

Im Jahr 1992 wurde die Plüschkopfente nach dem Endangered Species Act als gefährdet klassifiziert. Seit Mitte der Siebzigerjahre hat der Bestand von vier Arten von Seevögeln der Gattungen Lummen und Rissa-Möwen auf den Pribilofs um fünfzig bis achtzig Prozent abgenommen. Die Dreizehenmöwe in der Beringsee steht derzeit auf der Kategorie-II-Beobachtungsliste des US Fish and Wildlife Service. Heute könnten mehr als achtzig Arten betroffen sein, deren Rückgang den Wissenschaftlern und Wildhütern Rätsel aufgibt. Mittlerweile ließ man die Nordpazifische Pelzrobbenkonvention auslaufen und damit auch ihre vertragliche Bestimmung, die ein international koordiniertes Forschungsprogramm verlangt hatte. Die Anführer der Unangan hatten gefordert, diese Forschungsbestimmung in Kraft zu belassen, da der Bestand an Pelzrobben in ihrem gesamten Verbreitungsgebiet weiterhin extrem rückläufig blieb und die Ursachen dafür ohne diese Forschung nicht zu ergründen seien. Aber der Ruf um Hilfe für die Robben blieb unerhört.

Nachdem die Unangan den Kampf um den Schutz ihres Lebensunterhalts und um die Fortführung der internationalen Forschungsbemühungen verloren hatten, konzentrierten sich ihre Anführer nun auf die Durchsetzung des Rechts, sich als Unangan von Robbenfleisch ernähren zu dürfen. Seit über zehntausend Jahren war es ein Grundnahrungsmittel der Unangan gewesen. Einige Tierschutzgruppen sprachen sich dagegen aus, die bisherige Entnahme von etwa tausendsechshundert nicht geschlechtsreifen männlichen Robben (aus einer Population von fast einer Million) zum Lebensunterhalt weiterhin zuzulassen, und zwar mit der Behauptung, die Unangan könnten sich genauso gut im örtlichen Lebensmittelgeschäft mit Hamburgern, Fisch und Hühnchen eindecken. Als Folge warfen auch mehrere Kongressmitarbeiter die Frage auf, warum die Unangan unbedingt Robbenfleisch essen müssten.

Zwar blieb die Humane Society of the United States erfolglos bei ihrem Versuch, der Regierung Vorschriften abzutrotzen, die festgelegt hätten, welche Teile des Seebären als Lebensmittel von den Unangan gegessen werden dürften und welche nicht, aber es wurden Regeln und Vorschriften bezüglich der strengen Überwachung des Robbenfangs zur Deckung des Eigenbedarfs erlassen: Im Prinzip musste jede Robbe von einem Beamten gewogen werden, um sicherzustellen, dass kein Fleisch verschwendet wurde. Viele der Unangan-Ältesten waren außer sich und erinnerten daran, dass keine anderen amerikanischen Bürger ihre Lebensmittel von der Regierung abwiegen lassen mussten. Aber auch dieses Mal setzte man sich über die Argumente der Unangan hinweg und die meisten dieser Regelungen gelten noch heute.

Wegen des allgemeinen gesetzlichen Verbots des Verkaufs von Robbenfellen müssen die meisten Häute der zur Ernährung erlegten Tiere weggeworfen werden. Zwar wäre es den Inselbewohnern gestattet, die Felle für ihr traditionelles Kunsthandwerk zu verwenden, da es aber seit 1867 auf staatliche Anordnung hin diesbezügliche Einschränkungen gegeben hatte, waren die kunsthandwerklichen Traditionen mittlerweile verloren gegangen. Die Ironie dieser

Situation ist nicht nur für das Volk der Unangan offensichtlich: Tierschutzgruppen argumentieren leidenschaftlich gegen die Verschwendung von Robbenfleisch, haben aber kein Problem damit, dass die eigentlich nützlichen Felle in den Abfall geworfen werden. Mittlerweile haben die Ureinwohner angefangen, ihre ursprünglichen Verfahren zum Gerben von Robbenfellen wieder zu erlernen und arbeiten auch daran, sich ihre anderen aufgrund der US-Restriktionen verloren gegangenen traditionellen Fähigkeiten neu anzueignen.

Im Jahr vor dem Rückzug der Regierung von den Pribilofs sah sich die Führung der Unangan unter enormem Druck, schnelle Ansätze zur Schaffung einer neuen wirtschaftlichen Lebensgrundlage für die Menschen zu finden. Zwischendurch war die Situation dermaßen prekär, dass sogar Pläne geschmiedet wurden, für alle Dorfbewohner One-Way-Flugtickets zum Festland zu kaufen. Es gab sogar junge Männer auf Saint Paul, die über einen Austritt aus den Vereinigten Staaten nachdachten, um ihnen dann den Krieg zu erklären und die örtliche US-Küstenwache mit Waffengewalt zu übernehmen. Erst ein potenziell tragischer Pakt zwischen zwei Teenagern und einem Kind, gemeinsam den Freitod zu wählen, weckte die Dorfbewohner auf und ließ sie sich der Notwendigkeit bewusstwerden, in einer Atmosphäre von relativer Ruhe und Gelassenheit zusammenzuarbeiten.

Die Dringlichkeit der Situation veranlasste die Unangan-Führung, in ihren Entscheidungsprozessen große Risiken einzugehen. Sie warfen die konventionellen, westlich geprägten Ansätze der Wirtschafts- und Gemeindeplanung über Bord und entwickelten ihre eigenen. Als Erstes stellten sie sich der Herausforderung, auf Stammesebene das demokratische Standardsystem von »einer Stimme für jeden«, zu dem sie gezwungen worden waren, zu erweitern. Die Führung erkannte, dass auf diesem Weg keine Einigung unter den verschiedenen Leitungsgremien auf der Insel zu erzielen war, denn über die Jahre hatte sich ein tiefes Misstrauen entwickelt – jede Organisation hatte ihre eigenen Vorstellungen davon, was getan werden müsse, und alle wollten ihre eigenen Interessen durchsetzen. Daher wurde beschlossen, dass die Einheit und die notwendige Überwindung der Zerwürfnisse eine Fokussierung auf den Prozess nötig machten und nicht auf das Ziel.

Und so erinnerten sich die Menschen der Weisheit ihrer Vorfahren, die dem Weg der Entscheidungsfindung stets eine große

Bedeutung beigemessen hatten. Die westliche Gesellschaft hat fast ausschließlich das Ziel im Blick, weil ein prozessorientierter Ansatz viel mehr Zeit und Geduld erfordert. Die Hüter der Weisheit der amerikanischen Ureinwohner, Menschen, die als weise Traditionsträger galten, hatten hingegen seit jeher verstanden, dass, wenn ein Prozess, im richtigen Geist und aus der rechten Absicht heraus unternommen wird, das Ganze immer größer ist als die Summe seiner Teile und die individuellen Erwartungen übertreffen wird. Und so sahen die Anführer der Unangan ein, dass die Einigkeit und die Überwindung der Zerwürfnisse nur zu erreichen waren, wenn man sich im Entscheidungsprozess wieder als wahrhaftig gleichberechtigt respektierte.

Sie beschlossen, dass alle Vertreter der Gemeinde, also nicht nur die Verwaltungsorganisationen, sondern auch die Ältesten sowie der Unangan-Priester der örtlichen Pfarreigemeinde, mit gleichgewichtigem Vetorecht bei jeder wichtigen Entscheidung am Tisch der Entscheidungsfindung zusammenkommen sollten. Zunächst hatten die Anführer der Unangan starke Vorbehalte dagegen, jedem Vertreter solch ein Gewicht zuzusprechen. Das historisch gewachsene Misstrauen hatte sie Vorsicht gelehrt, wenn Entscheidungen aus Eigeninteresse und nicht aus einer altruistischen Sorge um das zukünftige Wohlergehen der ganzen Gemeinschaft getroffen wurden. Also einigte man sich auf die Regeln, dass es weder persönliche Angriffe noch persönliche Kritik innerhalb oder außerhalb des Kreises der Entscheidungsträger geben dürfe, dass keine abfälligen Begriffe oder herabsetzenden Verhaltensweisen geduldet werden sollten, die in irgendeinem Kontext etwas Negatives signalisierten, und dass vollkommene Ehrlichkeit herrschen musste. So sollte es den Anführern der Unangan gelingen, ihren traditionellen Werten des gegenseitigen Respekts und der Ehre im Entscheidungsfindungsprozess wieder Geltung zu verleihen – und es funktionierte. Die einzelnen Führungspersonen achteten darauf, ihre Macht nicht zu missbrauchen, und niemand sprach abfällig über andere, weil alle verstanden, dass ein derartiges Verhalten ihre Fähigkeit beeinträchtigen würde, die im Kreis der Entscheidungsfindung gemachten Vorschläge umzusetzen. Jeder hatte das Gefühl, gehört zu werden, und hörte zu, wenn im Kreis gesprochen wurde. Die Egos wurden beiseitegelegt und alle mit demselben Respekt behandelt. Den Beratungen räumte man so viel Zeit ein, wie es brauchte, um einen Konsens zu erzielen, denn die Leute am Tisch hatten verstanden, dass ohne einen solchen keine Entscheidung getroffen werden konnte. In dieser Zeit unternahm die Unangan-Führung nie dagewesene Anstrengungen, um die Gemeinde über den täglichen Fortschritt der Prozesse zu informieren.

Die Hüter der Weisheit, auf die sich die Unangan in dieser Krise stützten, sollten auf ganzer Linie recht behalten: Indem der Fokus vom Ziel auf den Prozess verlagert wurde, gelang es, Ergebnisse zu erzielen, welche die Erwartungen aller bei Weitem übertrafen. Zehn Jahre später hatte Saint Paul eine der stabilsten Wirtschaften aller ländlichen Gemeinden in Alaska entwickelt. Aber es war ein steiniger Weg und er verlangte beharrliche Anstrengung und Ausdauer.

19

Homer ist fort

»Lasst uns der Regierung der Vereinigten Staaten den Krieg erklären und uns von der Union lossagen!«, schlug ein aufgeregter junger Mann vor. Er war Teil einer Delegation von Männern im Alter zwischen siebzehn und siebenundzwanzig Jahren, die eine Anhörung bei einem von mir in letzter Minute einberufenen wichtigen Treffen der Anführer und Ältesten unserer Gemeinschaft gefordert hatten. Er war der älteste dieser Delegation.

Beamte der Washingtoner Regierung waren im Begriff, in die Tat umzusetzen, was diese ein Jahr zuvor angekündigt hatte: ihren Rückzug aus den Gemeinden auf den Pribilof-Inseln Saint Paul und Saint George. Die Regierung hatte keinerlei Lösungsansätze für das Überleben unserer Dörfer entwickelt – es war an uns herauszufinden, wie wir als Unangan-Gemeinden weiterbestehen könnten. Eine Zeit voller Verzweiflung war angebrochen.

Tief in mir fühlte ich, dass wir von unsichtbaren Kräften geführt wurden und dass alles, was von nun an geschehen würde, unumgänglich war, damit wir in die nächste Phase unseres Lebens und unserer spirituellen Reise eintreten könnten. Wir hatten unser Bestes getan, diesen Tag abzuwenden, aber weder unsere altbewährten Fertigkeiten und Fähigkeiten noch unsere Verpflichtung gegenüber unserem Volk oder unsere Beharrlichkeit konnten sich gegen die verborgenen Mächte stemmen. Ein großer Weber schien diesen Stoff menschlichen Dramas zu wirken, sodass uns nichts anderes übrigblieb, als uns für das Kommende warm anzuziehen.

Am Vorabend des offiziellen Rückzugsdatums versammelten sich alle Dorfvorsteher von Saint Paul im Rathaus, um das weitere Vorgehen zu planen. Wir wollten etwas gegen die Panik in der gesamten Gemeinde unternehmen, die angesichts der einschneidenden Veränderungen bereits um sich gegriffen hatte, und einen Weg suchen, auf dem eine mutlos gewordene Gemeinschaft wieder Hoffnung fassen könnte. Zwar wussten wir nicht, wie die Lage zur selben Zeit auf Saint George war, aber es war davon auszugehen, dass sie der unsrigen glich.

Jetzt sahen wir uns mit der Verzweiflung in unserer Gemeinschaft konfrontiert, die in diesen zornigen jungen Männern ihren Ausdruck fand. Ihr verbissenes Auftreten zeigte die Ernsthaftigkeit ihres Vorhabens. Als Vorsitzender der Versammlung wollte ich auch sie zu Wort kommen lassen, da unsere Entscheidungen sie genauso betreffen würden wie alle anderen.

»Wir wollen den Vereinigten Staaten den Krieg erklären und die Landebahn zerstören, sodass keine Flugzeuge hier landen können; wir werden bewaffnete Wachen rund um die Insel aufstellen und die Station der US-Küstenwache gewaltsam übernehmen! Wir fordern eure Unterstützung!«

Dieser Vorschlag sorgte bei der gesamten Versammlung der Ältesten, der Organisationschefs und der geistlichen Führer für betretenes Schweigen. Ich wusste, dass uns allen dasselbe durch den Kopf ging: Falls wir das hier nicht richtig anpackten, würden wir uns einer noch größeren Katastrophe gegenübergestellt sehen als jener, über die wir gerade diskutierten.

Ich hatte das Gefühl, dass es mir obläge, die Diskussion zu leiten – aber angesichts dieses Vorschlags war ich zum ersten Mal in meinem Leben völlig ratlos und wusste nicht, wie ich reagieren sollte. Der geringste Fehler hätte in unserem Dorf schwerwiegende

Probleme hervorrufen können. Wie die meisten unserer Gemeindeleiter fühlte auch ich mich erschöpft und gestresst – fast über die Grenzen der Belastbarkeit hinaus. Zum Zeitpunkt dieses Treffens hatte unsere gesamte Gemeinschaft ein Jahr unvorstellbaren Kummers durch Schmerz, Gewalt und Tod durchlebt und war in einem Zustand tiefer Depression und weitverbreiteter Verzweiflung. Darüber hinaus sah sich die Gemeinde in diesem angespannten und hektischen Jahr mit zunehmenden Selbstmorden, Morden, explodierendem Alkoholmissbrauch und häuslicher Gewalt konfrontiert. Die vier Polizisten, die Arzthelferin in der Krankenstation und unser fünfköpfiges Team von Rettungssanitätern waren ausgelaugt von den monatelangen Notrufen rund um die Uhr, auf die es zu reagieren galt. In einer Gemeinschaft dieser Größe sind alle wie eine Familie: Jede Tragödie geht uns auf einer zutiefst persönlichen Ebene nahe.

Die Szene mit den jungen Männern rief mir eine der zahlreichen Tragödien der letzten acht Monate in Erinnerung, von denen ich entweder gehört hatte oder an denen ich direkt beteiligt gewesen war:

Ich hatte in meinem Pickup neben dem Dorfladen gesessen. Das Autofenster war, wie es in unserem Dorf üblich ist, heruntergekurbelt, sodass ich mit Vorübergehenden ein kurzes Gespräch führen konnte, denn in dieser überaus schwierigen Zeit kamen ständig Leute auf mich zu, um von mir als einem der Gemeindevorsteher Hilfe oder Aufmunterung zu erhalten. Es gab keinen einzigen Ort, an dem ich nicht bei Tag oder Nacht von jemandem angesprochen wurde, der nach Hoffnung oder Zuspruch suchte. Also dachte ich mir auch nichts dabei, als ein zweiundzwanzigjähriger Mann, der offensichtlich einiges getrunken hatte, sich meinem Fahrzeug näherte. Seine Augen konnten nichts mehr fixieren, er taumelte und war kurz davor zu stürzen. Als er sich an die Tür meines Wagens lehnte, zog er eine Pistole vom Kaliber .22 heraus, lud sie durch und hielt sie mir mit den Worten an die Stirn: »Ich will Arbeit! Wenn du mir keinen Job gibst, werde ich dir deine verdammte Birne wegpusten!«

Ich war wie erstarrt. Ich kannte diesen jungen Mann gut und hatte ihn aufwachsen sehen. Er war schon immer etwas aufgewühlt gewesen, doch über Prügeleien und Alkoholkonsum hinaus hatte er sich nie etwas zuschulden kommen lassen. Dies hier war etwas anderes. Seine Verzweiflung und sein Gefühl des Ausgeliefertseins angesichts der verstörenden Ereignisse des letzten Jahres waren mehr als spürbar. Er konnte es einfach nicht mehr ertragen. Er war dermaßen betrunken, so voller Wut und Hoffnungslosigkeit, dass ich ihm durchaus zutraute, mich oder sich selbst zu töten. In einer solch dramatischen Notlage konnte jemand wie er genauso schnell sich selbst umbringen wie auch andere.

Mein Verstand suchte fieberhaft nach einer richtigen Antwort. Leute in der Nähe beobachteten ungläubig die Szenerie und hatten Angst, sich einzumischen – die Waffe hätte versehentlich losgehen und mich töten können. Ich musste selbst einen Ausweg finden. Sollte ich blitzschnell die Tür öffnen und ihn zu Boden zwingen? Vielleicht könnte ich auch seine Hand von meinem Kopf wegschleudern, wenn ich meinen linken Arm nur schnell genug nach oben schwingen würde!

Doch dann erklang eine deutliche Stimme in meinen Kopf – es war die Stimme meines schon vor langer Zeit verstorbenen, geliebten Großvaters Paul Merculieff, der sagte: »Sprich immer die Wahrheit!« Ich schluckte schwer, sah dem jungen Mann direkt in die Augen und sagte sanft, aber bestimmt: »Du bist betrunken. Du weißt genau, dass du auf diesem Weg keinen Job findest! Und wenn du mich erschießt, hast du auch nicht den Job, den du suchst. Es wird uns beide vernichten. Bitte geh nach Hause, werde nüchtern, und ich werde mit dir jederzeit und überall darüber reden.«

Innerlich war ich vollkommen verspannt, hielt den Atem an und wusste nicht, ob meine Worte ihn nicht doch dazu veranlassen würden, die Waffe abzufeuern. In diesem Moment wusste ich, dass ich akzeptieren würde, was auch immer geschähe. Jede Sekunde war die sprichwörtliche Ewigkeit. Doch schließlich senkte er die Waffe und taumelte davon. Im Gefühl größter Erleichterung verband sich mein Herz mit ihm. Ich wusste um seine Dämonen, und spürte, was er durchzumachen hatte.

Er wurde nie wieder nüchtern. Ich aber fiel in mein hektisches Arbeitstempo zurück – der erwartete Abzug der Regierung nahm mich wieder voll in Beschlag – und schenkte dem Vorfall keine weitere Beachtung mehr. Zwei Wochen später, als ich neben meinem Haus an meinem Boot arbeitete, ging er an mir vorbei. Er wohnte zwei Häuser weiter. Wir grüßten uns. Ich wusste nicht, dass er kurz vor dieser Begegnung auf seinem Nachhauseweg gerade von einer Klippe gestürzt war. Am nächsten Tag starb er an den

Folgen seiner inneren Blutungen. Mich überkam eine tiefe Trauer. Ob ich etwas hätte tun können, um seinen Tod zu verhindern? Dieser Gedanke verfolgte mich noch Jahre; Klarheit darüber werden ich niemals erlangen.

Eines anderen Tages, als ich abends durch das Dorf fuhr, hörte ich aufgeregte Schreie und hielt dort an, wo diese herkamen. Es war meine Cousine. Als sie mich entdeckte, lief sie auf meinen Wagen zu und schrie wie wild: »Mein Bruder versucht sich unten am Dock umzubringen! Hilf mir! Hilf mir!« Ihr Blick war äußerst wild, ihr langes Haar vom starken Wind verweht und ihr Gesicht vom Schreien verzerrt. Sie sah aus wie von einem Dämon besessen.

Ich ließ sie stehen und raste hinunter zum westlichen Landungsdock. Tatsächlich stand dort Tata halbnackt und bis zu den Hüften im Wasser, während zwei Männer sich abmühten, ihn zurück ans Ufer zu zerren. Ich sprang aus dem Auto, um den Männern zu helfen, doch die beiden hatten ihn bereits an Land gebracht. Das Wasser der Beringsee war bitterkalt und die Nacht, in der diese Tragödie geschah, fühlte sich unheilvoll an. Tata schluchzte unkontrolliert: »Ich will sterben! Lasst mich sterben!« Die Männer brachten ihn zu einem Lastwagen und fuhren los. Später erfuhr ich, dass es ihm dank dieser Freunde, die ihn nicht allein gelassen hatten, bis die Krise vorüber war, wieder besser ging. Ironischerweise war er es, der einige Zeit später, an einem sehr frühen Morgen, im Alleingang zwei Teenager und ein Kind davon abhielt, gemeinsam genau dasselbe zu tun. Die Entschlossenheit dieser Kinder sich umzubringen, war derart stark, dass sie ihn traten und kratzten, als er sie ans Ufer zurücktrieb. Er hat ihnen das Leben gerettet.

Ja, dieses Jahr des Schreckens sollte den Charakter unseres Volkes und unsere Gemeinschaft tiefgreifend und für immer verändern.

Als ich mich wieder auf die Versammlung der Dorfvorsteher konzentrierte, nahm ich wahr, wie das Schweigen und die Spannung im Raum zunahmen. Diese jungen Männer standen da in fester Entschlossenheit, wie Krieger, die nur noch auf den Segen der Ältesten warten, um in den Kampf zu ziehen. Wer konnte es ihnen verübeln, dass sie das Gefühl hatten, die US-Regierung habe uns im Stich gelassen? Erst waren wir ihre gefangen gehaltenen Arbeitskräfte gewesen, dann mehr als hundert Jahre lang ihre hart schuftenden Bediensteten.

Ich musterte diese jungen Männer genau und beobachtete gleichzeitig die Gesichtsausdrücke der Gemeindevorsteher. Ich hatte das Gefühl, Zeuge eines historischen menschlichen Dramas zu sein. Mir war klar, dass ich mich für immer an diesen Moment erinnern würde – ein weiterer ultimativer Test für den Charakter meines Volkes.

Ich fragte mich, ob auch uns das auszeichnete, worüber unsere Vorfahren verfügt hatten, das, was es ihnen ermöglicht hatte zu überleben, sodass wir in dieser Nacht in diesem Raum zusammenzusitzen konnten. Wie die Juden hatten auch unsere Vorfahren einen Holocaust durchlebt; wie die Afroamerikaner hatten auch wir Versklavung durchlitten; wie die Amerikaner japanischer Abstammung hatten auch wir während des Zweiten Weltkriegs eine Zwangsumsiedlung über uns ergehen lassen müssen. Aber anders als die Letzteren hatten wir dabei zehn Prozent unseres Volkes verloren: Säuglinge und Älteste. Meine Großmutter Alexandra überlebte jenes Lager nicht. Ihre sterblichen Überreste liegen, zusammen mit denen der anderen, die in den zwei Jahren der Internierung dort starben, noch immer auf Admirality Island, unter russisch-orthodoxen Kreuzen begraben. Und trotz all dieser Herausforderungen haben sich unsere Vorfahren mit größter menschlicher Geisteskraft behauptet. Es ist ein Zeugnis eines bemerkenswerten Volkes.

In jenem Moment und in jenem Raum erlebten wir, die Anführer und die zornigen jungen Männer gemeinsam, einen Prozess, der den Einsatz unseres Herzens verlangte, nicht unseres Kopfes, wenn wir weitere Tragödien verhindern wollten. Letztendlich ergriff ein »Ältester in Ausbildung« das Wort. Ich kannte ihn seit vielen Jahren als einen Bruder und Mentor, der mir geholfen hatte, die Jagdmethoden der Unangan zu erlernen. Sein Name war Mike Zacharof, von seinesgleichen »Dead Eye« genannt, nicht nur wegen eines trägen, zur Seite schielenden Auges, sondern auch, weil er zu seiner Zeit ein geschickter Schütze gewesen war. Alles, was er bei der Jagd für seinen Lebensunterhalt ins Visier genommen hatte, war dem Tod geweiht.

»In Ordnung«, sprach Mike mit ruhiger und fester Stimme, »wir stimmen zu. Wir wollen uns darauf einigen, der Regierung der Vereinigten Staaten den Krieg zu erklären und die Küstenwache zu übernehmen, aber nur unter einer Bedingung: Ihr müsst es in der Art unseres Volkes tun.«

Die Führer und Ältesten schwiegen weiterhin und beobachteten die surreale Szene, nicht ahnend, was Mike vorhatte. Niemand mischte sich ein. Mit einem solchen Votum hatten die jungen Männer offensichtlich nicht gerechnet. Sie wussten genau um die unverschämte Kühnheit ihres Plans und dass die Anführer ihn nicht akzeptieren würden. Einen solchen Erfolg hätten sie sich niemals erhofft.

Also berieten sich die jungen Männer kurz, um zu entscheiden, ob sie Mikes Bedingung annehmen oder ablehnen sollten. Die Entscheidung war schnell gefällt; sie wollten die Gunst des Augenblicks nutzen und willigten ein.

Mike sagte: »Nun gut, hier ist der Plan: Wir nehmen ein Gewehr, geladen mit einer einzigen Kugel, gehen damit hinaus zur Station der Küstenwache, geben unseren Schuss in die Luft ab und erklären der Regierung der Vereinigten Staaten den Krieg – und sofort anschließend ergeben wir uns!« Vor Erstaunen wussten die jungen Männer nichts zu antworten, und wir Anführer waren von diesem Vorschlag gleichermaßen verblüfft.

Mike fuhr fort: »Schaut mal: Jeder weiß doch, dass, wer auch immer sich mit den Vereinigten Staaten im Krieg befindet und dann kapituliert, alles an Auslandshilfe erhält, was man sich wünschen kann! Auf diese Weise verlieren wir und gewinnen wir – was wollen wir mehr?«

Alle, auch die jungen Männer, mussten über diese verdrehte, aber auf merkwürdige Art ebenso weise Logik lauthals lachen. Wir lachten, bis uns die Tränen kamen – teils aus Erleichterung über die Auflösung der angespannten Situation, teils aus purer körperlicher und emotionaler Erschöpfung und teils auch, weil wir erkannten, dass wir wie Schauspieler in einer Szene agierten, die seltsamer als jede Fiktion und absolut filmreif war. Wie so häufig bei früheren persönlichen und gemeinschaftlichen Prüfungen und Schwierigkeiten hatte der Humor der Unangan die Oberhand gewonnen.

Die Gruppe der jungen Männer erkannte die Weisheit, die sich in jenem Raum gezeigt hatte, und ließ uns unsere dringenden Beratungen weiterführen, denn es war sprichwörtlich fünf vor zwölf – die US-Regierung hatte angekündigt, sich hoheitlich und physisch bis zum Ende des nächsten Tages, dem 28. Oktober 1983, von unseren Inseln zurückzuziehen. Nicht wissend, welche Folgen eine Ablehnung des Vorschlags der jungen Männer gehabt hätte, waren wir dankbar, dass wir ihrer Forderung nicht hatten folgen müssen.

Nach unserer Schätzung würde es mindestens fünf Millionen Dollar pro Jahr kosten, Saint George und Saint Paul als Gemeinden weiterzuführen: um die kostspielige Infrastruktur aufrechtzuerhalten, welche die Regierung auf beiden Inseln aufgebaut hatte, und um in Seattle Lebensmittel zu kaufen und per Schiff herzutransportieren.

In diesem Moment befürchtete einfach jeder im Raum, dass es uns nicht gelingen würde, unser Dorf zu retten. Die drei Millionen Dollar, die Saint Paul brauchte, war eine Menge Geld für Menschen, die bisher von Regierungszuteilungen, Subventionen, Minimallöhnen und traditionellen Lebensmitteln wie Heilbutt, Robbenfleisch, Rentieren und Enten gelebt hatten. Es galt, auf das Schlimmste vorbereitet zu sein, und so planten wir als Fallback-Lösung, für alle Dorfbewohner beider Gemeinden Tickets für einen Hinflug nach Anchorage auf dem Festland zu kaufen. Nur für alle Fälle. Einen darüberhinausgehenden Plan, was zu tun wäre, wenn wir zu Flüchtlingen in jener Stadt werden würden, gab es nicht. Das Stadtleben war und bleibt so vollkommen verschieden vom Leben auf unseren beiden winzigen, abgelegenen und ursprünglichen Inseln – bewohnt von zwei Millionen Seevögeln, einer Million Nördlicher Seebären sowie siebenhundert Unangan auf Saint Paul und einhundert auf Saint George.

Ich konnte mir einfach nicht vorstellen, wie wir Unangan in einer Stadt überleben sollten. Wir hatten seit zweihundert Jahren auf diesen abgelegenen Inseln gelebt, und unter den Kolonialregierungen war es uns bis Anfang der 1970er-Jahre nicht erlaubt gewesen, eigenständige Entscheidungen zu treffen; wir hatten kein Geld, wegen der chronisch unterbezahlten Saisonarbeit keine Ersparnisse und uns immer hauptsächlich von traditionellen Lebensmitteln ernährt. Wäre unser Volk wirklich zur Evakuierung gezwungen, hätte es in einer Welt der Schmerzen zu leben und viele würden ihre Entwurzelung in der Stadt nicht überstehen.

Wir mussten einfach Erfolg haben. Scheitern war keine Option.

So nahm ich all meinen Mut zusammen und sprach in nüchternem Ton: »Auch wenn wir selbst gerade keine Lösungen haben, müssen wir unserem Volk Hoffnung vermitteln. Das, was uns immer zusammenhalten ließ, ist, dass wir die Dinge als Volk gemeinsam angepackt haben. Wir sollten eine Parade abhalten.

Holen wir alle Leute raus auf die Straße, zeigen wir ihnen und uns, dass wir auch dies gemeinsam bewältigen und zusammenhalten werden, ganz egal, was uns erwartet.«

Sam, in dessen Stimme die Schwere des letzten Jahres mitschwang, wandte ein: »Was gibt es denn überhaupt zu feiern? Dass die Regierung sich zurückzieht? Ich bezweifle, dass eine Parade angemessen ist.« Die Unsicherheit und die Angst, die wir alle empfanden, waren aus seinen Worten herauszuhören.

»Sam hat recht! Wir können nicht feiern. Wozu diese Katastrophe noch zelebrieren!«, sagte Jimmie wütend.*

»Nun, du magst recht haben und wir haben vielleicht tatsächlich nichts zu feiern«, antwortete ich. »Aber warum denn nicht unsere Vorfahren mit dieser Parade ehren, die so viel durchlitten und es trotzdem geschafft haben? Wir könnten sagen, diese Parade soll uns daran erinnern, welche Stärke die Unangan in sich tragen, wenn wir wie unsere Vorfahren zusammenhalten, die sogar schlimmere Zeiten durchgemacht haben als wir.«

Schweigen.

Dann meldete sich Mike zu Wort: »Ja, vielleicht könnten wir das machen.« Die Entscheidung wurde gefällt. Wir wollten eine Parade zum Gedenken und zur Ehrung des Vermächtnisses und des Muts unserer Vorfahren abhalten, die furchtbare Zeiten zu erleiden und sich doch irgendwie durchgesetzt hatten. Ich sollte etwas für eine Gedenktafel aufschreiben, die wir neben dem Symbol der Regierungskontrolle anbringen wollten, dem großen Regierungsgebäude, in dem die Regierungsvertreter seit dem späten neunzehnten Jahrhundert als unsere Herren gelebt hatten. Von der staatlichen Werkzeughalle im Industriebereich aus wollten wir am nächsten Vormittag um elf Uhr durchs Dorf ziehen.

Zur vereinbarten Zeit war ich vor Ort. Angekündigt hatten wir die Parade über UKW-Radio, und ich hatte Tony Smith, unseren Anwalt, sowie einen Reporter für die *New York Times* zu dem Umzug eingeladen. Tony, ein ehemaliger Navy Seal, der in Vietnam gedient hatte, setzte sich als unser Anwalt seit einem Jahrzehnt für uns ein. Er war ein brillanter Stratege und Lobbyist, Qualitäten, die sich später bei unseren Bemühungen, unsere Zu-

* Dieser Bericht beruht auf meiner Erinnerung. Einige Einzelheiten mögen sich von meiner Schilderung minimal abweichend zugetragen haben. Um niemandem zu nahe zu treten, habe ich daher, mit wenigen Ausnahmen, fiktive Namen für beteiligte noch lebende Personen verwendet.

kunft zu sichern, als immens wertvoll herausstellen sollten. Wir waren gute Freunde geworden, als wir in den 1970er-Jahren im Rahmen einer Aktionärsklage zusammengearbeitet hatten, die ich gegen unsere regionale Körperschaft angestrengt hatte, eine vom US-Kongress auf Basis des Alaska Native Claims Settlement Act geschaffene Behörde. Mit Tonys Hilfe, der damit ein großes Risiko für seine berufliche Karriere als Jurist eingegangen war, deckten wir in dieser Körperschaft korrupte Praktiken auf und gewannen schließlich den Rechtsstreitvor dem Obersten Gerichtshof des Bundesstaates.

Ich war besorgt, denn ich wusste nicht, ob unsere Parade wirklich zustande kommen würde. Die Nacht über hatten Widdy Shreves, ein vom Festland stammender Unterstützer unserer Sache, und ich an der Inschrift der Gedenktafel gearbeitet, die wir auf einem großen Stein vor dem Gebäude der Regierung anbringen wollten. Uns schien es angemessen, neben diesem Symbol der Unterdrückung eine Gedenktafel zu Ehren unserer Vorfahren zu haben – wir wollten an deren Mut und Lebenswillen erinnern, Eigenschaften, die unser Hiersein überhaupt erst ermöglicht hatten.

Wir warteten eine geschlagene Stunde auf weitere Teilnehmer und Teilnehmerinnen unserer mobilen Gedenkfeier. Als mir klar wurde, dass niemand kommen würde, sank mir das Herz in die Hose. Und doch fühlte ich mich als Gemeindevorsteher dazu verpflichtet, Mut zu demonstrieren. Allen Hindernissen zum Trotz wollte ich diese Parade durchziehen, und wenn sie nur aus einem einzigen Fahrzeug bestehen würde. Exakt in dem Moment sah ich jemanden die Straße hinunter auf uns zukommen: Es war Anthony Melovidov, den wir zärtlich Antooney nannten.

»Ich hole das Feuerwehrauto für die Parade raus«, sagte er lässig. Ich war beschwingt und erleichtert, nicht der einzige Dummkopf zu sein, der diese Geschichte durchzog. In der Hoffnung, dass sich uns nun doch noch ein paar andere anschließen würden, warteten wir eine weitere halbe Stunde – vergeblich. Es kam niemand mehr. Also gab ich das Zeichen zum Losfahren und Antooney startete das alte rote Feuerwehrauto mit allem Drum und Dran: Er ließ die Sirene heulen und das rote Blinklicht flackern. Was zum Kuckuck sollte das für eine Parade sein, mit nur zwei Autos, von denen eines auch noch ein »offizielles« Fahrzeug war?

Nach zweihundert Metern gesellte sich ein weiteres Auto zu uns, dann noch ein Motorrad und dann sogar ein Lastwagen.

Meine Stimmung hellte sich auf. Ich dachte: Es könnte also doch noch funktionieren! Ein weiteres Auto, ein großes Geländefahrzeug, schloss sich uns an, dann ein weiteres und wieder eins, bis sich schließlich so ziemlich alles, was zwei, drei oder vier Räder hatte, an der Parade beteiligte. Es wurde gehupt, Menschen riefen Parolen. Oberstufenschüler hatten, ohne dass wir davon wussten, Plakate angefertigt mit Slogans wie: »Aleuten sind Überlebende!!!«, »Aleuten sind stark«, »Aleuten wird es immer geben!« und »Gedenkt unserer Vorfahren!« Die Schüler saßen auf der Ladefläche von Pickup-Trucks. Ich wusste, dass Edna Philemonof, meine Cousine, die Schüler dazu angestiftet hatte – die gute Seele.

Und dann, im ergreifendsten und bewegendsten Moment dieses Dramas voller ergreifender und bewegender Momente, wusste ich: Wir werden es schaffen und nichts kann uns aufhalten. Die älteren Gemeindemitglieder schwenkten weiße Geschirrtücher, schlugen auf Töpfe und Pfannen und brüllten: »*Homer* ist fort! *Homer* ist fort!« Unerklärlicherweise taten alle Alten im Dorf dasselbe, ohne sich darüber abgesprochen zu haben. Diese schönen und weisen Menschen, die in ihrem Leben so viel durchlitten hatten, zeigten uns, dass wir Grund zur Hoffnung haben konnten. Jeder auf der Insel verstand die Symbolik der weißen Geschirrtücher, des Lärmens mit Töpfen und Pfannen und des Ausrufs »*Homer* ist fort!« Diese Ältesten ließen ein Ritual wiederaufleben, das die Unangan der Pribilofs in den 1920ern jährlich zelebriert hatten. Damals, als der verhasste Regierungsvertreter jeweils am Ende der Robbenjagdsaison an Bord des Schiffes *Homer* ging, um erst im Mai oder Juni des darauffolgenden Jahres wieder zurückzukehren, feierten die Bewohner dieses Ereignis, indem sie auf Töpfe und Pfannen schlugen, mit weißen Geschirrtüchern wedelten und riefen: »*Homer* ist fort! *Homer* ist fort!« Mein Herz schien vor Freude zu platzen, so stolz war ich auf diese Menschen an diesem schicksalhaften Tag.

Zum Abschluss der Parade versammelten wir uns alle im Hof des Regierungshauses vor einem großen Basaltblock, den ich dort hatte aufstellen lassen. An diesem Felsbrocken war die am Abend zuvor angefertigte Gedenktafel mit den Worten zu Ehren unserer Vorfahren angebracht. Es war ein solch kraftvoller Augenblick – das Herrenhaus als Symbol für das Joch der Knechtschaft, das die US-Regierung unserem Volk über hundert Jahre zuvor auferlegt hatte. Wir beteten und lasen die Inschrift auf der Gedenktafel:

Unangan wayaamulux ngan kayutuugan ixtakun
(Mögen die Unangan stark sein für die Zukunft)

> So sollt ihr alle wissen: Nach einhundertsechsundneunzig Jahren des tapferen Kampfes, der Zeiten der Sklaverei, des Völkermords, der Krankheiten, der bitteren Armut und der Fremdherrschaft, Herausforderungen, unter denen sich die Unangan mit größter menschlicher Geisteskraft behauptet haben, ist ihr Traum, ihr eigenes Schicksal bestimmen zu können, am 28. Oktober 1983 Wirklichkeit geworden.
>
> Zum Gedenken an dieses historische Ereignis ehren wir den Willen und den Geist aller Unangan, deren Überleben auf Saint Paul zur Inspiration jeder Generation von Anführern wurde, die den Kampf von den Ufern dieser Insel bis hin zu den Stufen der Hauptstadt unserer Nation trugen.

Als einen weiteren Beweis der Stärke, des Muts und der Weisheit meines Volkes wurde beschlossen, den 28. Oktober als Unabhängigkeitstag der Unangan zu feiern. Die Menschen auf der Insel Saint Paul nahmen einen dunklen Tag, verwandelten ihn in etwas Positives und feiern ihn seither Jahr für Jahr.

Dieser Teil der Geschichte wäre nicht vollständig ohne die wertschätzende Erwähnung der Anführer, die in jener Zeit an der historischen Entscheidungsfindung auf Saint Paul beteiligt waren: Mike Zacharof, John R. Merculief,* Victor Merculief, Anthony Philemonoff, Alexander Galanin, Douglas Melovidov und unser hochverehrter Ältester, seine Hochwürden Pater Michael Lestenkof. Alle diese Männer bewiesen unter unglaublich herausfordernden Umständen Mut und Weisheit.

* Die Namen Merculieff und Merculief deuten an, wo wir geboren wurden. Es ist quasi die Unangan-Postleitzahl, die unserem Volk auf den Pribilofs aufgezwungen worden war, weil es in den Gemeinden von Saint Paul und Saint George derart viele identische Namen gab, dass immer wieder Postlieferungen vom staatlichen Versorgungsschiff falsch zugestellt wurden. Um diesen Verwechslungen entgegenzuwirken, verkündete die Regierung kurzerhand, alle auf Saint George geborenen Personen dürften nur ein F in ihrem Namen tragen.

20

Eine andere Art von Tod

1984 sollte eines der emotional aufgeladensten Jahre meines Lebens werden. Mein Aatschaa, also mein Mentor in Sachen Unangan-Traditionen und einer der wichtigsten Männer, denen ich je begegnet bin, lag am Neujahrstag im Sterben. Meine Frau Phyllis, die diesen Mann genauso liebte wie ich, begleitete mich zum Haus meines Aatschaas und meiner Tante Sophie. Vor diesem Moment hatte ich mich lange gefürchtet; meine Brust zog sich zusammen und meine Atemzüge wurden kürzer. Ich wusste nicht, was mich erwartete. Die gesamte Großfamilie einschließlich seiner Frau hatte sich versammelt. Dieser einst so lebenstüchtige, starke, weise, gütige und intelligente Mann lag nun, nachdem er tagelang unter schrecklichen Schmerzen gelitten hatte, bewusstlos auf seinem Bett und starb an Magenkrebs. Abgezehrt und hinfällig lag er da, sein Gesicht zu einer schrecklichen Grimasse verzogen. Geradezu unter Schock und in tiefer Trauer schnappte ich nach Luft und schlich mich schnell ins Badezimmer: Ich schluchzte derartig, dass mein Körper unkontrolliert zu zittern begann. Es war gerade mal eine Woche her, dass er noch auf den Beinen war und Fotos gemacht hatte, als wir alle zusammen im Gemeindehaus Weihnachten feierten. Mein Aatschaa liebte es, die Kinder in ihren Weihnachtskostümen zu fotografieren; soweit ich zurückdenken kann, hatte er dies Jahr für Jahr getan.

Nach seinem Hinscheiden war meine Tante seltsam friedlich. Ich konnte dies nachvollziehen – sie hatte all sein Leid gesehen. In ihrer über vierzig Jahre dauernden Ehe hatten sie sich sehr geliebt. Wie sie während ihrer ganzen Ehe spielerisch miteinander umgegangen waren und sich gegenseitig geneckt hatten, als wären sie frisch verheiratet, hatte mich immer wieder verblüfft. Sie waren wahrhaft schöne und zutiefst liebevolle Menschen.

Meine Tante erzählte mir eine Geschichte, die sich in der letzten Woche seines Lebens abgespielt hatte. »Ich musste ihn oft beim Gang ins Bad begleiten«, erzählte sie. »In der letzten Woche konnte er aber nicht mehr laufen, und so krochen wir gemeinsam auf allen Vieren ins Badezimmer. Auf halbem Weg begann er zu lachen, und sein Lachen steckte mich an! Er sagte auf Unangam Tunuu: ›Aiyakaax, ich kann dir noch nicht einmal mehr dabei helfen, mir zu helfen!‹, und lachte noch mehr. Wir beide lachten so sehr.«

Ich schaute in das schöne Gesicht meiner Tante Sophie und sah ihre lächelnden und gleichzeitig traurigen Augen, als sie sich dieses zutiefst privaten Moments unglaublicher Würde und Liebe erinnerte, die sie miteinander teilten. Sie hatten in einer Zeit äußersten Schmerzes Kraft gefunden – durch Humor und die Hingabe an die Wirklichkeit dessen, was geschah.

Sein letzter Anblick, bevor er starb, wird mir immer im Gedächtnis bleiben: Phyllis saß neben seinem Bett und hielt seine Hand. Sie ließ sie nicht mehr los, bis er Stunden später starb.

Nach dem Tod meines Aatschaas erinnerte ich mich an jeden meiner verstorbenen Bekannten und Verwandten. Da war »Old Man«, Alex Melovidov, einer der besten Freunde meines Vaters, ein charismatischer Anführer, Hauptmann der Nationalgarde und Vater von sechs Kindern; dann mein Onkel Iliodor, oder Eddie, der gemeinsam mit all den anderen großen Männern der 1950er-Jahre den Mut gehabt hatte, unser Volk in seinem Kampf für Unabhängigkeit und Freiheit aus der Knechtschaft zu führen; und weitere, so viele meines Volkes, die ich kannte, die unterdessen gegangen waren und die Zeiten größter Not durchlitten hatten. Viele von ihnen waren mit englischen oder Unangan-Spitznamen geehrt worden: »Half Can«, Poopoochee, Perscodia, Pinky, Apaloon, »Snuff Can«, Elary Gromoff der Ältere, »Tweet«, »Kusukux«, »Cowax«, mein Onkel George Zacharof, der von einem Fischerboot fiel und ertrank, mein Onkel Isaac Philemonof, »Andeethah«, »Yakuu«, Aggie Galationoff, eine weise Älteste, Victor Misikin, der jahrzehntelang den harten Job des von der Regierung eingesetzten Vorarbeiters innehatte, »Totskootchah«, Joe Melovidov, »Coffee Dan«, Zachar, gestorben an einer Überdosis Hustensaft, Jacob Pletnikof, der sich im Jahr davor das Leben genommen hatte, Johnny Krukoff, der ermordet wurde, Metrofan, Leonty, Ya Top, Useenewyax, Iliodor Kozloff und seine Frau Virginia, John Hapoff und Maxim Buterin. Ein besonderer Platz in meiner Erinnerung gehörte jenen, die ich so sehr liebte: meiner Mutter, Stefanida, meinem Vater, John Paul Merculieff, meinem Aatschaa, Nick

Stepetin, und meiner Tante Sophie, meinem Onkel Sergie Shiashnikoff und seiner Frau, meiner Patin, Nadesda, die mich immer zum Zelten, zu Picknicks oder zum Beerenpflücken mitgenommen hatte, meinem Großvater Paul Merculieff, der nur gute Worte für alle seine Enkelkinder hatte, und all den anderen Tanten und Onkeln, denen ich begegnet war. Die meisten dieser Erwachsenen hatten sich mir gegenüber verhalten, als sei ich ihr eigenes Kind, und wenn wir uns auf der Straße trafen, begrüßten sie mich mit einem Lächeln und lobenden, wertschätzenden Worten.

Der Tod meines Aatschaas, der mich so erschüttert hatte, sollte ein dunkles Omen dessen sein, was mich in dem Jahr noch erwartete. Dieser Mann hatte mir die Welt bedeutet und ich war voller Liebe für ihn.

Ich befand mich noch immer in einer Art Genesungsphase von der furchtbaren Zeit des Rückzugs der Regierung und in Trauer über den Verlust meines Aatschaas, als meine Frau mich einen Monat später wissen ließ, sie werde mich verlassen. Mein Herz war am Zerbrechen.

Keine Woche später zog Phyllis aus und nahm unsere beiden kleinen Töchter mit sich. Ohne die Geräusche der Kinder und meiner Frau fühlte sich das Haus leer an, eiskalt und tot. Obwohl ich absolut entgeistert war, ging ich am nächsten Tag zur Arbeit. Als Präsident der Dorfgemeinschaft konnte ich die vielen dringenden Geschäfte nicht aufschieben. Ich ging also ins Gemeindehaus, schloss meine Bürotür hinter mir und stand nur zitternd da. Der emotionale Schmerz schien größer als das Leben selbst zu sein. Ich verließ das Büro wieder und ging zurück nach Hause.

Drei Tage später klingelte das Telefon und ich nahm ab. Am anderen Ende hörte ich ein Vorstandsmitglied der Dorfgemeinschaft sagen: »Larry, der Vorstand ist besorgt und fragt sich, ob du noch in der Lage bist, die Gemeindeverwaltung zu führen. Wir wollen uns mit dir treffen und machen uns auf den Weg zu dir.« Ich war erschrocken, denn ich befand mich noch immer in einem Zustand emotionaler Zersplitterung. Zwanzig Minuten später standen fünf Mitglieder des Vorstands vor meiner Tür.

Einzig Johnny, der die Gruppe anführte, ergriff das Wort. Die anderen schauten derweil auf den Boden. »Larry, es macht den Eindruck, dass du momentan nicht in der Lage bist, die Leitung der Gemeindeverwaltung weiterzuführen. Der Vorstand schlägt vor, dass ich an deine Stelle trete.«

Die Einwohnerzahl des Dorfes war sehr klein und so wussten alle, was mit mir los war. Aber dass auch einige sehr politische Motive im Spiel waren, lag auf der Hand. Darüber, dass diese Unangan-Kameraden gerade in einer für mich so leidvollen Zeit einen solchen Schritt unternahmen, packte mich der Zorn. Ihr Vorschlag forderte mich heraus. Ich sagte ihnen, dass mit mir alles in Ordnung sei und ich in ein paar Tagen meinen Job wieder aufnehmen würde.

Tatsächlich fand ich mich am nächsten Montag wieder im Büro ein, doch ich war ein zutiefst aufgewühlter Mann. Meine politischen Kontrahenten in der Gemeindeverwaltung, die erkannt hatten, dass ich mein Selbstvertrauen, das mich seit fünfzehn Jahren als Führungskraft auszeichnete, verloren hatte, übernahmen die Kontrolle: Mir wurde mitgeteilt, dass ich nicht länger der Präsident sei.

Ich hatte also gerade meine Familie verloren, davor einen der wichtigsten Männer in meinem Leben und nun auch noch meinen Job. Drei Jahre lang war ich der Geschäftsführer der Körperschaft, anschließend sechs Jahre lang deren Präsident gewesen. Ich hatte die Geschäftszweige ins Leben gerufen, die den Grundstein für den finanziellen Erfolg der kommenden Jahre bildeten. Ich hatte Herz und Seele in diese Arbeit gesteckt, weil ich meinem Volk verpflichtet war und ich auf diese Art etwas zurückgeben wollte. Jetzt aber war all das nur noch Geschichte.

In dieser Zeit entschied sich meine siebenjährige Tochter Leatha, dass sie lieber bei mir wohnen wollte. Leathas Anwesenheit zwang mich, auf dem Boden und zentriert zu bleiben, auch wenn alles, innen wie außen, auseinanderzufallen drohte. Eine Zeit lang funktionierte das. Ich kochte ihre Lieblingsgerichte, kaufte ihr ein Kaninchen und fuhr mit ihr in den Ferien in ein Skigebiet südlich von Anchorage. Doch kurz nach unserer Rückkehr brachen mehrere starke Märzstürme über die Insel herein, mein Ofen ging eines Tages kaputt und die Heizungsrohre froren ein, bevor ich ihn reparieren konnte. Und dann fegte ein Sturm mit einer Windgeschwindigkeit von über einhundert Stundenkilometern einen Teil meines Hausdaches davon. Ich erinnere mich noch gut, wie sich der Schnee im Wohnzimmer türmte. Leatha und ich mussten auch im Bett warme Winterkleidung tragen. Eines Nachts hörte ich, wie Leatha in ihrem Zimmer weinte. Ich ging zu ihr und sah sie schluchzend in einer Ecke des Zimmers stehen.

In dem Moment zerbarst der verbliebene Rest meines Herzens in eine Million Stücke. Der Schmerz dieses wunderbaren Kindes überwältigte mich. Ich erkannte, dass es besser für sie war, bei ihrer Mutter und ihrer Schwester zu leben. Gegen Mitternacht setzte ich Leatha bei Phyllis' Haus ab. Mir war übel und ich war erfüllt von Schuldgefühlen, Wut und einem extremen Verlustgefühl. Mein Verstand haderte mit dem Gedanken, dass ich nicht für meine Tochter da sein konnte, wie sie es brauchte. Mein Leben schien ein wütender Sturm zu sein. Alles war verloren: meine Familie, mein Aatschaa, mein Job und all meine Glaubwürdigkeit. Und nun hatte ich auch meine Lebenslust eingebüßt. Ich verließ Phyllis' Haus und fuhr durch die dunkle, leere Nacht.

Wie lange genau ich draußen an der Nordspitze der Insel in meinem Truck gesessen habe, weiß ich nicht mehr. Und ich kann mich auch an kein Geräusch erinnern bis zu dem Moment, als ich über den Sitz griff, um meinen Revolver zur Hand zu nehmen. Da hörte ich in der Ferne den Ruf eines Tieres: »Yip. Yip.« Dieses nächtliche, hohe, in kurzen Lauten ausgestoßene Bellen kannte ich gut: Es war der Ruf eines einsamen Polarfuchses. Schon immer hatte ich mich allein und merkwürdig melancholisch gefühlt, wenn ich einen von ihnen in der Dunkelheit rufen hörte, aber an jenem Abend war die Wirkung noch einschneidender.

Ich stieg aus und ging in Richtung des Geräusches, doch unter dem Nordhügel war nur eine Nebelbank zu erkennen. In einer solchen kalten Winternacht war Nebel an sich schon unerklärlich, eine einzelne Schwade aber in einer ansonsten klaren Nacht war äußerst ungewöhnlich. Fast wie Wolken im Mondlicht schien diese einsame Nebelbank ein fluoreszierendes Silber auszustrahlen.

Das Rufen des Fuchses setzte sich fort. Auf einmal begann die Nebelbank, sich langsam auf mich zuzubewegen und das Fuchsgebell kam direkt aus ihrer Mitte. Der Nebel näherte sich mir bis auf zweihundert Meter, der Ruf des Fuchses wurde lauter und lauter.

»Jetzt verliere ich den Verstand!«, sagte ich laut in die Nacht hinein, um mich zu beruhigen und sei es auch nur durch den Klang meiner eigenen Worte.

Plötzlich verwandelte sich der Ruf des Fuchses in eine menschliche Stimme, die schrie: »Geh zurück! Zurück!«

Augenblicklich bekam ich eine Gänsehaut und die Haare standen mir zu Berge. Entsetzt sprang ich in meinen Truck und raste mit über hundert Sachen auf der gefährlich kurvenreichen Vulkanstraße zurück ins Dorf. Ich hatte um ein Zeichen gebeten und es war mir gegeben worden! Ich konnte noch nicht einmal darüber nachdenken, was gerade geschehen war, so sehr stand ich unter Schock. In dieser Nacht schlief ich wie ein Toter: ohne Träume, in einer tiefen, dunklen Stille des Geistes.

Als ich am nächsten Morgen erwachte, war ich ein vollkommen veränderter Mensch. Ich fühlte eine Leichtigkeit des Seins, die alles, was ich jemals erlebt hatte, sogar als Kind, übertraf. Die Farben waren intensiver und ich konnte die Dinge und die Menschen sehen, als besäße ich eine überperfekte Sehkraft. Die feinsten Gerüche in der Luft konnte ich wahrnehmen und unterscheiden und in einfach allem spürte ich das Leben: in den Felsen und den schlafenden Wintergräsern, im Wind, im Himmel und in den Wolken – in wirklich allem! Und ich spürte, dass ich nichts mehr fürchtete: nicht den Tod, nicht den Verlust geliebter Menschen und Freunde, nicht finanzielle Unsicherheit, rein gar nichts! Dieser Verlust all meiner Ängste gab mir ein Gefühl von Leichtigkeit, als könnte ich auf Wolken gehen. Es war, als ob mein alter Verstand verschwunden und ein völlig neuer an seine Stelle eingesetzt wäre, frei von jeglichem Verhaftetsein. Ich war jenseits meiner selbst, erfüllt von reinstem Jubel.

Die Leute im Dorf dachten, ich sei durchgedreht, weil ich lachte, fröhlich war, mich am Spielen der Kinder beteiligte und Menschen umarmte, als wären sie meine lang verschollenen Brüder oder Schwestern. Sogar zur Kirche bin ich gegangen – im Alter von fünfunddreißig Jahren, nachdem ich ihr neunzehn Jahre lang den Rücken gekehrt hatte. Die Leute konnten nicht verstehen, wie ich so glücklich und fröhlich war, obwohl ich doch erst vor Kurzem so viel verloren hatte.

21

Bootshafen und privates Unternehmertum

Im Jahr 1984 wurde der in Kooperation mit einer von der Gemeinde beauftragten Baufirma und dem Pionierkorps der US-Armee getätigte Hafenausbau abgeschlossen. Ich hatte eigentlich einen Hafen gewollt, der nur für die örtliche Flotte von Fischereibooten ausgelegt war, doch die nationale Gesetzgebung, nach der die Verwendung öffentlicher Mittel für den Bau geregelt wurde, bestimmte letztendlich die Größe des Bauvorhabens.

Als Präsident der Gemeindeverwaltung war ich Teil des Teams gewesen, das mit dem Bauunternehmen verhandelte, welches schließlich den Zuschlag zum Hafenprojekt erhielt. Ich hatte darauf bestanden, dass Einheimische zumindest als Fahrer der Großmuldenkipper eingestellt würden, mit denen das Gestein zum vorgesehenen Hafengelände transportiert werden sollte. Die Baufirma akzeptierte diese Auflagen. Danach spezifizierte ich meine Bedingungen: Ich wollte, dass es Frauen aus dem Dorf waren, welche die riesigen Lastwagen fahren sollten. Es nahm einige Zeit in Anspruch, dem Auftragnehmer auch dieses Einverständnis abzuringen, doch schließlich stimmten sie zu und baten mich, die Frauen zu benennen, die als Kraftfahrerinnen ausgebildet werden sollten. Unsere Frauen fuhren in den 1980er-Jahren noch nicht einmal Pkw, und so kam diese Forderung für Saint Paul nahezu einer Revolution gleich. Mir war im Vornherein klar, dass ich auf Widerstand stoßen würde, da noch immer die Einstellung herrschte, Frauen sollten ihren angestammten Platz einnehmen, und dieser war nun definitiv nicht die Erledigung von Männerarbeit – wie das Fahren schwerer Lkw.

Ich ermutigte bewusst zwei der intelligentesten jungen Frauen aus dem Dorf zu dieser Ausbildung, weil sie sich nicht davor fürchteten, etwas völlig Neues anzupacken. Eine der beiden, die zufällig meine Cousine Anita Zacharof war, hatte ich gelehrt, meinen Pickup mit Gangschaltung zu fahren. Großmuldenkipper waren natürlich eine ganz andere Nummer, wesentlich größer als der

Pickup, aber ich versicherte ihr, einen Lkw zu fahren, sei prinzipiell das Gleiche und sie werde keine Probleme haben, den Job zu machen. Anita hatte ihre Zweifel: »Bist du ganz sicher? Ich weiß nicht, ob ich das kann. Einen so großen Truck mit mannshohen Rädern zu fahren, ist doch etwas anderes, als mit einem Pickup unterwegs zu sein!« Ich versicherte ihr, dass die Größe kein Thema sei, es gehe einzig und allein um die Einstellung.

Die zweite junge Frau, die ich für den Job im Auge hatte, Zenaida Lestenkof, ging damals aufs College und hatte bereits Autofahren gelernt. Sie stimmte sofort zu, unter anderem, weil sie es den Typen zeigen wollte, die meinten, Frauen sollten kein Fahrzeug fahren, geschweige denn einen monströsen Großmuldenkipper. Ich erinnere mich gut, wie »Z«, wie wir sie alle nannten, eines Tages ihren Riesentruck vom Steinbruch in die Stadt fuhr und einem Mann hinter dem Steuer eines zierlichen Pkw zuwinkte. Die beiden Frauen fuhren den ganzen Sommer über diese großen Lastwagen und abgesehen von einem einzigen Missgeschick war es ein Erfolg.

Zur selben Zeit beauftragte die US-Regierung die Gemeindeverwaltung mit der Durchführung des Robbenfangs. Obschon der Vertrag auf nur noch zwei Jahre befristet war, nämlich bis zum endgültigen Auslaufen der Nordpazifischen Pelzrobbenkonvention, bot er mir eine weitere Möglichkeit, mehr Frauen in unsere lokale Belegschaft einzubinden. Bis zu dem Jahr war es Frauen nicht gestattet gewesen, an der Robbenjagd teilzunehmen. Weil ich der Meinung war, dass es ohnehin nur sehr wenigen Menschen erlaubt sein sollte, Robben zu töten (vor allem wegen der Auswirkungen, die solch ein Job auf eine Person haben konnte), und Frauen meiner Ansicht nach das Leben repräsentieren, sollten sie andere Aufgaben im Zusammenhang mit dem Robbenfang übernehmen. Ich entschied, ihnen die Arbeit in der Fellverarbeitungsfabrik anzubieten.

Ich fragte Zenaida Melovidov, die ebenfalls »Z« genannt wurde, ob sie an einem solchen Job interessiert wäre. Mir war klar, dass die in der Fellverarbeitung tätigen Männer ihre weiblichen Kolleginnen im besten Fall necken, im schlechtesten mit Anzüglichkeiten beleidigen würden. Ich wusste aber auch, dass »Z« keine sexuellen Belästigungen, egal ob mit Worten oder im Verhalten, hinnehmen würde. Am Morgen ihres ersten Arbeitstages war auch ich in der Fabrik. Und tatsächlich kam es so, wie ich vermutet hatte: Die

Männer standen beisammen und ihr Anführer fing sogleich an, vor allen Leuten sexualisierte Bemerkungen über sie zu machen. Aber »Z« war darauf vorbereitet und sagte: »Okay, wenn du es so willst, können wir es auch gleich vor aller Augen klären. Zieh deine Hose aus! Mal sehen, ob du wirklich so gut bist, wie du alle glauben machen willst.« Damit hatte der Rädelsführer nicht gerechnet. Er wurde rot, sagte kein Wort und ging weg. Von diesem Moment an belästigte niemand mehr die Frauen.

Die Robbenjagd in unsere eigenen Hände zu nehmen, war nicht leicht. Die Männer hatten sich mittlerweile an »Beamtenarbeitszeiten« gewöhnt, was hieß, dass sie offiziell von Punkt acht Uhr morgens bis Punkt fünf Uhr nachmittags arbeiteten mit zwei festen Kaffeepausen. Also übernahm ich diese Arbeitszeiten auch für die Robbenjagd (die ehemals um vier Uhr morgens begonnen hatte), weil solche Arbeitstage wesentlich humaner und damit auch keine Überstunden zu bezahlen waren. Aber trotz dieser Neuregelung nahmen es die Männer mit den Zeiten nicht sehr genau, eben so, wie sie es sich in der Vergangenheit angewöhnt hatten, als die Stadt noch von der Regierung geführt wurde. Viele trudelten erst um zwanzig nach acht ein, dehnten ihre Kaffeepausen auf bis zu einer halben Stunde aus und machten früher als zur vereinbarten Zeit Feierabend. Um dieses Verhalten möglichst ohne irgendwelche Sanktionen in den Griff zu bekommen, stellte ich die Regel auf, dass »Verstöße gegen das Arbeitszeitmodell« ein persönliches Gespräch nach sich zögen. In der Folge wurde praktisch jeder Arbeiter aus dem Robbenfang-Team zu einem solchen Vieraugengespräch geladen, doch das Muster blieb, wie es war; es änderte sich rein gar nichts. Aber weil wir nun einmal ein gewinnorientiertes Unternehmen werden mussten und diese schludrige Einstellung die Verwaltung Tausende von Dollar kostete, waren wir gezwungen, diese Beamtenmentalität so schnell wie möglich in die eines Privatunternehmens umzuwandeln. Ich befürchtete, dass, wenn die Dorfbewohner die Prinzipien der Privatwirtschaft nicht begriffen, wir schlicht und einfach untergehen würden.

In meiner Frustration entschied ich, etwas zu unternehmen, das mich in den Augen der Betroffenen sicherlich unbeliebt, vielleicht sogar hassenswert machen würde. Ich charterte ein Flugzeug und ließ Arbeiter von der Aleuteninsel Atka einfliegen, damit sie eine Woche lang das Töten der Robben übernähmen. Atkans waren dafür bekannt, sehr hart zu arbeiten, und ich wusste, sie würden es gut machen. Sie hatten meinem Vorschlag zugestimmt und erzählten auch den Einheimischen nichts von meinem Plan, in den ich sie zuvor eingeweiht hatte. Am Tag, an dem das Flugzeug mit den Atkans landete, entließ ich sämtliche einheimischen Arbeiter, ohne ihnen mitzuteilen, dass ich sie am Ende der Woche wieder einstellen würde. Nach dieser Woche bedankte ich mich bei den Atkans für ihren Einsatz und verabschiedete sie am Charterflugzeug. Anschließend traf ich mich mit allen zuvor entlassenen Unangan-Männern.

»Ihr habt gesehen, dass ich ohne zu zögern jeden Einzelnen entlassen und andere Leute holen würde, die den Job gut erledigen. Aber ihr wusstet nicht, dass ich die Atkans nur für eine einzige Woche angeheuert habe. Ich habe das getan, weil es wirklich wichtig ist, dass ihr alle etwas über Privatwirtschaft lernt. Es wird ein privates Unternehmen sein, mit dem wir das nötige Geld verdienen, um weiterhin hier leben zu können; aber diese Art von Unternehmen duldet es nicht, dass man während der Arbeit träge und nachlässig ist.« Ich legte eine Pause ein und fuhr dann fort: »Lasst mich euch zeigen, wie viel Geld wir als Unternehmen verlieren, wenn ein Mitarbeiter schlampt.« Ich rechnete genau vor, was es bedeutete, wenn alle erst um zwanzig nach acht Uhr bei der Arbeit erschienen, ausgedehnte Kaffeepausen machten und früher nach Hause gingen. Ich versuchte darzulegen, wie jeder Dollar, der durch Schluderei bei der Arbeit verloren ging, den Aktionären unseres Unternehmens verloren ging – also jedem einzelnen Unangan auf Saint Paul. »Es liegt an euch. Entweder jeder erledigt seine Arbeit so, wie wir es von ihm erwarten, oder wir alle verlieren«, sagte ich. »Diejenigen, die weiterhin arbeiten wollen, sind hiermit wieder eingestellt. Seid morgen um acht Uhr auf der Arbeit und wir werden hinausgehen, um Robben zu fangen.«

Ich hatte das Gefühl, dieses Risiko eingehen zu müssen, obwohl ich nicht wusste, wie die Männer reagieren würden. Am nächsten – und an jedem weiteren Tag – kamen alle Männer pünktlich zur Arbeit.

Aufgrund eines Konstruktionsfehlers wurden unsere ersten Hafenanlagen von einem schweren Sturm zerstört, 1986 war dann unser neuer Hafen endlich betriebsbereit. Die Verwaltungsgesellschaft handelte mit einem Unternehmen zur Fischverarbeitung einen Pachtvertrag für ein Grundstück aus, und seitdem wird auf Saint Paul Fisch verarbeitet. 1991 unterzeichnete die Stadt einen Mietvertrag mit einem weiteren Verarbeitungsbetrieb, der mehrere Jahre lang auf der Insel blieb. Insgesamt resultierten die Löhne und die Steuern der Verarbeitungsbetriebe auf Saint Paul während der Hochzeit der Krabben- und Heilbuttfischerei in einem jährlichen Pro-Kopf-Einkommen von 34000 US-Dollar und die Einnahmen der Stadt stiegen um vierhundert Prozent.

22

Der Schöpfer hat Sinn für Humor

Ich fuhr über eine unserer drei Hauptstraßen zu der vom Dorf etwa fünfzehn Kilometer entfernten Südwestspitze der Insel, um mir die Wildheit und Erhabenheit der sturmgepeitschten Wellen anzuschauen. Schon immer hatte sich diese Gegend durch ihren besonderen Zauber vom Rest des Eilandes unterschieden. Die von einem mittlerweile erloschenen Vulkan im Zentrum der Insel herausgeschleuderten, länglich geformten, eineinhalb Meter hohen Basaltblöcke verliehen der Landschaft vor allem in der Dämmerung ein gespenstisches Aussehen. Im Sommer wehen hier sanfte Winde aus allen südlichen Richtungen; im Winter werden die Wellen von sibirischen Sturmtiefs auf deren Weg hinunter ins Zentrum der Beringsee von Westen herangetrieben. Diese Wellen brechen sich an den Spitzen der zwanzig Meter hohen Klippen. Ich liebte es, diese Ehrfurcht gebietende Kraft des Wassers in seinen dauernd wechselnden Blautönen zu beobachten. Die Sonne zauberte durch das Wolkenspiel eine vielfältige Farbpalette: unheimliche, dunkle Abschnitte des turbulenten Wassers wechselten in Küstennähe in ein strahlendes Hellblau.

An diesem kalten, stürmischen Wintertag trieb der Schnee seitwärts, wie so häufig an diesem Ort, den wir die »Geburtsstätte der Winde« nennen. Von meinem Allrad-Pickup aus beobachtete ich, wie eine einzelne Möwe im gefährlichen Wind mit einer Geschwindigkeit von fast siebzig Stundenkilometer vorbeiflog. Immer wieder war ich über die Fähigkeiten und Fertigkeiten dieses Tieres erstaunt, das manche Leute abfällig »nur eine Möwe« nennen. Dieser Vogel ist imstande, sich während des ganzen Jahres in der Nähe der Insel aufzuhalten, sogar im Winter, wenn die Nahrungsquellen knapp und die feuchten Seestürme klirrend kalt sind.

Die Liebe zu den Möwen zeigte sich schon in meiner Kindheit. Unser damaliges Haus stand neben der dörflichen Müllhalde, die von der Bundesregierung dort angelegt worden war. Jeden Morgen erwachte ich zum Klang der Möwen, die im Abfall nach Nahrung suchten. Ich vermochte, an ihren Rufen zu erkennen, wann sie Fressen gefunden hatten, weil sie dann mit ihren Schreien ihre Artgenossen zum Festschmaus riefen. Diese Möwen sind großartige Lehrer. Obwohl sie in hartem Konkurrenzkampf stehen, versuchen sie nie, ihre Funde vor den anderen zu verbergen. Auch wenn sie miteinander um die Reste kämpfen, ermuntern sie doch alle anderen Möwen, sich ihnen anzuschließen, und verletzen sich niemals gegenseitig.

Ich liebte es, ihre typischen Rufe zu hören, die mir, ohne dass ich aus dem Fenster zu schauen brauchte, verrieten, dass ein wunderbarer Tag zum Spielen auf mich wartete – etwa zum Rodeln oder zum Eislaufen, wenn viele Möwen gleichzeitig ihre langen »currrrrrrrrrrr, currrrrrrrrrrrr« ausstießen, was einen wunderschönen, sonnigen und windstillen Morgen mit schneebedecktem Boden ankündigte. Nur, wenn solche Bedingungen herrschten, ließen sie dieses besondere Geräusch verlauten.

Nun wiegte mich dieser Anblick der tosenden Wellen, die gegen die Klippen schlugen, in einem Gefühl von... Was war es denn, was ich empfand? Demut? Ehrfurcht? Jedenfalls fühlte ich mich vom seltsam friedlichen Wissen erfüllt, dass es Mächte gibt, die größer sind als wir Menschen, und gut beschützt in der Geborgenheit und Wärme meines Pickups, in einem wohligen Zustand des Tagträumens – als plötzlich der Motor ausging. Ich blickte auf die Anzeige: Der Benzintank war voll, der Motor nicht überhitzt. Ich drehte den Zündschlüssel: Es tat sich nichts. »Vielleicht ist er abgesoffen«, dachte ich, »ich werde eine Weile warten.« Ich schaltete das Standlicht und sämtliche Elektronik aus und wartete. Dann, einige Minuten später, warf ich den Motor erneut an. Zwar knatterte der Anlasser, aber es erfolgte keine Zündung. »Wuh, wuh,

wuh, wuh, wuh, wuh.« Nochmals ein paar Minuten des Wartens. »Wuh, wuh, wuh, wuh.« Nichts.

Ich schaute nach draußen und sah, wie sich ein Unwetter zusammenbraute. Schneeflocken wehten von rechts nach links über die Windschutzscheibe – ein Blizzard baute sich auf. »Wuh, wuh, wuh, wuh, wuh, wuh«, war das einzige Geräusch, das der Motor von sich gab. Ich stieg aus, um unter die Haube zu schauen, ohne genau zu wissen, wonach ich eigentlich suchte. Vielleicht ein loses Kabel? Ich prüfte den Ölstand: Der Behälter war voll. Mit einem flauen Gefühl in der Magengrube versuchte ich erneut, den Motor zu starten. Er wird nicht anspringen, dachte ich. Mist! Was soll ich machen, wenn er nicht anspringt? »Wuh, Wuh, wuh, wuh.« Es war deutlich hörbar, wie die Batterie sich langsam entleerte. Verdammt! Mit meinen Jeans und Turnschuhen, einem Parka und einem Paar Arbeitshandschuhen konnte ich mich draußen nicht aufhalten oder gar zurück nach Hause laufen; bei dem sich immer stärker aufbauenden Schneewind wäre ich in kürzester Zeit erfroren. Gefühlt waren es mindestens dreißig Grad unter null.

Ich versuchte, mich zu beruhigen, um nachzudenken und mir Mut zu machen: Ich befand mich auf einer häufig befahrenen Straße; auf der ganzen Insel gibt es nur deren drei; meine Unangan-Freunde mögen Vergnügungsfahrten genauso wie ich; irgendjemand wird vorbeikommen; ich werde es einfach aussitzen. Es war ungefähr vier Uhr nachmittags und die Dämmerung hatte bereits eingesetzt. In den Wintermonaten haben wir in Alaska nur wenige Stunden Tageslicht und dies war ein Tag im Februar, an dem es durchschnittlich dreieinhalb Stunden hell ist. Ich konnte nur warten und hoffen. Es wurde sechs, sieben, acht, neun Uhr – aber niemand fuhr die Straße entlang. Um zehn Uhr war mir klar, dass ich hier die Nacht würde verbringen müssen. In der Dunkelheit würde niemand mehr hier herfahren. Also kauerte ich mich in meinen Sitz und war überzeugt, dass am nächsten Tag jemand vorbeikäme. Die Scheiben meines Pickups vereisten durch die Feuchtigkeit meines Atems, der auf das eiskalte Glas traf. Bald war der gesamte Innenraum des Wagens mit einer dicken weißen Schicht bedeckt. Ich spürte, wie die Kälte sich meines Körpers bemächtigte. »Ich muss in Bewegung bleiben, ich muss wach bleiben«, sagte ich laut zu mir und tröstete mich an meiner eigenen Stimme; es herrschte vollkommene Dunkelheit und der Wind pfiff und ächzte.

Als Jäger war ich es gewohnt, stundenlang am Meer im kalten Wind zu sitzen und zu warten, bis irgendwann Enten vorbeizogen oder auch ein Stellerscher Seelöwe. »Das hier ist einfacher«, dachte ich.

Am nächsten Morgen brach gegen elf Uhr der Tag an. Es war ein kleines Erfolgserlebnis – immerhin war ich in ziemlich guter Verfassung durch die Nacht gekommen. Mir war zwar kalt, aber nicht so, dass ich zittern musste. Es stieg sogar eine Art Vorfreude in mir auf, als ich an eine heiße Tasse Tee dachte, die ich trinken würde, sobald ich nach Hause käme. Ich stieg aus dem Pickup und lief ein paar Mal um ihn herum, um meinen Kreislauf in Schwung zu bringen, während ich darauf wartete, dass jemand, irgendjemand, vorbeigefahren käme. Es wurde Mittag und ein, zwei, drei, vier Uhr – aber niemand tauchte auf. Es wurde wieder dunkel. Sechs, sieben, acht Uhr… Allmählich begann mir das Herz in die Hose zu sinken. »Gott, muss ich wirklich noch eine weitere Nacht hier verbringen? Schon die letzte hindurch hab ich kaum ein Auge zugetan; wenn ich diese Nacht übermüdet einschlafe, werde ich den nächsten Tag nicht mehr erleben! Ich muss wach bleiben; irgendjemand wird merken, dass ich verschwunden bin, und dann werden sie nach mir suchen.« Meine Entschlossenheit wuchs, aber ich hatte zu zittern begonnen. »Gar nicht gut, wenn das Zittern stundenlang anhält«, dachte ich, »dann verliere ich zu viel Energie.« Und so lautete mein nächtliches Mantra: »Denk warm und fühle warm, denk warm und fühle warm…« Nach einer gefühlten Ewigkeit wurde es wieder Tag. Mir war kalt, aber ich war am Leben! Ich wusste, an diesem Tag würde jemand kommen – es *musste* einfach jemand kommen. Eine weitere Nacht konnte ich nicht wachbleiben. Es wurde ein, zwei, drei Uhr… Nachmittag. Meine Füße waren unterdessen sehr kalt und meine Oberschenkel fingen an, taub zu werden.

Um die Straße beobachten zu können, kratzte ich ein Loch in das Eis auf der Windschutzscheibe – und erschrak, als ich einen Bulldozer über den Hügel auf mich zufliegen sah, danach einen Traktor, dann einen Lkw, die flogen! »Ach du Schande, jetzt halluziniere ich auch noch!« Mir wurde klar, dass ich mit nochmaligem Einsetzen der Dunkelheit sterben würde. Um vier Uhr nachmittags an diesem dritten Tag beschloss ich, mich zu Fuß auf den Weg zu machen. Halluzinationen waren gar kein gutes Zeichen. Zumindest würde ich dann irgendetwas tun, und das war gut!

Es würden fast zwanzig Kilometer durch eisig kalten Wind und Schnee und teils bis zu anderthalb Meter hohe Verwehungen zurückzulegen sein, um ins Dorf zu gelangen. Ich malte mir aus, dass ich es bei einem gleichmäßigen Lauf schaffen konnte. Nach etwa vierhundert Metern schmerzten meine Lungen wegen der extrem kalten Luft, die ich einatmete; nach achthundert Metern waren meine Beine taub. Mein Körper war rasend schnell kalt geworden. Ich fühlte noch immer die Entschlossenheit zu leben, aber mein Körper machte dabei nicht allzu gut mit.

Also hielt ich an, ein Gebet um Erlösung zu sprechen. Ich schaute gegen Westen in den Schneesturm, dorthin, von wo das Sonnenlicht nur noch schwach durchkam, und betete: »Schöpfer, ich übergebe mich Dir. Wenn die Zeit gekommen ist, dass ich meinen Körper verlasse, dann gehe ich in dem Wissen, dass ich ein gutes Leben hatte, und ich danke Dir von ganzem Herzen dafür! Ich danke Dir, Schöpfer. Ich danke Dir, dass Du mir dieses Leben geschenkt hast, und jetzt gebe ich es in Deine Hände. Aber, Schöpfer, wenn Du vielleicht jemanden hier hinausschicken würdest, auch wenn es ein betrunkener Fahrer ist, wäre ich genauso dankbar!«

Kaum hatte ich das Gebet zu Ende gesprochen und mich angeschickt weiterzulaufen, da sah ich in der schneeverwehten Dämmerung ein Paar Scheinwerfer leuchten, die von einer zur anderen Straßenseite hin- und herschwankend auf mich zukamen. Als sie nahe genug waren, konnte ich einen VW-Käfer erkennen und fragte mich, ob ich schon wieder halluzinierte. »Wie kann sich ein solches Auto in so einem Schneesturm auf der Straße halten?«, fragte ich mich in leicht benommenem Zustand. »Was für ein alberner Anblick. Der Schöpfer spielt mit mir!« Ich lachte, es war mir mittlerweile egal, ob es eine Halluzination war oder nicht. Es war einfach ein lustiger Anblick, wie das Auto sich bemühte, auf der Straße zu bleiben und im Zickzack auf mich zukam. Dann stoppte der Wagen und ich erkannte Insassen, die ganz offensichtlich von einer Party kamen.

»Hey, es sieht so aus, als könntest du eine Mitfahrgelegenheit brauchen!«

Der Kleinwagen war mit sechs Personen voll besetzt. Ich kletterte hinein und setzte mich auf den Schoß eines Typen, der mich mit fast zahnlosem Mund angrinste. Ich konnte nicht anders, als diese Menschen zu lieben, und es war mir vollkommen egal, dass ich zum ersten Mal in meinem Leben auf dem Schoß eines anderen Mannes saß. Ich hatte es geschafft! Ich hatte überlebt! Und nicht nur das, ich hatte auch herausgefunden, dass der Schöpfer einen Sinn für Humor hat!

23

Meine spirituelle Reise

Diese »Dunkle Nacht der Seele« war gerade erst vorüber, als ich zwei gute Freundinnen, Susanne Swibold und Helen Corbett, besuchte, die in der Nähe von Calgary, in der kanadischen Provinz Alberta, lebten. Ich hatte die beiden auf Saint Paul kennengelernt, wo sie über mehrere Jahre hinweg an einem selbstfinanzierten Forschungsprojekt zum heutigen Leben der Menschen auf den Pribilof-Inseln arbeiteten. Den Besuch stattete ich ihnen nun ab, um die Tonaufnahmen auszuwählen, die sie von den Menschen und den Klängen auf den Inseln gemacht hatten. Mithilfe dieses Materials produzierten sie einen Zyklus von vier Dokumentarfilmen über die Pribilof-Inseln mit den Titeln *Amiq* (der Unangan-Name für die Inseln), *San* (»Seevögel«), *Laakux* (»Nördliche Pelzrobbe«) und *Peter Picked a Seal Stick* (eine Geschichte darüber, wie Unangan-Jungen die Fortpflanzungsorgane aus den Robben-Kadavern herausschnitten, die dann als Aphrodisiakum nach Asien verkauft wurden). Ihre Filme wurden von den Kritikern gelobt, und wir sind im Laufe der Jahre gute Freunde geworden.

Ich war gerade bei ihnen zuhause in Canmore, als mich ein Anruf erreichte vom Volk der Stoney aus dem nahegelegenen Morley-Reservat: Susanne, Helen und ich wurden eingeladen, an einer seiner heiligen Zeremonien teilzunehmen, die seit hundertfünfzig Jahren nicht mehr abgehalten worden war, noch nicht einmal im privaten Rahmen.

Im Reservat angekommen, machten wir uns auf zur Versammlungshütte der Frauen, wo die Zeremonie stattfinden sollte. Die mit der Durchführung betrauten Personen waren allesamt Älteste mit schlohweißem Haar in traditioneller Aufmachung aus perlenbesetztem Wildleder. Die ganze Zeit über redeten sie ausschließlich in ihrer eigenen Sprache. Da wir wussten, wie man sich als Gast zu benehmen hat, sahen wir einfach zu und lauschten, auch wenn wir nicht verstanden, was gesagt wurde.

Zur Vorbereitung der Zeremonie gehörten heilige Pfeifen, die in einem Kreis in die vier Himmelsrichtungen niedergelegt wurden, sowie Opfergaben derjenigen, die an dieser Feierlichkeit teilnahmen. Etwa zwei Stunden lang chanteten die Ältesten und stimmten Gesänge in ihrer Sprache an, bis schließlich einer von ihnen auf Englisch das Wort ergriff: »Wegen unseres Freundes aus Alaska werde ich auf Englisch sprechen. Wir wissen, warum du hier bist. Wir haben zum Schöpfer gebetet und haben nun eine Nachricht, die du mit dir nehmen sollst. Wir wissen, dass viele Menschen glauben, sie hätten ihren spirituellen Weg verloren. Dem ist nicht so. Er wurde für euch in der unsichtbaren Welt bewahrt und wartet nun darauf, dass ihr spirituell erwacht.« So abrupt, wie der Älteste die Zeremonie unterbrochen hatte, um mich auf Englisch anzusprechen, so abrupt fuhr er nun für zwei weitere Stunden mit der Zeremonie fort.

Seine Botschaft überraschte mich zutiefst. Ich hatte angenommen, ich dürfe an dieser Zeremonie teilnehmen, weil man mich genau zu dem Zweck eingeladen hatte, doch die Ältesten kannten den wahren Grund: Ich hatte des Öfteren mein Bedauern kundgetan, dass unser Volk seine Spiritualität verloren habe – zumindest glaubte ich das. Nachdem ich dann nach Alaska zurückkehrte, wurde ich in jenem Jahr zu vielen Foren eingeladen, wo ich vor Tausenden von Menschen Vorträge hielt. Es war unerklärlich. Ich durfte sogar als Zeremonienmeister für ein Konzert des amerikanischen Folk-Rock-Duos Indigo Girls fungieren. An allen Veranstaltungen, zu denen ich eingeladen wurde, sprach ich über Spiritualität und diese Botschaft der Stoney-Ältesten. Mir wurde klar, dass mich ihre Worte zutiefst berührt und auf den spirituellen Weg gebracht hatten.

Und meine Erfahrung im Morely-Reservat sollte noch nicht zu Ende sein. Als ich Susanne und Helen wieder einmal besuchte, erzählten sie mir von einem Häuptling namens Sitting Wind, der in ganz Kanada verehrt wurde, und dies nicht nur als einer der Ältesten, sondern auch als Stammesoberhaupt, Medizinmann und Schamane, wie wir heute sagen. Er hatte ein wirklich spannendes Leben. Kurz nach seiner Geburt war er schwer erkrankt. Seine Mutter lebte in einer Hütte, in der es immer kalt war und es keinen Schutz vor dem Wind gab. Als eine der Tradition verpflichtete Frau entschied sie sich, einen Medizinmann um Hilfe für ihr Baby zu bitten. Der Medizinmann kam und wies sie an, das Baby in den Schnee zu legen und es bis zum nächsten Morgen dort zu lassen. Die Mutter dachte, diese Arznei würde das Kind umbringen – es schneite und der Wind wehte heftig. »Das Baby wird erfrieren«, dachte sie. Aber sie wollte ihre Tradition nicht entehren, indem sie sich weigerte, dem Medizinmann zu gehorchen, den sie um Hilfe gebeten hatte. Also legte sie das weinende Kind widerwillig in den Schnee und ließ es dort allein. Als sie am nächsten Morgen zurückkam, fand sie ein starkes und gesundes Kind vor! Der Medizinmann sagte, ihr Baby würde ein großer Medizinmann, Häuptling und Schamane werden.

Ich wollte diesen Mann treffen, also rief ich ihn an. Ein Vermittler nahm den Hörer ab und ich sagte ihm, dass es mir eine Ehre wäre, Häuptling Sitting Wind kennenzulernen. Die Stimme antwortete: »Das ist in Ordnung, aber du musst zwei Dinge erledigen. Bringe Tabak mit, den du in roten Stoff einwickelst; das gehört zu unserer Tradition, wenn wir jemanden wie den Häuptling sehen wollen. Das Zweite ist, dass du gründlich darüber nachdenken musst, ob du Folgendes tun willst: Du musst das Liebste in deinem Leben loslassen. Ruf wieder an, wenn du dich dazu entscheiden kannst.«

Mir kam diese zweite Bedingung für das Treffen ziemlich seltsam vor, trotzdem dachte ich darüber nach, was es war, das ich im Leben am meisten schätzte. Ich dachte an mein eigenes physisches Leben, an meine Arbeit, an meine Eltern und meine beiden, inzwischen erwachsenen Töchter. Ich wusste, dass, wenn es darauf ankäme, meine Töchter der wertvollste Aspekt meines Lebens waren. Meine Töchter. Warum sollte ich denn meine Töchter aufgeben, nur um diesen Mann zu treffen? Einige Tage später dachte ich: »Dieser Mann würde so etwas nicht von mir verlangen, wenn es keinen guten Grund dafür gibt. Er ist ein sehr weiser Mann. Wenn ich nicht aufrichtig tun werde, was er verlangt, wird er es wissen.« So entschied ich mich, innerlich daran zu arbeiten, meine Töchter

»loszulassen«. Als ich *verstand,* dass ich loslassen musste, weinte ich Tag und Nacht, eine ganze Woche lang. Erschöpft und mit dem Gefühl, sie wirklich losgelassen zu haben, wählte ich also noch einmal die Nummer von Häuptling Sitting Wind. Dieses Mal war er persönlich am Apparat. Er hatte eine Stimme, wie ich mir die eines weisen alten Mannes vorgestellt hatte: sanft und voller Liebe. Er sagte: »Du brauchst mich nicht mehr zu treffen. Du hast bereits erhalten, wonach du gesucht hast.« Ich war wie betäubt. Er legte auf. Und das war's. Von diesem Zeitpunkt an begann ich zu verstehen, dass meine Töchter zuvor Geistwesen gewesen waren und ich bloß ihr zeitweiliger Betreuer, nicht ein Elternteil, der sie in irgendeiner Weise »besitzen« durfte.

Später erzählte mir Susanne, dass aus einem unerklärlichen Grund Häuptling Sitting Wind durch unseren Kontakt bewusstgeworden sei, dass auch er selbst sich einer Heilzeremonie unterziehen musste. Er hatte vergessen, dem Wind die Ehre zu erweisen, dem er sein Leben verdankte.

Meine spirituelle Reise setzte sich gleich beim nächsten Besuch bei Susanne und Helen fort. Susanne, die ältere der beiden, ist eine Person, die ihr Leben leidenschaftlich lebt. Sie ist eine vollendete Fotografin und Künstlerin und eine ausgezeichnete Forscherin. Sie erkennt Dinge, die die meisten Menschen nicht sehen. Ihre Fotos sind unglaublich. Sie zeigte mir einige einer Serie, die ich »Der innere Geist« nannte. Auf diesen Fotos sind besondere Motive zu sehen, die sie in deren eigene Spiegelbilder hineinkopiert. Jedes Mal erscheint ein sich vom Motiv unterscheidendes »Gesicht« oder »Geistwesen«.

Susanne erzählte mir, eine ihrer Freundinnen würde mich gerne treffen, um mir eine Geschichte zu erzählen, die ihr zuteilwurde. Ich wusste, dass Susanne mich nicht ohne einen guten Grund darum bitten würde. Natürlich sagte ich zu. Ihre Freundin wollte sich in einem bestimmten Wald mit mir treffen; also fuhr Susanne mich dorthin und setzte mich bei ihr ab. Ich will diese Freundin April nennen, da ich nicht weiß, ob sie ihren wahren Namen preisgeben möchte. Sie war gütig und, wie ich spüren konnte, ein Herzensmensch. Ich vertraute ihr intuitiv. Während wir durch den Wald gingen, sagte sie mir, sie habe von den Ältesten der Hopi und Maori die Erlaubnis erhalten, die Geschichte mit mir zu teilen, die sie mir nun erzählen wollte. Ich fragte mich, woher die Ältesten der Hopi und Maori irgendetwas von mir wussten. Sie berichtete, dass die beiden Stämme permanent miteinander kommunizierten, und zwar nicht über das Internet, sondern über das *"inner net"*, das »innere Netz«. Ich erfuhr, dass es Menschen gibt, die immer noch auf diese Weise kommunizieren – in der »Ursprungssprache« oder in der »Sprache des Einen«, wie man sie bezeichnen könnte. April erzählte mir dann, dass die Hopi über heilige Steintafeln verfügen, auf denen die Gesetze für ihr Leben sowie ihre Prophezeiungen geschrieben stehen. In aller Ausführlichkeit klärte sie mich auf, was der Inhalt dieser Steintafeln war.

Schließlich fragte sie mich, ob ich die Botschaften der Hopi und Maori weiterverbreiten würde. Der Kern ihrer Botschaften lautete, dass die Menschheit sich an einem Scheideweg befindet, dass wir entweder einen Weg in die Zerstörung wählen können oder aber unser Bewusstsein verändern müssten, um in Harmonie mit allem zu leben, was existiert. Der Weg zur Harmonie verläuft durch das Herz, nicht durch den Verstand. Ich stimmte zu, doch wusste ich aus eigener Erfahrung, dass jedes Mal, wenn ich zugestimmt hatte, spirituelle Botschaften zu übermitteln, ich mich dann meinerseits mit etwas Schwierigem in mir selbst auseinandersetzen musste.

Susanne holte mich wieder ab und wir fuhren zu ihr nach Hause, wo ich zu Gast war. Ihr Haus ist eine Beschreibung wert. Überall in ihrem Wohnzimmer, wo sich während meines Besuchs auch mein Schlafplatz befand, gab es Artefakte und heilige Gegenstände, die sie im Laufe der Jahre gesammelt hatte: eine heilige Pfeife, Tierknochen, sakrale Beutel und Amulette. Vor ihrem Haus stand ein echtes Tipi, das ein pensionierter Häuptling und seine Frau während einem meiner früheren Besuche zusammengebaut hatten. Erst hatte Susanne Architektur-Doktoranden der örtlichen Hochschule dazu um Hilfe gebeten. Es war lustig anzusehen, denn sogar mittels eines exakten Bauplans schafften sie es nicht. Nachdem sie einen Nachmittag lang ihr Bestes gegeben hatten, baten die Architekten Susanne, den Häuptling und seine Frau anzurufen, damit sie es ihnen zeigen konnten.

In diesem Wohnzimmer also geschah etwas Merkwürdiges, als ich mich eines Nachts zum Schlafen hingelegt hatte: Die heiligen Gegenstände wurden lebendig! Sie bewegten sich von dort, wo Susanne sie platziert hatte, vor mein Gesicht und wieder zurück; dies dauerte mehrere Minuten lang. Zuerst dachte ich, das sei reine Einbildung. Dann wurde es vollkommen dunkel. Ich fühlte, wie mein Geist meinen Körper verließ. Bevor ich wusste, wie mir geschah, wurde ich an einen entfernten Ort im Kosmos getragen, wo ich um mich herum Sterne sehen konnte. Dann verwandelten sich die Sterne in eine Kugel aus Licht, die meinen Geistkörper zu sich hinzog. Die Lichtkugel kam immer näher und ich fürchtete, dass sie mich aufsaugen würde. Dann brach die Vision ab. Ich war vollständig aufgewühlt, sodass ich lange nicht einschlafen konnte.

Am nächsten Tag bei meiner Abreise aus Canmore übergab mir Susanne ein Manuskript von einer Person, die, wie ich später beim Lesen herausfand, offensichtlich auf einem bestimmten spirituellen Weg war. Susanne sagte: »Dieses Manuskript hat die Fähigkeit, im Leben eines Menschen aufzutauchen, wenn dieser es braucht.« Ich verabschiedete mich von Susanne und Helen mit einem *“see you”* und stieg in das Flugzeug. Mein Volk verabschiedet sich nie mit *“goodbye”*. Wir glauben daran, dass wir durch unsere Herzen miteinander verbunden sind, auch wenn wir uns in diesem Leben nicht wiedersehen sollten, und sagen deshalb: »Wir sehen uns«. *“Goodbye”* zu sagen, wäre nicht wahr.

Ich saß also im Flugzeug nach Seattle und las das Manuskript, in dem der Autor beschrieb, wie er seinen Körper verließ und von einem Engel in den Kosmos geführt wurde. Dort angekommen, fragte ihn der Engel: »Was siehst du?« Der Mann antwortete: »Ich sehe einen Lichtball.« Dann führte ihn der Engel noch näher heran: »Was siehst du jetzt?« Der Mann sagte: »Ich sehe mehrere Lichtbälle.« Dann ging es noch näher heran und der Engel fragte wiederum: »Und jetzt?« – »Ich sehe viele Lichtbälle«, antwortete der Mann. Der Engel war der Engel des Lebens und sagte zu dem Mann: »Du bist ein Kind des Lichts. Du siehst viele Lichtbälle, und sie sind Kinder des Lichts. Wenn du strahlst, gehörst du zu diesen Kindern des Lichts, bis das ganze Universum dich sehen kann.« Mit diesen Worten wurde der Mann in seinen Körper zurückgebracht.

Susanne hatte recht gehabt: Das Manuskript findet in das Leben der Menschen, wenn sie es brauchen. Nachdem ich das Manuskript gelesen hatte, konnte ich meine Vision in der Nacht zuvor verstehen.

Eine Heilungserfahrung

Als ich von meinem Besuch bei Susanne zurückkam, wurde mir bewusst, dass ich jeden einzelnen Tag meines Lebens das Kindheitstrauma aus dem Aufenthalt in der Krankenstation von Saint Paul noch einmal durchlebte. Auch als Erwachsener wachte ich jeden Tag mit einer laufenden Nase auf und hatte Schleim in Bronchien und Lunge. Das Atmen bereitete mir Probleme und häufig befiel mich ein Gefühl der Angst. Schließlich wurde mir klar, dass zwischen meinem Erlebnis der doppelten Lungenentzündung als Sechsjähriger und meiner Erfahrung als Erwachsener ein Zusammenhang bestand.

Ich begann deshalb, an einer Peer-Beratungsgruppe teilzunehmen, bei der jeweils ein Teilnehmer einen anderen wählt, der ihm dann ruhig und unvoreingenommen gegenübersitzt, während er alles herauslässt und sich dessen entledigt, wovon er sich freimachen möchte. Das Gegenüber sieht ihn dann so, wie er wirklich ist – ganz, wohlauf, intelligent und gesund –, völlig unabhängig davon, was in dem Augenblick geschieht. Wenn derjenige, der beraten wird, einen körperlichen Kontakt wünscht, wird diesem Bedürfnis entsprochen. Manchmal sagt oder fragt der Berater etwas, um das Problem, das die zu beratende Person lösen will, besser zu verstehen. Diese Art von Beratung bleibt zwischen den beiden Partnern vertraulich, es sei denn, ein Paar meldet sich freiwillig, die Beratung vor der gesamten Gruppe durchzuführen, damit der Gruppenleiter die Möglichkeit hat, den ordnungsgemäßen und angemessenen Beratungsablauf zu demonstrieren. In einer solchen Peer-Beratungsgruppe können bis zu zwölf Personen teilnehmen.

Ich fragte meine gute Freundin Libby, die gleichzeitig die Gruppenleiterin war, ob sie mir bei meinem »Problem« helfen könnte. Sie antwortete, dass sie es versuchen wolle. Libby war und ist eine sehr erfahrene Peer-Beraterin und ich vertraute ihr ohne jedweden Vorbehalt. Sie sagte, dass es für sie wichtig sei, dabei sein zu können, wenn ich die Symptome erlebte, also verbrachte sie die Nacht in meinem Haus, um morgens anwesend zu sein.

Mit der Genauigkeit eines Uhrwerks traten auch am nächsten Morgen meine körperlichen und emotionalen Symptome auf. Libby legte sich neben mich und sagte: »Es ist in Ordnung. Tauche nun in diesen Zustand ein und lass zu, was auch immer passiert, doch sei dir gleichzeitig bewusst, dass du hier die Erfahrung noch einmal durchlebst, die zum Trauma des Sechsjährigen führte, die jetzt aber nicht mehr real ist. Tauche einfach ein.«

Ich befolgte ihre Anweisung, während sie ihre Hand auf meine Brust über meinem Herzen legte. Ich kam wieder an den Punkt, an dem ich nicht mehr atmen konnte, und geriet in Panik. Die Anwesenheit von Libby erinnerte mich daran, dass alles in Ordnung und dies nur eine Erinnerung war, mehr nicht. Sie beruhigte mich durch ihre Gegenwart, den Körperkontakt und ihre Worte. Der gesamte Vorgang dauerte fast eine Stunde. Als ich wieder zu Atem kam, schluchzte und schluchzte ich, während Libby mich in ihren Armen wiegte. Sie hielt mich fest, bis ich aufhörte zu weinen und diese Begebenheit ihr Ende fand – während der ganzen Zeit hatte sie kein einziges Wort gesprochen.

Danach erlebte ich ein tiefes Gefühl der Befreiung von diesem Kindheitstrauma. Die Panikattacken verschwanden, und ich musste den physischen Horror meiner Kindheit nicht länger durchleiden. Ich danke Libby für den Mut, die Liebe und das Mitgefühl, die sie aufbrachte und die ich damals so sehr brauchte.

Sehr viel später in meinem Leben wurden mir zu meinem Leidwesen weitere alte Wunden aus jener Kindheitserfahrung bewusst. Irgendwann erzählte mir meine Schwester Rinna, dass ich mich nach der überstandenen Lungenentzündung verändert hatte, mich im Haus meiner Eltern nicht mehr mit der Familie zum Essen zusammensetzen wollte und meinen Teller mit in mein Schlafzimmer nahm. Erst als Rinna dies erzählte, wurde mir klar, dass ich meinen Eltern und meinem Großvater die Schuld für das Trauma gegeben hatte: Sie hatten mich in der Krankenstation alleingelassen und nie besucht. Diese Schuldzuweisung hatte bei mir zu einem Muster geführt, das mich jeder erwachsenen Person gegenüber misstrauisch werden ließ. Ich glaubte, jeder und jede könne mich jederzeit verlassen. Als ich dies erkannte, war ich zutiefst schockiert. Mein ganzes Leben war durch dieses Muster geprägt worden, sogar bis zu dem Punkt, dass ich die Beziehungen zu Frauen, die ich liebte und von denen ich geliebt wurde, zerstörte. Ich stellte unbewusst ihre Liebe unablässig auf die Probe, indem ich etwas Verletzendes sagte oder tat – letztendlich nur, um zu beweisen, dass sie mich ja doch verlassen würden und ich Recht behalten sollte. Ich hatte meine eigenen negativen Erwartungen immer wieder in Erfüllung gehen lassen.

Auch realisierte ich mit Schrecken, dass ich sogar bereit gewesen war zu sterben, nur um den Beweis für meine Sicht der Dinge zu erbringen. Ich hatte eine Krankheit entwickelt, die auch nach einem Jahr voller Untersuchungen sowohl durch westliche Ärzte als auch Alternativmediziner nicht diagnostiziert, geschweige denn behandelt werden konnte. Innerhalb eines Jahres hatte ich siebzig Pfund abgenommen. Meine Freunde machten sich Sorgen. Es lag auch nicht daran, dass ich zu wenig aß, im Gegenteil: Ich aß mehr als je zuvor und nahm trotzdem weiter ab. Hinzu kamen unerklärliche und anhaltende Schmerzen in der Leistengegend, im Bauch und im Rücken, die irgendwann derart unerträglich wurden, dass ich zu nichts mehr in der Lage war. Meine öffentlichen Auftritte, zu denen ich ständig eingeladen wurde, musste ich absagen. Sieben Monate dauerte diese Tortur.

Mir wurde bewusst, dass ich wegen meiner Kindheitserfahrung meinem eigenen Körper nicht mehr traute. Immerhin war er schon einmal dermaßen erkrankt, dass ich fast gestorben wäre. Als Folge glaubte ich immer, wenn ich krank wurde, dass ich an der jeweiligen Krankheit sterben würde.

Schließlich hatte ich ein Aha-Erlebnis, als ich erkannte, dass diese Krankheit und ihre Folgen das Ergebnis meiner Irrungen und Wirrungen aus meinem Kindheitstrauma waren! Ab dem Punkt begann ich, diese »mysteriöse« Krankheit auszukurieren – die Schmerzen verschwanden und ich nahm dank der Hilfe eines Intuitiv-Alternativmediziners, der mir von einem zuverlässigen Freund empfohlen worden war, wieder zu.

Der Verstand ist eine interessante Sache. Er verbirgt die Wahrheit für eine Weile vor uns, manchmal sogar über Jahre, wie es bei mir der Fall war. Rita Blumenstein, eine der Ältesten der Yupik-Eskimo, ist eine Frau, die ich bewundere und der ich zu vertrauen gelernt habe. Sie sagte zu mir: »Weißt du, Larry, manchmal kann sogar das Spirituelle ein Ort sein, an dem wir uns vor den Dingen des Lebens verstecken.« Ich habe darüber nachgedacht und es ist wahr. Als ich an der Lungenentzündung litt und häufig bewusstlos war, wachte ich völlig einsam auf und lag oft sogar in meinen eigenen Exkrementen. Dann fiel ich freiwillig zurück in die Bewusstlosigkeit: »Ich will nicht hier sein. Ich gehe zurück zu jenem Ort, an dem ich mich sicher fühle.« Und dorthin ging ich auch während meines späteren Lebens immer wieder, wenn ich das Gefühl hatte, nicht in der Unordnung, Gewalt, Ignoranz, Dummheit und Zerstörung des Hier und Jetzt sein zu wollen – bis Rita ihre Weisheit mit mir teilte: »Manchmal kann sogar das Spirituelle ein Ort sein, an dem wir uns vor den Dingen des Lebens verstecken.« Ich erkannte, dass ich genau das mein ganzes Leben lang getan hatte. Es war so einfach, dass es mir zur zweiten Natur wurde. Heutzutage gehe ich bewusst dorthin. Nicht, um dem gegenwärtigen Augenblick zu entkommen, sondern um zu erfahren, wie es ist, einfach zu »sein«, ohne Gedanken oder Emotionen, die der Verstand erzeugt.

Nun bin ich dankbar für die Erfahrung, die ich im Alter von sechs Jahren durchlebte. Ohne diese hätte ich einige der wichtigsten Lektionen meines Lebens nicht lernen können: mich dem Leben und seinem Lauf anzuvertrauen, auf den eigenen Körper zu bauen, den Mitmenschen zu vertrauen, meinen Eltern und Großeltern zu vergeben und Mitgefühl für sie zu haben. Die wichtigste Lektion bestand vielleicht sogar darin, mir selbst zu verzeihen und für mich Mitgefühl zu empfinden. Die Ältesten sagen: »Wir können der Welt nicht geben, was wir nicht haben.« Bis ich mir selbst vergab und Mitgefühl für mich entwickelte, konnte ich niemandem sonst vergeben, mit niemandem mitfühlen. Jetzt empfinde ich Mitgefühl mit allen, die diese menschliche Reise unternehmen.

Es ist nicht leicht, ein Mensch zu sein. Wir werden in eine Welt hineingeboren, in der wir alles Mögliche durchleben – Tragödien, körperliches und emotionales Leid, Gewalt, Liebe, Augenblicke des Glücks und der Trauer, Verwirrung, Sehnsüchte, Momente der Glückseligkeit, Augenblicke der Freude, Urteile und Kritik von anderen und uns selbst und auch Verlust. Dies ist die gegenwärtige Wirklichkeit dessen, was es heißt, ein *Mensch* zu sein und *hier* zu sein. Der menschliche Geist ist erstaunlich.

24

Die Bärenkrallen-Halskette und die Vereinten Nationen

Nach der »Dunklen Nacht der Seele« im Jahr 1984 geschah in meinem Leben Unerklärliches und Magisches. Eines Herbsttages rief mich jemand aus Montreal an, der meinen Namen von einem indigenen Anführer aus Alaskas erhalten hatte: »Larry, die Person aus Alaska, die als Delegierter an dem Treffen indigener Führer aus der westlichen Hemisphäre zur Diskussion der Weltnaturschutzstrategie der Vereinten Nationen teilnehmen sollte, ist erkrankt. Jemand anderes muss nach Montreal kommen, und du wurdest dafür empfohlen. Wärst du interessiert daran?«

Ich war an einem Punkt in meinem Leben angelangt, an dem ich verstanden hatte, dass alles, was auf mich zukam, einen Zweck erfüllte, also willigte ich sofort ein. Von der Magie, die bereits begonnen hatte, sich zu entfalten, ahnte ich noch nichts. Mein Wissen über die Weltnaturschutzstrategie war sehr beschränkt und so fragte ich mich unmittelbar nach dem Anruf, was ich an einer solchen Zusammenkunft bewirken könnte? Dann hatte ich meine erste »Vision«, wie ich diese Erfahrung später bezeichnete. Sie war in ihrer Form ganz einfach und verblüffend: Ich war gerade mit dem Auto auf einer der rötlichen Inselstraßen unterwegs, als ein dreidimensionales Bild einer Halskette vor meinen Augen auftauchte – nicht irgendwie verschwommen, sondern glasklar. Für einen kurzen Moment dachte ich an eine Halluzination, doch ich erkannte sofort, dass dies eine Bärenkrallen-Halskette war. Wieso ich das wusste, konnte ich mir nicht erklären. Eine Bärenkralle hatte ich noch nie zuvor gesehen – auf Saint Paul gibt es keine Bären. Ebenso unerklärlich war mir, weshalb ich sicher war, diese Kette habe etwas mit dem bevorstehenden Treffen in Montreal zu tun.

Mit dem Gefühl, dass ich auf eine besondere Art und Weise geführt wurde und deshalb rechtzeitig erfahren würde, was ich bei der Versammlung zu tun hätte, reiste ich über Anchorage und

Seattle nach Vancouver, British Columbia, um von dort den Flug nach Montreal zu nehmen. In Anchorage wurden mir Unterlagen über die Weltnaturschutzstrategie zugefaxt – ein Entwurf der Vereinten Nationen als Orientierungshilfe für die Mitgliedsstaaten bei der Entwicklung von Gesetzen, Vorschriften und Richtlinien zum Umweltschutz. Dieses von hundertfünfundzwanzig Nationen auf der ganzen Welt unterzeichnete Dokument galt es anscheinend zu überarbeiten. Bei den diesbezüglichen Verhandlungen sollte ich nun also die Interessen der Ureinwohner Alaskas und anderer indigener Völker vertreten.

Da mir auf dem Flug von British Columbia nach Montreal ein Platz im hinteren Teil des Flugzeugs zugewiesen worden war, konnte ich die Passagiere sehen, die das Flugzeug bestiegen. Ich schaute nur beiläufig auf die Neuankömmlinge, bis ein Mann sein Gepäck in der Ablage über dem Sitz direkt vor mir verstauen wollte. Ganz offensichtlich handelte es sich um einen Indigenen – er hatte einen dunkelbraunen Teint und trug langes, geflochtenes Haar. Als er sein Gepäck untergebracht hatte, drehte er sich leicht in meine Richtung. Um seinen Hals hing genau die Bärenkrallen-Kette, die ich in meiner Vision gesehen hatte! Mein Herz begann schneller zu schlagen. »Dieser Mann wird mir zeigen, was ich in Montreal zu tun habe«, dachte ich.

Bevor er sich setzte, blickte mich der Mann mit seinen scharfen schwarzen Augen kurz an und nickte mir zu. Ich nickte ihm ebenfalls zu und fragte: »Auf dem Weg nach Montreal?«

»Ja, ich gehe dort zu einem großen Treffen«, antwortete er.

»Ich gehe auch an eine Versammlung«, erwiderte ich, »ein Treffen, bei dem es um die Weltnaturschutzstrategie geht.«

»Dann gehen wir an denselben Ort«, sagte er. »Ich heiße Joe Sarcasha.«

»Schön, dich kennenzulernen, mein Name ist Larry Merculieff, ich komme aus Alaska«, stellte ich mich vor.

»Es freut mich, dich kennenzulernen, Bruder. Ich werde die Pelztierjägervereinigung der Ureinwohner vertreten.«

Gutgelaunt antwortete ich: »Zumindest kenne ich nun eine Person, die auch dahin geht.« Dann setzte er sich und wir sprachen während des gesamten Flugs kein weiteres Wort miteinander.

Als ich in meinem Hotel ankam, begrüßte mich eine indigene Frau, die mir einen Stapel Papiere mit Informationen über das am folgenden Tag beginnende Treffen überreichte. Sie klärte mich darüber auf, dass fünfhundert Stammeshäuptlinge aus der gesamten westlichen Hemisphäre daran teilnehmen würden, und ich am dritten Tag zehn Minuten Zeit hätte, um ihnen an der Plenarsitzung meine Punkte darzulegen. Ich musste schlucken.

»Was wird dort von mir erwartet, das ich sage?«, fragte ich so nonchalant, wie ich nur eben konnte.

»Was auch immer du sagen willst«, antwortete sie sehr nüchtern. Mir war klar, dass diese Möglichkeit und diese Ehre, vor fünfhundert Stammeshäuptlingen zu sprechen, kein Zufall war. Und doch war ich aufgeregt. Ich sagte mir: »Ich bin kein Stammeshäuptling. Es muss einen guten Grund dafür geben, dass sie mich bitten zu sprechen, wenn sie doch rein gar nichts über mich wissen!«

Bereits am ersten Tag wurde klar, dass es sich um ein wirklich wichtiges Treffen handelte. Es war keine Bagatelle, so viele herausragende indigene Führungspersönlichkeiten aus so vielen Ländern der westlichen Welt an einen Ort zusammenzubringen. Eine derartige Zusammenkunft hatte ich noch nie gesehen. Wir versammelten uns alle in einem riesigen Konferenzraum mit Stühlen, die in konzentrischen Kreisen aufgestellt waren. Diese Art der traditionellen Anordnung bedeutete, dass alle in dem Kreis gleichberechtigt waren. Es gab keinen extra Tisch für die Chefs, nur ein Hauptmikrofon, das an einer Seite des großen Kreises stand, und mehrere drahtlose Mikrofone, die es den Teilnehmenden ermöglichten, gegebenenfalls auf den jeweiligen Hauptredner direkt einzugehen.

Das zu besprechende Thema lautete, wie die Weltnaturschutzstrategie entsprechend den Bedürfnissen und Vorstellungen der Ureinwohner abgeändert werden könnte und wie Eingeborenenvölker beim Erlass von Richtlinien, Vorschriften und Gesetzen berücksichtigt werden sollten. Man hoffte, eine einheitliche Position der Ureinwohner der Welt zu erreichen, bevor es zu einem weiteren Treffen mit den Vertretern der Vereinten Nationen kam. Ich hörte den Rednern gut zu, als sie, einer nach dem anderen, ans Mikrofon traten. Jedem, der sprechen wollte, wurden ein paar Minuten eingeräumt. Es gab nur wenige Redner, die formell eingeplant waren – einer von ihnen war ich.

Ich schätzte die Würde, mit der die Verhandlungen vonstattengingen. Alles schien integer und ehrlich zu verlaufen. Niemand wurde unterbrochen, jedem Redner wurde aufmerksam zugehört. Keiner nutzte seine Wortmeldung, um gegen das zu argumentieren, was der Vorredner vorgebracht hatte. Jeder legte einfach seine

Sicht dar. Dies war ein gänzlich anderes Verhalten, als es bei Beratungen üblich war, wie ich sie aus den Vereinigten Staaten kannte, in denen Menschen jeweils ausschließlich in ihrem eigenen Interesse argumentierten und sich gegen jeden richteten, der etwas anderes vorgeschlagen hatte. So etwas erlebte ich hier nicht.

An den beiden darauffolgenden Tagen beobachtete ich, hörte aufmerksam zu und lernte. Am Ton, in dem gesprochen wurde, an der Grundhaltung und an der Würde der Beratungen merkte ich, wie ernst all die Führungspersonen dieses Treffen nahmen. In der Annahme, Joe Sarcasha könne mir vielleicht einen Einblick in das geben, was ich bei diesem Treffen tun sollte, suchte ich während dieser Tage Gelegenheiten, um mit ihm zu sprechen. Und wenn sich keine Möglichkeit des Gesprächs fand, beobachtete ich ihn aufmerksam. Doch weder sagte noch tat er etwas, das mir irgendwie bedeutsam oder richtungsweisend schien – eine Tatsache, die, je näher der Zeitpunkt meines Vortrags rückte, mich immer stärker beunruhigte.

Es war eine halbe Stunde vor meinem Vortrag und ich wusste noch immer nicht, was ich zu tun hatte. Die Versammlung stand kurz davor, Maßnahmen zu den Themen der Weltnaturschutzstrategie zu beschließen. Auf der Suche nach Hinweisen beobachtete ich Joe wie ein Falke. Schließlich tat er etwas Auffallendes: Er verteilte Flyer an alle Anwesenden. Ich ging zu ihm und holte mir einen. Das Flugblatt legte dar, wie das nicht-indigene »System«, also die »Machthaber«, noch nie den Interessen indigener Völker gedient hatten und dass das größte von den indigenen Völkern durchlebte Leid und die schlimmsten Probleme von den Westlern verursacht worden waren. Nach dem, was ich an den Vortagen von vielen Rednern gehört hatte, waren diese Gedanken und dieses Gefühl allgegenwärtig. Des Weiteren schlug der Flyer als eine Form des Protests den Rückzug aus der Weltnaturschutzstrategie vor. Als ich diesen Vorschlag las, wusste ich augenblicklich, was ich den fünfhundert indigenen Häuptlingen sagen wollte.

Meine Zeit zu sprechen war gekommen, und ich begann langsam:

»Verehrte Älteste, geschätzte Anführer der indigenen Völker der Schildkröteninsel,* mit großer Demut trete ich heute vor euch. Ich

* *Turtle Island* ist ein Begriff, der von vielen indigenen Völkern für die westliche Hemisphäre verwendet wird.

überbringe euch Grüße von den indigenen Nationen Alaskas und ihre Gebete für eine erfolgreiche Versammlung. Ich meinerseits betete um Führung für das, was ich heute hier sagen will. Bis zu diesem Moment wusste ich nicht, was ich sagen soll, doch soeben wurden meine Gebete erhört. Ich möchte an das Mitgefühl dieser großartigen Versammlung appellieren und darum bitten, dass wir die zu treffenden Entscheidungen mit der Weisheit treffen, die nur aus unserem Herzen und nicht aus unserem Verstand kommen kann.

Wir alle wissen um das große Unrecht, das unseren Völkern vonseiten von Regierungen und Behörden der westlichen Welt zugefügt wurde, Ungerechtigkeiten, die sich bis zum heutigen Tag hinziehen. Wir wissen darum, dass unsere Stimmen in den unzähligen Foren, die wir besuchten, ungehört blieben. Man raubt uns noch immer unser Land. Und die Plünderung unserer Gewässer und Felder hält an. Unsere Bäume werden weiterhin gefällt. Unsere heiligen Stätten werden noch immer missachtet. Unsere Stimmen werden auf Regierungsebene ignoriert. Viele unserer Völker leben in Armut, manche von uns wurden gewaltsam vertrieben, weil irgendwelche Bauherren und Regierungen ihnen die produktivsten Ländereien entrissen haben. Viele unserer heiligen Bräuche werden von jenen verletzt, die sie für ihren eigenen Profit oder Egoismus missbrauchen und sie als Symbole für oberflächliche Dinge wie Schullogos oder Maskottchen verwenden. Und wir sehen die Auswirkungen auf den Geist, die Herzen und die Gedanken unserer großartigen Völker. Wir beobachten, wie viele unserer jungen Menschen vom rechten Weg abkommen und anfällig geworden sind für Gewalt, Drogen, Selbstmorde und Kriminalität. Wir sehen, wie viele unserer Leute geistig, körperlich und seelisch krank wurden und heute an Diabetes, Herzproblemen, Bluthochdruck und Krebs leiden. Wir sind Zeugen der anhaltenden Erosion unserer Kulturen und spirituellen Wege, denn unsere Dörfer und Familien geraten unter immer größeren Druck von außen.

Wir sehen darin die subtilste und heimtückischste Form von Völkermord, weil diese Symptome für gutmeinende Menschen der Mainstream-Gesellschaften weitgehend unsichtbar sind. Unser Volk stirbt langsam, doch haben wir es hier mit einem Tod zu tun, der verursacht wird durch die Entfremdung der Völker von ihren Herzen und durch Unwissenheit von riesigem Ausmaß. Wir können uns dafür entscheiden, Menschen wegen dieser Dinge zu bekämpfen. Wir können uns dafür entscheiden, mit Wut, Zorn und vielleicht sogar Hass gegen die Gruppen, Organisationen und Einzelpersonen anzugehen, die unseren Völkern so viel angetan haben. Wir können uns dafür entscheiden, uns Regierungen für ihre Ungerechtigkeiten gegenüber unseren Völkern in den Weg zu stellen. Wir haben immer eine Wahl, und ich rufe euch auf, genau dies zu bedenken.

Diese Dinge wurden unseren Völkern nur deshalb angetan, weil die Menschen, die so handeln, geistig schlafen. Es ist eine spirituelle Krankheit, an der sie leiden, und sie wissen noch nicht einmal davon oder verstehen sie nicht. Sie können es nicht besser wissen, es sei denn, wir zeigen ihnen einen anderen Weg. Einen Weg der Liebe. Einen Weg des Mitgefühls. Einen Weg der Weisheit. Unsere Vorfahren wussten, was es heißt, ein echter Mensch zu sein, und gingen auf diesem Weg der Schönheit. Wir müssen diese Traditionen fortführen und sie ehren, denn damit ehren wir unsere Vorfahren und schaffen die einzige Art von Kraft und Absicht, von der wir wollen, dass sie den kommenden sieben Generationen zuteilwird. Wenn wir uns aber für den Kampf entscheiden, dann hinterlassen wir ein Erbe der Trennung, der Ignoranz und der anhaltenden Gewalt für jene, die nach uns kommen. Lasst uns unsere Herzen auf eine gute Weise vereinen, um etwas zu erschaffen, das aus Liebe und Mitgefühl geboren wird. Nur so können wir eine dauerhafte Veränderung herbeiführen. Die Entscheidung liegt bei euch.«

Als ich zu Ende gesprochen hatte, atmete ich erleichtert auf. Ich schwitzte und zitterte vor Nervosität und war selbst überrascht, was aus meinem Mund gekommen war. Bis zu diesem Augenblick wusste ich nicht, ob das, was ich gesagt hatte, überhaupt irgendetwas bewirken würde, doch dann erhoben sich der Reihe nach mehrere der angesehensten Ältesten und Häuptlinge und bezeugten ihre Unterstützung für die von mir dargelegten Gedanken.

Schließlich kamen die Delegierten überein, mit dem Prozess fortzufahren – und zwar auf die Art und Weise »echter Menschen«. Zwei weitere Teilnehmer und ich wurden ausgewählt, eine Formulierung auszuarbeiten, welche den Wunsch der Delegationen widerspiegelte, ein Wortlaut solle Eingang in die Weltnaturschutzstrategie finden, der anerkannte und bekräftigte, dass indigene Völker ein wesentlicher Bestandteil der Umwelt sind und daher an den Entscheidungsprozessen der Unterzeichnerstaaten sinnvoll beteiligt werden müssen. Als Verfasser des Entwurfs wurden wir auch beauftragt, die Formulierung mit den UN-Beamten auszuhandeln. Als Redaktionsteam hatten wir keine Schwierigkeiten, einen Konsens in Sachen der Formulierung als solcher zu erzielen; eine echte Herausforderung bestand einzig darin, einen passenden Begriff zu finden, der alle unsere Völker, die wir repräsentierten, miteinschloss. Beispielsweise hörte ich dort erstmals davon, dass sich Gruppen in Afrika fälschlicherweise als »Indigene« bezeichnen, nur um Unterstützung vom Staat und von Stiftungen zu erhalten. Und ein weiterer Teilnehmer klärte uns darüber auf, dass das Adjektiv *aboriginal* in Australien mitunter abschätzig verwendet wird und wir diese negative Konnotation vermeiden sollten. Schließlich einigten wir uns auf die Bezeichnung *First Peoples* [in etwa: »ursprüngliche Völker«].

Vier Jahre später wurden unsere Formulierungen in der World Conservation Strategy anerkannt und fanden Eingang in das Dokument, das von einhundertfünfundzwanzig Nationalstaaten in einer Plenarsitzung der Vereinten Nationen angenommen wurde. Als alles abgeschlossen war, dankte ich mit vielen Gebeten dem Schöpfer und den Vorfahren für all die Hilfe, die mir widerfahren war. Ich wusste genau, dass es nicht mein Verdienst gewesen war, sondern dass alles einer demütig angenommenen Vision von einer Halskette sowie meinem offenen Herzen, mit dem ich um Führung gebeten hatte, zu verdanken war. Und diese Führung hatte ich erhalten.

25

Die Insel verändert sich – Teil I

Nachdem ich in den späten 1980er-Jahren unter Gouverneur Steve Cowper im Kabinett von Alaska als Leiter des Ministeriums für Handel und Wirtschaftsentwicklung gedient hatte, wurde ich als Stadtdirektor meines Heimatorts angestellt. Damals, 1990, ahnte ich noch nicht, welche Dramen uns in den darauffolgenden vier Jahren erwarteten, an denen ich direkt beteiligt sein sollte.

An meinem ersten Arbeitstag als Direktor fuhr ich durch die Stadt und war erschrocken über die vielen auswärtigen Berufsfischer, die betrunken durch die Straßen schwankten: Einer saß auf dem Bürgersteig neben der Bar, ganz unverhohlen beim Bier trinken; einer ging die Straße entlang mit einem Koffer auf seinen Schultern, ebenfalls eine Dose Bier in der Hand. Als ich im Rathaus ankam, unternahm ich erst einmal einen Rundgang durch das Gebäude. Dort waren die Stadtverwaltung, die örtliche Polizei, der Gerichtssaal und ein Radio- und Fernsehsender untergebracht. Im Obergeschoss befand sich unser Gemeindesaal, in dem ich mich an die unzähligen Weihnachtsaufführungen erinnerte und an den sechs Meter hohen Baum, reich geschmückt mit bunten Lichtern, Lametta, Kunstschnee, Zuckerstangen und einem riesigen Stern auf der Spitze. Hier war die Gemeinde jedes Jahr unmittelbar nach dem russisch-orthodoxen Weihnachtsfest zusammengekommen, um sich einfallsreiche und unglaublich lustige oder auch gruselige Vorführungen der Einheimischen anzusehen.

So war es zum Beispiel Tradition, dass sich einige Männer für diese Aufführungen als Frauen verkleideten und einige Frauen als Männer. Oft betonten die Kostüme auf übertriebene Weise die körperlichen Geschlechtsmerkmale. Die Männer befestigten riesige, mit Wasser gefüllte Luftballons an ihren Oberkörpern und dicke Kissen auf ihren Hintern, die Frauen trugen Gurken in ihren Hosen.

Diesen Sketch hatte ich immer gemocht: Eine »Frau«, im neunten Monat schwanger, befand sich in den Wehen. Diese Frau wurde dann von »männlichen« Ärzten, die die Entbindung durchführen sollten, auf eine Trage gelegt. »Aua, aua, aua«, schrie die schwangere Frau, »das tut wirklich, wirklich weh.«

»Lassen Sie mich Ihre Schmerzen behandeln«, sagte der leitende Arzt und begann die Brust der Frau zu massieren, worauf prompt einer der Ballons platzte. »Na, fühlt sich das schon besser an?«

»Aua, aua, oooooooooooh«, schmachtete die Frau.

»Okay, das hört sich schon besser an. Jetzt aber wieder zurück an die Arbeit, Kollegen. Ihre Fruchtblase ist geplatzt!«, verkündete der Arzt.

»Kettensäge!«, befahl der leitende Arzt mit ausgestreckter Hand.

»Doktor, achten Sie bitte auf meinen Schlüpfer! Zerschneiden Sie mir nicht meinen Schlüpfer!«, schrie die Frau.

»Meißel!«

»Was haben Sie denn damit vor?«, rief die Frau.

»Oh, das weiß ich nicht, aber es fühlt sich gut an, ein richtiges Männerwerkzeug in den Händen zu halten«, antwortete der Arzt. »Hammer! Schnell, ich werde diesen kleinen Scheißer schon rauskriegen!«

»Oh, Doktor, das wird sich aber nicht gut anfühlen, oder?«, fragte die Frau stöhnend.

Dann der Arzt: »Das ist nur eine Nebenwirkung. Aber urinieren Sie nicht, wenn ich auf Ihren Bauch drücke.« Und schon spritzte ein dichter Strahl gelben Wassers mindestens einen Meter hoch in die Luft, als der Arzt auf ihren Bauch drückte. »Da haben wir die Sauerei! Ich hab' Sie doch gebeten, es nicht zu tun! Jetzt muss ich selbst Wasser lassen. Eimer!«, befahl der Arzt. Geräusche von Flüssigkeit, die in den Eimer prasselte, waren zu hören und der Arzt grinste albern über das ganze Gesicht.

Dann entnahm der Arzt der »Gebärmutter« der Frau eine Dose Limonade, eine Packung Müsliflocken, eine Schachtel Popcorn, ein paar Bettlaken, einen Apfel, einen Schuh, einen Büstenhalter, ein Paar Shorts, und schließlich kam das Baby heraus: eine Raggedy-Ann-Puppe!

»Oh, sie hat rote Haare!«, rief eine Krankenschwester. »Wie kommt eine Unangan zu einem rothaarigen Baby? Und schauen Sie, wie gelenkig sie ist!« Sie warf die Puppe drei Meter in die Luft.

Dann brach die Gemeinde in schallendes Gelächter aus, als das Neujahrsbaby wieder auf die Beine kam. Der Mann, der von sich glaubte, er wäre der größte Macho im Dorf, wurde jeweils ausgewählt, die Rolle des Babys zu spielen. Er trug Windeln, eine Babyhaube und hatte eine Suskaax, eine mit Milch gefüllte Babyflasche, im Mund. Der Mann musste sich die ganze Nacht über wie ein Kleinkind aufführen. Ich dachte darüber nach, wie klug diese Idee eigentlich ist – übermäßige Machos dazu zu bringen, über ihr Verhalten nachzudenken, und Humor zu nutzen, um an einem Super-Macho ein Exempel zu statuieren.

»So, unser Job hier ist erledigt«, sagte der Arzt. »Jetzt lasst uns mit unserer eigentlichen Arbeit weitermachen und verstopfte Toiletten reparieren.«

Für den Rest des Abends mussten die als Frauen verkleideten Männer sich weiterhin wie Frauen aufführen und die als Männer verkleideten Frauen wie Männer. Das war immer urkomisch, weil viele der »Frauen« auch als »Männer von Männern« angesehen wurden, und ein »Mann eines Mannes« keine Probleme damit hatte, sich feminin zu verhalten. Die Live-Band der Einheimischen spielte traditionelle Gitarren- und Klaviermusik, und die »Frauen« und »Männer« wählten sich Partner des »anderen Geschlechts« aus dem Publikum aus, um sie zu einem langsamen Tanz aufzufordern. Der russisch-orthodoxe Priester der Gemeinde, natürlich immer ein Mann, durfte wegen der Regeln des Priestertums nur mit seiner eigenen Frau oder anderen Männern tanzen, niemals aber mit anderen Frauen.

Unser Volk lacht gerne, und diese Nacht war keine Ausnahme, auch wenn wir im Jahr zuvor einen ähnlichen Sketch gesehen hatten. Die Kinder waren immer überglücklich und fasziniert, wenn Erwachsene alberne Dinge taten. Später im Leben kam ich zur Ansicht, dass solche volkstümlichen Aufführungen eine gute Möglichkeit darstellen, sich spielerisch über das andere Geschlecht lustig zu machen. Und auf diese Art und Weise war man daran erinnert, dass in jedem von uns angeborene Aspekte des anderen Geschlechts stecken, was nicht nur in Ordnung war, sondern gefeiert wurde. Ich bin dankbar, dass diese Brauchtümer bis heute weitergeführt werden.

Nach diesem Ausflug in die Vergangenheit, kehrten meine Gedanken zurück in die Gegenwart. Als ich nun in diesem Saal stand, in dem sich so wunderbare Gemeindefeiern zugetragen hatten, war ich schockiert über die vielen Videospielstationen, die jetzt fast zwei Drittel des Raumes einnahmen. Die ehemals riesige Tanzfläche umfasste nun noch ein Viertel ihrer Originalgröße. Ich sah mir diese Gaming-Konsolen an, deren Programme allesamt auf Gewalt ausgerichtet waren und Punkte vergaben für das Erschießen oder das Niederschlagen und Treten des Gegners, bis er k.-o. und ausgeschaltet war. Ich war entsetzt, dass dieser kostbare Saal, der einst Zusammengehörigkeit und Gemeinschaftsgefühl gefördert hatte, nun für Zerstörungsspiele genutzt wurde. Also bestand meine erste offizielle Handlung als Stadtdirektor in der Anweisung, dass sämtliche Computerspielkonsolen entfernt und die Trennwände abzubauen seien und der Gemeindesaal wieder so hergerichtet werden müsse, wie ich ihn als Kind und Teenager erlebt hatte. Aber natürlich erhoben die meisten jugendlichen Spieler innerhalb der Gemeinde lautstarken Protest, und mehrere Eltern waren sehr verärgert.

»Warum hast du das getan?«, schrie mich eine Frau an. »Jetzt wissen unsere Kinder wieder nicht, was sie mit sich anfangen sollen, und das bedeutet Ärger!«

Ich antwortete in etwas flehendem Ton und mit so viel Sensibilität und Diplomatie, wie ich aufbringen konnte: »Schau, Molly, diese Kinder spielen Spiele, in denen es einzig darum geht, sich gegenseitig zu verprügeln und zu töten. Das tut ihnen nicht gut. Ich werde der Gemeinde helfen, andere, bessere Dinge zu finden, die sie tun können, und ich bitte dich, mir dabei zu helfen! Erinnerst du dich denn nicht an unsere wunderbaren Weihnachtsprogramme, Gemeinschaftsveranstaltungen, Tänze und Muskahraatax-Sketche hier? Meinst du nicht auch, es wäre schön, diese Dinge wieder aufleben zu lassen?«

»Na ja, schon, aber welche Aktivitäten können wir den *Kindern* bieten?«

»Ich werde mich mit den jungen Leuten in der Schule treffen und mir anhören, ob sie bereit wären, mit mir gemeinsam etwas auf die Beine zu stellen«, antwortete ich. Damit war sie zufrieden. Anschließend besprach ich mich mit den Schülerinnen und Schülern, und sie entschieden, sich für Umweltbelange auf der Insel einsetzen zu wollen. Zuerst bastelten sie Rattenfallen (die Tiere wurden manchmal über Frachtschiffe im Hafen von Saint Paul eingeschleppt und können ganze Vogelkolonien vernichten), räumten Schutt von den Stränden weg und setzen sich ein für die Schadstoffbeseitigung bei den sieben Fischerboten, die in den letzten Jahren in der Nähe der Robbenbrutplätze und Vogelkolonien auf Grund gelaufen waren.

Die Ältesten und die älteren Erwachsenen waren natürlich begeistert von der Idee, den Gemeindesaal wieder in den ursprünglichen Zustand zu versetzen. Wir feierten die Neueröffnung zusammen mit dem Gemeindeweihnachtsfest, dem ersten nach vier Jahren. Alle Ältesten äußerten ihre Freude über die Renovierung; ein schöneres Lob hätte ich mir nicht vorstellen können.

Als Nächstes forderte ich den Polizeichef zum Rücktritt auf und stellte einen neuen ein: Scott Stender, der bereits Mitglied des örtlichen Polizeiteams war. Scott ist ein freundlicher, großgewachsener Mann, der früher bei der Militärpolizei gedient und danach bei der Polizei im Bundesstaat Washington gearbeitet hat. Scott war erfahren, was die Arbeit in Indianerreservaten betraf, als er sich für den Polizeidienst auf der Insel Saint Paul bewarb. Als Erstes wies ich ihn an, die städtische Verordnung gegen Trunkenheit am Steuer, öffentlichen Alkoholkonsum und Schmuggel von hochprozentigem Alkohol durchzusetzen.

Meine Mutter sagte: »Vor den betrunkenen Fischern fürchte ich mich nicht; Angst habe ich vor den Teenagern, die trinken und dann Auto fahren.« Ich konnte gut nachvollziehen, was sie meinte. Wenn die Schiffe im Hafen eingelaufen waren, ließen die Fischer lediglich Dampf ab, was in der Regel bedeutete, dass sie Alkohol konsumierten. Aber sie schleppten dann Sixpacks Bier mit sich herum, setzten sich irgendwo draußen hin und betranken sich bis zur Betäubung. Es war ihnen völlig egal, was die Leute von ihnen dachten, und sie führten sich auf, als gehörte die Stadt ihnen.

Die Durchsetzung der Verordnung führte im ersten Monat zu dreißig Festnahmen im Zusammenhang mit Fahren unter Alkohol- und Rauschmitteleinwirkung. Im darauffolgenden Monat hatten wir nur noch zwei Anzeigen und keinen einzigen Fischer oder sonst jemanden mehr, der in der Öffentlichkeit Bier trank.

Um die auswärtigen kommerziellen Krabbenfischer endgültig davon abzuhalten, unsere Stadt unsicher zu machen, bedurfte es schlussendlich eines Vorfalls, der direkt aus einem Filmdrehbuch hätte stammen können und den Fischern klarmachte, dass sie diese Stadt zu respektieren hatten.

Jeff, einer unserer Verkehrspolizisten, meldete sich über Polizeifunk beim Polizeichef: »Äh… Chef, wir haben scheinbar ein Problem auf dem Sportplatz. Es wurde gemeldet, dort stünden sich zwanzig oder dreißig Kerle gegenüber und seien bereit, sich gegenseitig umzubringen. Und sie haben Waffen!«

»Roger. Ich bin schon auf dem Weg!« Scott schnappte sich zwei Blendgranaten und ein Gewehr und informierte via Funk Jeff und mich über seinen Plan. »Boss«, erklärte Scott ganz ruhig, »wir haben es hier mit einer heiklen Situation zu tun und ich brauche deine Anweisungen.« Er informierte mich darüber, was los war, und sagte dann: »Ich habe einen Plan, aber ich brauche deine Rückendeckung.« Er erklärte kurz, was er vorhabe, und ich versicherte ihm, dass ich ihm »Deckung geben« würde. »Danke, Chef. Willst du dazu kommen? Als Augenzeuge?«

»Auf jeden Fall, Scott. Bin schon auf dem Weg.«

Scott wandte sich dann an Jeff: »Jeff, ich will ihre Aufmerksamkeit auf die Blendgranaten lenken, sodass ich währenddessen hoffentlich die Möglichkeit habe, sie über den Fahrzeug-Lautsprecher von dem Unsinn abzubringen! Und wir müssen die Gruppen auseinandertreiben; du nimmst dir eine der beiden vor!«

»Verstanden und Roger«, antwortete Jeff.

Scott und Jeff, beide ausgebildete Polizisten und überdies Brüder, trafen gleichzeitig, aber in verschiedenen Wagen ein und sahen sich mit einer unglaublichen Szene konfrontiert. Einheimische Männer prügelten sich mit etwa zwanzig Berufsfischern, die in dieser Nacht auf Landgang in den Ort gekommen waren. Auf beiden Seiten waren etliche der Männer mit Messern, Holzlatten und Metallrohren bewaffnet. Einige hatten große Steine in den Händen.

Scott sprang aus seinem Fahrzeug und zündete eine Blendgranate, die mit einem dramatischen, lauten Knall und einem grellen Blitz losging. Die tobenden Männer hielten inne. Scott schnappte sich schnell sein Gewehr und sprach über den Lautsprecher seines Fahrzeugs mit geschulter und kräftiger Stimme, die seine Autorität ausdrückte: »Hier spricht die Polizei von Saint Paul! Lasst alle sofort eure Waffen fallen und legt euch auf den Boden, sonst werdet ihr die Konsequenzen zu spüren bekommen!« Bis auf zwei taten die Männer, wie ihnen befohlen worden war. Jeff fuhr dann seinen Wagen zwischen die Männer, um die Gruppen voneinander zu trennen. Ein Mann behielt sein Messer in der Hand, und Scott ging bis auf drei Meter auf ihn zu.

»Mister, wenn Sie nicht sofort Ihre Waffe fallen lassen und sich mit dem Gesicht nach unten auf den Boden legen, muss ich davon ausgehen, dass Sie es einsetzen wollen«, erklärte Scott und hielt sein Gewehr hoch. Der Mann ließ sein Messer fallen und legte sich auf den Boden. Als Scott dem Fischer Handschellen anlegte, sagte er: »Sie werden der Anstiftung zum Aufruhr und des Einsatzes einer tödlichen Waffe mit dem Vorsatz der Körperverletzung beschuldigt!« Als die Handschellen einrasteten, drehte sich Scott zu dem anderen, noch immer aufrechtstehenden Mann um: »Wenn du deinem Freund nicht wegen Aufruhr und Waffenbesitz in unser kleines Gefängnis folgen möchtest, den Job verlieren und zusehen willst, wie du auf eigene Faust von dieser Insel wegkommst, dann lass jetzt besser die Waffe fallen!« Wie von Scott befohlen, gehorchte auch der zweite Mann schnell und wich zurück.

»Alle, die nicht von hier stammen, verschwinden jetzt und kehren auf ihr Schiff zurück! Ihr seid in dieser Stadt nicht mehr willkommen, und ich werde dafür sorgen, dass euer Kapitän davon erfährt«, erklärte Scott über die Lautsprecheranlage. Einige einheimische Bürger beobachteten das Drama vom Hügel aus und applaudierten.

Zwanzig Berufsfischer machten sich auf den Weg zum Dock, während Jeff in seinem Fahrzeug und Scott zu Fuß, das Gewehr in der Hand, ihnen folgten. Scott wies dann die Einheimischen an, sich aufzulösen und nach Hause zu gehen, und ordnete an, dass die einzige Bar, die der Stammesführung gehört und nur Bier verkauft, für den Rest des Abends zu schließen hatte. Auch der örtliche Stammespräsident hielt dies für eine kluge Idee und stimmte zu. Später fand ich heraus, dass der Aufruhr begonnen hatte, nachdem einer der auswärtigen Berufsfischer in der Bar einige anzügliche Bemerkungen gegenüber einer einheimischen verheirateten Frau gemacht hatte, was zu einer sofortigen Reaktion der einheimischen Männer führte.

Und so verlief mein erstes Jahr als Stadtdirektor auf einer kleinen, abgelegenen Insel mitten in der Beringsee. Mitunter ein bisschen surreal vielleicht – wie in dieser Szene, die aus einem B-Picture-Wildwestfilm hätte stammen können, in dem ein neuer Sheriff in die Stadt kommt, um aufzuräumen –, aber das Leben in der Gemeinde wurde tatsächlich friedlicher und die Ältesten gingen wieder entspannt durch die Straßen.

26

Die Insel verändert sich – Teil II

Nachdem ich mich darauf konzentriert hatte, die Stadt etwas aufzuräumen, richtete ich meine Anstrengungen auf die Umweltprobleme. Die Menschen waren stolz auf ihre Insel und beteiligten sich aktiv an deren Bewahrung. Mindestens ein Dutzend Haushalte hatten mich angerufen, um mich darüber zu informieren, dass Arbeiter von den Fischtrawlern während ihres Landurlaubs die Pelzrobben am Dorfstrand aufschreckten. Mike Zacharof und ich mobilisierten eine Gruppe von Männern, gingen hinunter an den Strand und brachten die Arbeiter dazu, damit aufzuhören. Zudem bat ich Scott, die Besitzer der Trawler aufzufordern, die beurlaubten Männer zurückzurufen und ihnen zu sagen, dass sie auf der Insel nicht mehr willkommen wären, sollten sie ihr Verhalten nicht unterlassen. Dieser Anweisung ihrer Vorgesetzten mussten sie nachkommen und so hatten wir nie wieder Probleme mit den Arbeitern von den Fischtrawlern.

Ein weiteres Problem waren die sieben Schiffe, die vor Saint Paul auf Grund gelaufen waren. Die aufgegebenen Wracks lagen an verschiedenen Orten direkt neben den Brutplätzen von Pelzrobben und den Vogelfelsen. Als eines von ihnen, die einhundertzehn Meter lange *Ruyuyu Maru,* ganz in der Nähe der Klippen gegenüber dem Dorf auf Grund gelaufen war, wusste die US-Küstenwache in der LORAN-Station auf der Insel nicht, wie sie die Männer retten sollte, da es keine Straßen gab, die zur Unglücksstelle führten. Die sturmgepeitschten Wellen machten es der Besatzung unmöglich, von Bord und in Sicherheit zu gelangen. Aber die Männer aus dem Ort wussten, was zu tun war. Sie improvisierten auf der sechzig Meter hohen Klippe einen Seilzug über ein Dreibein und zogen die Schiffbrüchigen nach oben. Die Rettung der Seeleute gelang, allerdings ließ man das Schiff neben den Vogelklippen verrosten. Ich weiß noch gut, wie traurig ich damals war, dass die Vögel unter den Folgen zu leiden haben würden. Nun erinnerte ich mich an dieses und all die anderen Schiffe, die im

Laufe der Zeit bei Sturm vor der Insel auf Grund gelaufen waren, und entschied, wir könnten und sollten etwas tun.

Zunächst nahmen wir mit dem Eigner eines der Schiffe Kontakt auf, um zu klären, wann er plane, die Überreste des rostigen Wracks zu entfernen. Man teilte uns mit, dass man das Schiff aufgegeben habe und wir uns an den Versicherungsvertreter des Eigentümers wenden müssten. Wir kontaktierten also den Versicherungsvertreter, der sagte, der Vermögenswert sei bereits abgeschrieben worden und dass er, da es keine Verletzten gegeben habe, keinen Haftungsgrund sähe. Unsere nächste Anlaufstation war die nationale Fischereibehörde, weil mehrere der Schiffe direkt neben Pelzrobbenkolonien auf Grund gelaufen waren. Die Antwort lautete: »Wir können da gar nichts machen. Sie sollten es beim US Fish and Wildlife Service versuchen.« Dort erhielten wir eine ähnlich lautende Antwort mit dem Vorschlag, dass wir uns an die US-Küstenwache wenden sollten. Diese wiederum ließ uns wissen, dass sie für solche Angelegenheiten nicht zuständig sei, weil die Vereinigten Staaten nicht Vertragspartei des UN-Seerechtsübereinkommens seien. Da sämtliche Parteien und infrage kommenden Behörden eine Verantwortung bestritten, beschlossen wir, sie alle zu verklagen. Mit Einverständnis der zuständigen Instanzen der Insel teilten wir den Parteien unsere Absicht mit – und das brach das Eis. Es gelang uns, die nötigen Mittel für den Rückbau sämtlicher Schiffe zu beschaffen und diese loszuwerden.

Unglücklicherweise entschied das örtliche Unternehmen, das den Auftrag zur Strandreinigung erhielt, die Metallteile in einem Graben auf der Insel zu verscharren. Ich war fassungslos. Ich beschloss, mich an die Schulkinder zu wenden, die früher die Video-Spielhalle im Gemeindehaus benutzt hatten. Ich bat um eine Schulversammlung und erläuterte die Situation: »Wir konnten die Verantwortlichen zur Kasse bitten, um die Schiffswracks zu beseitigen; dies ist ein guter erster Schritt. Das örtliche Unternehmen, das seit Kurzem eine neue Leitung hat, bekam zwar den Vertrag zu deren Beseitigung, aber sie planen, das Metall auf unserem Land zu vergraben. Findet ihr das eine gute Idee?«

»Nein«, antworteten die Kinder einstimmig und deutlich.

»Nun, wollt ihr etwas dagegen unternehmen?«

»Ja!«, antworteten sie ebenso laut und entschieden.

Also weihte ich sie in einen Plan ein, der vielleicht funktionieren könnte und vorsah, dass sie Protestplakate anfertigen und sich bei ihren Eltern dafür einsetzen würden, dass das Metall von der Insel weggebracht und in einem Recyclingzentrum entsorgt werden müsse. Die Schüler willigten eifrig ein und in Windeseile hingen überall im Dorf Plakate mit Slogans wie »Macht aus unserer Insel keine Müllkippe«, »Halten wir Saint Paul sauber« und »Lasst uns recyceln«. Sie lobbyierten in ihren Elternhäusern und bastelten sogar Armbinden, die sie überall trugen, um ihren Einsatz für eine saubere Insel bekannt zu machen. In der Zwischenzeit regte ich die Schüler an herauszufinden, welche möglichen Recyclingfirmen es da draußen gäbe. Ihre Nachforschungen führten zu einem Unternehmen in Tacoma, Washington, das große Metallteile annahm, und die Schüler gaben diese Informationen an das örtliche Unternehmen weiter. In der Folge handelte das Dorf mit der Firma aus Tacoma die Konditionen aus und so wurden die Wracks schließlich demontiert und von unserer Insel verschifft. Bis heute bin ich stolz auf diese Schülerinnen und Schüler. Ohne ihr Eingreifen hätten wir heute einen Schiffsfriedhof an unserer Küste. Ein großes Lob gebührt auch der neuen Leitung des örtlichen Unternehmens, die den Schülern und ihren Eltern zuhörte.

Nachdem die Schiffswracks von der Insel beseitigt worden waren, nahm ich neue Aufgaben ins Visier. Art Sowls, ein Mitarbeiter des US Fish and Wildlife Service, fragte mich, ob wir etwas gegen die Ratten unternehmen könnten, die von den Fischtrawlern eingeschleppt wurden, wenn diese in unseren Hafen einliefen, um ihre Krabben beim örtlichen Verarbeitungsbetrieb anzuliefern. Ich stimmte zu und fragte: »Was wissen wir genau über diese Ratten?«

»Nun,« antwortete Art, »wir wissen, dass diese Ratten von den Schiffen klettern können und derart fruchtbar sind, dass schon ein Männchen und ein Weibchen genügen, damit es auf der Insel bald nur so von ihnen wimmelt. Und wir wissen von den Ratten auf den Aleuteninseln, dass sie Brutkolonien von Seevögeln dezimieren können. Ich habe von einem Typen gehört, der weiß, wie man mit dieser Art Ratten umgehen muss. Er gilt weltweit als ein Experte auf dem Gebiet. Wir sollten mit ihm reden.«

Ich war einverstanden. Nachdem ich mit dem Rattenexperten gesprochen hatte, führten wir auf Saint Paul die damals strengste Rattenverordnung in den Vereinigten Staaten ein. Jedes Motorschiff, das in unseren Hafen einfahren wollte, wurde zuvor von einheimischem, geschultem Personal inspiziert, und jedes Schiff, bei dem es Hinweise auf Rattenbefall gab, musste die Insel augenblicklich wieder verlassen. Die Besatzung musste einen Nachweis vorlegen, dass ihr Schiff inspiziert und als frei von Ratten befunden worden war, um in Saint Paul an Land gehen zu dürfen. Auch bei dieser Anstrengung bezogen wir die Schüler und Schülerinnen mit ein. Sie bauten Rattenfallen und beklebten sie mit Aufklärungsbotschaften, die sie über Ratten vermitteln wollten. Diese Fallen stellten wir rund um die Docks am Hafen und um die Mülldeponie der Gemeinde auf. Bisher haben diese Maßnahmen funktioniert.

Nachdem wir unseren Erfolg bei der Verhinderung des Eindringens von Ratten unter Beweis gestellt hatten, konzentrierte sich der US Fish and Wildlife Service auf die Vernichtung der Rattenbestände auf den Aleuteninseln. Dies erforderte enorme Anstrengungen, aber mittlerweile haben sie es geschafft, eine der Inseln vom Rattenbefall vollständig zu befreien.

27

Eine Unangan-Liebesgeschichte

Das vielleicht bewegendste Erlebnis in meiner Zeit als Stadtdirektor trug sich zu, als ein Angestellter, er war etwa zehn Jahre jünger als ich, in mein Büro kam und um eine Unterredung bat. Ich kannte ihn seit meinen Teenagertagen, als er noch ein kleiner Junge war. In einem Dorf weiß man um die Lebensgeschichten aller Gemeindemitglieder, und so kannte auch ich die seine.

Er wurde in eine Familie hineingeboren, die seit jeher unter Alkoholproblemen gelitten hatte. Damals brauten die Unangan ihr Bier oder »Peeva«, wie es auf Unangam Tunuu hieß, noch selbst, was in den Augen des US-Regierungsvertreters illegal war. Wie in Kapitel 7 beschrieben, wurde Peeva in großen Holzfässern aus

Zutaten zusammengebraut, von denen ich einige hier besser nicht auflisten werde. Dieses Gemisch ließ man in den Fässern einige Wochen lang fermentieren. In seinem Bestreben, die gebrauten Mengen möglichst zu begrenzen, sorgte der Regierungsvertreter dafür, dass im staatlichen Einkaufsladen viele der Zutaten für das »Selbstgebraute« rationiert waren. Doch irgendwie war jeder, der sich Peeva in welcher Menge auch immer zusammenbrauen wollte, dazu in der Lage.

Als Kind hasste ich dieses Gesöff, nicht nur wegen seines üblen Geschmacks, sondern auch für das, was es bewirkte und repräsentierte: In jeden Unangan-Haushalt brachte es Kummer, Drama und Trauma. An jedem Wochenende und an jedem Feiertag konnte man darauf zählen, dass die Erwachsenen sich damit bis zur Bewusstlosigkeit betranken. Ich hatte mein Leben lang mit der Heilung der Traumata aus jenen Zeiten zu tun, Zeiten, in denen den meisten Erwachsenen nicht zu trauen war. Viele meiner Altersgenossen, wie auch meine Schwester und ich, wurden sexuell belästigt, wenn unsere Eltern zum »Feiern« unterwegs waren. Niemals werde ich vergessen, als es unter Alkoholeinfluss bei einer dieser Feiern in unserem Haus zu einer Schlägerei zwischen meinem Onkel und einem anderen Mann gekommen war, dessen heftiger Faustschlag den Kiefer meines Onkels traf und ihn sofort bewusstlos zu Boden warf. Ich war so außer mir und voller Angst, bis ich zu meinem Erstaunen wahrnahm, dass mein Onkel laut schnarchte, als würde er bloß schlafen.

Ein anderes Mal, als ich in den Weihnachtsferien unterwegs zum Haus eines Freundes war, um mir seine neuen Spielsachen anzuschauen, hörte ich lautes Geschrei aus einem der Häuser. Irgendein Ehepaar trug einen schrecklichen Streit aus. Die Haustür flog auf und der Mann schleifte seine Frau an ihren Haaren hinter sich her nach draußen. Die Frau schrie vor Angst und Schmerzen. Ich wollte helfen, aber ich wusste genau, dass ich als Achtjähriger nichts ausrichten konnte. Gesicht und Hals des Mannes waren dunkelrot vor Zorn. Sein heftiges Zerren hatte einen großen Teil der Haare aus der Kopfhaut seiner Frau gerissen. Alles war blutüberströmt und die Frau verlor ihr Bewusstsein. Ich dachte, sie sei tot. Dann schien der Mann zur Besinnung zu kommen, fiel auf die Knie und stieß ein qualvolles Heulen aus. Ich war dermaßen erschrocken, dass ich heftig schluchzend nach Hause rannte, wo aber niemand auf mich wartete. Ich legte mich in mein

Feldbett und zog mir die Decke über den Kopf, um alles um mich herum auszublenden. Ob meines krampfhaften Versuchs, das gerade Gesehene aus meinen Kopf zu verbannen, fiel ich in einen Schlaf voller Alpträume.

Ich konnte mir also gut vorstellen, wie es um die Kindheit dieses Mannes bestellt gewesen sein musste, der jetzt vor mir in meinem Büro stand. Ich hatte Eltern gehabt, die mich zumindest ernährt und gekleidet und sich, so gut es ihnen möglich war, um mich gesorgt hatten. Dieser Mann hingegen hatte nie ein auch nur teilweise intaktes Zuhause erlebt. Seine Eltern waren Schwerstalkoholiker gewesen, die fast täglich tranken. Ihre Kinder mussten stets in den Häusern anderer Menschen schlafen, waren immer hungrig und armselig gekleidet. Der Mann in meinem Büro war selbst seit seiner Teenagerzeit Alkoholiker und hatte bereits davor mit Alkohol herumexperimentiert. Die Jahre des Schmerzes waren in seinem aufgedunsenen Gesicht zu lesen. Seine Augen blickten auf den Boden und sein Körper war in sich zusammengesackt, als ob er schweres Gepäck zu tragen hätte.

Ich begrüßte ihn: »Schön, dich zu sehen, Bucky Boy!« Das war sein Spitzname, mit dem er aufgewachsen war. »Setz dich und erzähl mir, was ich für dich tun kann.« Es musste etwas wirklich Wichtiges sein – Bucky Boy hatte in seinem ganzen Leben noch nie um einen Termin bei einem seiner Arbeitgeber gebeten. Er hatte eine geringe Selbstachtung und hätte sich nie getraut, an irgendeiner geschäftlichen Besprechung teilzunehmen, geschweige denn an einem persönlichen Gespräch mit dem »Big Boss«.

Bucky Boy, seinen Blick auf den Boden gerichtet, rutschte unruhig auf seinem Sitz herum. Ohne mir in die Augen zu schauen, sagte er fast flüsternd: »Ich brauche deine Hilfe, Larry, ich will einen Alkoholentzug machen.« Mir war klar, dass er meinte, was er sagte – dafür kannte ich ihn lange genug. Es musste ihn eine riesige Überwindung gekostet haben, an diesem Tag in mein Büro zu kommen. In dem Moment konnte ich erahnen, worum es ihm ging: Im Dorf gab es keine Entziehungsklinik; die nächste lag auf dem Festland, in Anchorage, rund tausenddreihundert Kilometer entfernt. Ein Flugticket kostete einen Dollar pro Kilometer. In Anchorage gab es, soviel ich wusste, drei Entziehungskliniken und jede davon würde Tausende von Dollar kosten. Dieser Mann hatte den größten Teil seines Lebens nur den Mindestlohn verdient, also bat er hier ganz offensichtlich die Gemeinde um Unterstützung.

Doch weder die Gemeindepolitik noch das Gemeindebudget sahen irgendetwas Derartiges vor.

»Ich glaube dir, Bucky«, sagte ich. »Ich will versuchen, dir zu helfen. Wärst du bereit, sofort zu gehen, sobald ich etwas arrangiert habe?«

»Ja«, erwiderte Bucky, »ich bin dazu bereit.«

Ich antwortete sanft: »Das freut mich, Bucky. Jeder, der mit dem Trinken Schluss machen will, wird meine Unterstützung bekommen. Und du wirst es nicht bereuen, aber es wird nicht leicht sein.«

»Ich weiß. Danke«, sagte er mit Tränen in den Augen.

Mir war bewusst, dass mein Entschluss, Tausende von Dollar aus dem städtischen Haushalt für etwas auszugeben, das nie zuvor vom Stadtrat genehmigt worden war, zu politischen Auseinandersetzungen mit bestimmten Mitarbeitern der Stadtverwaltung und den anderen Stadträten führen würde. Was ich aber auch wusste, war, dass es im Zusammenhang mit Alkoholismus Gelegenheiten gibt, die unmittelbar ergriffen werden müssen und keinen Aufschub dulden. Dies war so eine Gelegenheit und ich würde sie nicht verpassen, egal, was es kostete.

»Larry, das kannst du nicht machen. Wir haben dafür keine Befugnis!«, beschwerte sich eine Mitarbeiterin der Stadtverwaltung, nachdem ihr zu Ohren gekommen war, wozu ich die Buchhaltung angewiesen hatte. »Du schaffst damit einen Präzedenzfall. Viele der städtischen Angestellten haben Alkoholprobleme. Willst du allen eine Entziehungskur ermöglichen, wenn sie danach fragen?«, rief sie laut aus. »Und zudem: Das könnte dich gut und gern deinen Job kosten!«

Ich wusste, dass Darcy es gut meinte und ein großes Herz hatte. Also stellte ich ihre Beweggründe für diese Beschwerde nicht infrage. »Darcy, ich habe mich bereits entschieden, und wir werden es tun. Ich kann das Leben eines Menschen nicht mit Dollar aufwiegen! Wenn das Geld einem einzigen Menschen das Leben rettet, ist es das wert! Mehr habe ich zu diesem Thema nicht zu sagen!«

Bucky Boy hielt an seinem Entschluss fest, als ich mit der Entziehungsklinik und der Fluggesellschaft alles ausgehandelt hatte. Er sollte einen Monat lang in der Klinik verbringen, während dem ihm jedweder Kontakt nach außen untersagt war. Ich wusste, dass er durch die Hölle gehen würde, denn ich hatte Menschen erlebt, die nach einem dreimonatigen täglichen Alkoholexzess entgiftet wurden – im Delirium plapperten sie zusammenhangslos vor sich her, waren inkontinent und einige trugen sogar Windeln, damit sie sich selbst nicht mit Urin oder mit Exkrementen beschmutzten. Einer musste ans Bett gefesselt werden, weil er sich sämtliche Kanülen herausriss, die seinem stark dehydrierten Körper Vitamine, Mineralien und Flüssigkeiten zukommen ließen. Mitzuerleben, dass Erwachsene sich wie tollwütige Tiere aufführten, war herzzerreißend. Ja, Bucky Boy hatte sich da echt etwas vorgenommen.

Zwei Wochen später wurde ich von meiner Sekretärin überrascht, die mich wissen ließ: »Larry, Bucky Boy ist am Telefon und möchte mit dir reden.«

»Bucky Boy, schön dich zu hören, mein Freund. Wie kommt es, dass du mich anrufen kannst?« Ich war erstaunt, weil es Entgiftungspatienten bis zum letzten Tag ihres einmonatigen Programms eigentlich nicht gestattet war, mit Außenstehenden Kontakt aufzunehmen.

Die Stimme von Bucky Boy war klar und ernst: »Larry, ich muss dir etwas sagen. Ich bin ärztlich untersucht worden und mir wurde mitgeteilt, dass ich Krebs habe. Ich scheine nur noch ein paar Monate zu haben«, sagte er äußerst sachlich. »Ach, du Schande!«, dachte ich. Bucky sagte weiter: »Sprich nicht mit meiner Frau darüber. Sie hat schon genug Probleme, ohne sich auch noch darüber Gedanken machen zu müssen. Ich will meine Entziehungskur abschließen, dann kann ich klar nach Hause kommen und mit ihr zusammen sein, weil ich sie liebe. Ich wollte, dass du es weißt, weil du zu mir gehalten hast, als ich dich um Hilfe bat.«

»Ach, Bucky, es tut mir so leid! Mein Herz ist bei dir. Kann ich irgendetwas für dich tun?«

»Nein, nichts; außer: Würdest du meiner Frau helfen, wenn sie Hilfe braucht?«

»Mein Gott«, dachte ich. »Er hat gerade erst die Nachricht erhalten, dass er nur noch ein paar Monate zu leben hat, und sein einziger Gedanke gilt seiner Frau, nicht sich selbst!« Ich antwortete: »Selbstverständlich, Bucky. Ich tue alles, was ich kann.«

»Also, das wäre es erst einmal. Wir sehen uns, wenn ich zurückkomme.«

»Okay, wir sehen uns, Bucky. Du bist in meinen Gebeten.«

Zwei Tage später wollte sich die Frau von Bucky Boy mit mir treffen. »Hallo Louise, komm herein und setz dich. Möchtest du einen Kaffee?«

»Nein, danke«, antwortete sie mit einer ähnlich verhaltenen Stimme wie die ihres Ehemannes. Kaum hatte ich meine Bürotür geschlossen, fing sie an zu weinen. Ich nahm an, dass sie irgendwie von der Krebserkrankung ihres Mannes erfahren haben musste. Diese Frau kannte mich schon seit meiner Geburt, und ich erinnere mich an viele Momente, in denen wir miteinander Spaß hatten, als ich zwischen fünf und sieben Jahre alt war. Sie war acht Jahre älter als ich, doch als Kind habe ich sie immer als Teil meiner Großfamilie betrachtet. Im Erwachsenwerden ging dann jeder von uns seiner Wege. Sie stammte aus einem ähnlich beunruhigenden Umfeld wie ihr Ehemann, und die beiden hatten irgendwann in späteren Jahren auf einer Trinkparty zueinandergefunden.

»Ich bin letzte Nacht vergewaltigt worden!«, sagte Louise, die an ihren Worten fast zu ersticken schien.

»Ach du lieber Gott!«, rief ich aus und fühlte mich, wie von einer Tonne Ziegelsteinen getroffen. »Wer war es? Wir lassen ihn sofort verhaften und ins Gefängnis stecken! Wie geht es dir? Hat er dir noch weitere Verletzungen zugefügt?« All das platzte aus mir heraus, sodass sie dazwischen gar nicht zum Antworten kam.

»Nein, nein, es geht mir gut. Mach dir keine Sorgen, mir geht es gut«, sagte sie und sah mich direkt an. »Ich werde dir seinen Namen nicht nennen und auch keine Anzeige machen. Ich will nicht, dass mein Mann etwas davon erfährt. Er hat genug, um das er sich gerade kümmern muss!«

Erneut war ich beeindruckt angesichts dieser unglaublichen Schönheit und Courage, wo ich sie am wenigsten zu finden erwartet hätte – bei zwei geplagten Menschen, die den größten Teil ihres Lebens als Alkoholiker verbracht hatten. Ihre Liebe füreinander war derart tief, dass sie trotz ihrer jeweiligen persönlich durchlebten Tragödien und schmerzerfüllten Dramen nicht an sich selbst dachten, sondern an das Wohlergehen des anderen.

»Ich möchte auch eine Entziehungskur machen, damit ich nüchtern bleiben und meinem Mann zur Seite stehen kann, wenn er aus seiner Behandlung zurückkommt. Das ist der Grund, wieso ich hier bin«, sagte sie angespannt. »Aber ich habe kein Geld. Würde die Stadtverwaltung die Kosten übernehmen?«

Einen Moment lang starrte ich sie an, ohne zu wissen, was ich sagen sollte. Ich musste sie unterstützen, so wie ich es ihrem Mann versprochen hatte – aber sie war keine Angestellte der Stadtverwaltung. »Oh Mann«, dachte ich, »dieses Mal werden mich meine politischen Kontrahenten bei lebendigem Leib verspeisen. Diesmal werde ich die Regeln mächtig überziehen.« Und schon hörte ich mich sagen: »Okay, selbstverständlich. Die Stadt übernimmt die Kosten und wir helfen dir, möglichst schnell eine Einrichtung zu finden. Bist du sicher, dass du uns nicht den Namen des Kerls nennen willst, der dich vergewaltigt hat, damit wir ihn einsperren können?«

»Bitte nicht!«, sagte sie mit einer Stimme, die mich wissen ließ, dass sie sich endgültig entschieden hatte.

Ich unternahm alles, damit Louise noch in derselben Woche abreisen konnte, und zwar in dieselbe Entziehungsklinik, in dem ihr Mann war. Ich wusste nicht, ob das hilfreich sein würde, aber wenn ich in der gleichen Situation gewesen wäre, hätte ich mit meinem Ehepartner zusammen sein wollen, ganz unabhängig von den Umständen. Überraschenderweise beanstandete niemand in der Stadtverwaltung meine Entscheidung. Vielleicht dachten sie, es sei eh sinnlos, da ich die Entscheidung bereits getroffen hatte. Jedenfalls war ich erleichtert, mich nicht auch noch damit befassen zu müssen.

Louise und Bucky Boy blieben beide bis zum Abschluss ihrer Entziehungsprogramme, und Bucky Boy wartete in Anchorage, bis auch Louise mit ihrem fertig war, sodass sie gemeinsam nach Hause fahren konnten. Erst später erfuhr ich, dass auch bei Louise Krebs im Endstadium diagnostiziert wurde und auch sie nur noch wenige Monate zu leben hatte. Ich sah noch, wie sie Hand in Hand durch das Dorf gingen, nüchtern und glücklich, fast jeden einzelnen Tag der nächsten zwei Monate, bis Bucky Boy starb. Zwei Monate später starb auch Louise.

Ich werde mich immer an ihre tiefe Liebe zueinander erinnern, an ihren Mut und ihre innere Schönheit, die die Hässlichkeit überstrahlte, die sie erlebt hatten. Sie lehrten mich eine weitere kraftvolle Lektion darüber, dass »man Bücher nicht nach ihrem Einband beurteilen« sollte, und über die tiefe Schönheit meines Volkes, an die ich mich für den Rest meines Lebens erinnern werde.

28

Eine Wahl bei den Yupik

Die Ältesten der Ureinwohner Alaskas – seien es Tlingit, Haida, Athabascan, Unangan, Tsimpshian, Inupiat, Yupik, Eyak oder Supiaiq – bezeichnen die Mainstream-Gesellschaft als »Gesellschaft im Rückwärtsgang« oder »auf den Kopf gestellte Gesellschaft«, denn ursprünglich wurden wir gelehrt, wie man lebt, jetzt wird uns beigebracht, wie man sich seinen Lebensunterhalt verdient. Früher dachten wir über das Geheimnis des Todes nach, heute grübeln wir über das Rätsel des Lebens. Früher sagte unser Herz dem Verstand, was er zu tun hatte; jetzt befiehlt unser Verstand dem Herzen, was zu tun ist. Wir ehrten die Ältesten, die bei jeder Zusammenkunft anwesend waren, und hörten ihnen zu; heute versorgen wir sie in »Seniorenheime«, wo wir sie weder sehen noch hören. Frauen und das Weibliche galten als heilig; heute besudeln wir die Heiligkeit alles Weiblichen: der Mutter Erde, der auf Mutter Erde basierenden Kulturen und der Frauen.

Ich bewundere die Weisheit, die alle Kulturen der Ureinwohner Alaskas bergen, deren Ältesten noch immer den »Weg des echten Menschen« lehren. Unsere eigenen traditionellen Namen für uns selbst bedeuten »die menschlichen Wesen«, »die echten Menschen« oder »das Volk«. Im Verständnis der Ältesten sind echte Menschen Meister der Konfliktlösung, einer notwendigen Lebenskompetenz und -weisheit, weil die Ureinwohner Alaskas früher in kleinen Nomadengruppen lebten. Heutzutage wohnen sie in kleinen Dörfern mit Einwohnerzahlen zwischen dreißig und achthundert Menschen. In einem solch »privaten« Rahmen kann ein Konflikt unglaubliche Disharmonie, ja sogar Gewalt hervorbringen.

Eines Morgens erhielt ich einen Anruf von einem Vermittler im Auftrag einer der Yupik-Ältesten im Südwesten Alaskas.* Die Ältesten luden mich ein, die Wahl eines obersten Häuptlings für

* Vermittler sind im Allgemeinen involviert in der Beratung bei gemeindepolitischen und kulturellen Fragen und stammen normalerweise aus der Region oder der Gemeinde.

mehrere Dörfer in der Region zu beobachten. Ich sagte sofort zu, da ich wusste, dass es immer etwas zu lernen gab, wenn Älteste mich baten, irgendwohin zu kommen. Als ich im Hauptort der Region eintraf, wurde ich von einem anderen Vermittler im Namen der Ältesten begrüßt, der mich zur Sporthalle der Schule begleitete, wo sich die Einwohner bereits versammelt hatten, um ihrem favorisierten Kandidaten zuzuhören und für diesen zu stimmen.

Der Vermittler informierte mich über die Situation: »Die Wahl zum obersten Häuptling hat die Gemeinden unserer Gegend wegen zweier Männer gespalten, die schlimme Dinge übereinander erzählt haben«, sagte er. »Und genau diese beiden Männer sind die Hauptkandidaten, von denen einer wahrscheinlich als oberster Häuptling gewählt wird. Jetzt haben die Leute für den einen oder anderen Partei ergriffen und nun sprechen die verschiedenen Lager, einst Freunde, nicht mehr miteinander. Der Riss geht mitten durch einzelne Familien und ganze Gemeinden!« Sein Ton verriet seine große Skepsis: »Unterdessen sind die guten Beziehungen zwischen Menschen und Dörfern zerstört, deshalb haben die Ältesten erklärt, dass sie den Wahlprozess unter ihre Obhut nähmen. Du musst wissen, dass die Ältesten sich äußerst selten in irgendetwas Politisches einmischen; sie tun es jetzt zum Wohle der Menschen und unserer Dörfer«, erklärte der Vermittler weiter. »Denn obwohl sie über eine Menge Macht verfügen, nutzen die Ältesten diese nur sehr selten. Aber jetzt ist es so weit. Sie haben alle Einwohner aufgerufen, zu diesem Treffen zu kommen, wo wir uns anhören sollen, was die Kandidaten zu sagen haben. Ob die Ältesten darüber hinaus noch etwas im Köcher haben, ist mir nicht bekannt«, sagte der Vermittler lachend. »Was auch immer es sein mag, es wird etwas Besonderes sein.« Auch ich musste lachen.

Auf unserer Fahrt über die holprige Schotterstraße zur Sporthalle kamen wir an einigen Quads vorbei: kleine Ein- oder Zweipersonenfahrzeuge, die aussehen wie Motorräder mit vier Reifen. Auch an einer Ansammlung von Taxis fuhren wir vorbei; es waren mehr als ich, abgesehen von New York City und Washington DC, jemals zuvor an einer Stelle gesehen hatte. Sie schienen so gar nicht in diese Umgebung zu passen mit ihrer kilometerweiten, grünen Tundra auf der einen Seite und der Beringsee auf der anderen. Häuser und Geschäfte, meist einstöckig und aus verwittertem Holz, standen zerstreut in der Landschaft. Skiff-Boote, Außenborder und Quads – alles Fahrzeuge für die Beschaffung von Lebensmitteln aus der Wildnis – waren in praktisch jedem Hinterhof zu sehen.

Mehr als alle anderen indigenen Gruppen in den Vereinigten Staaten sind die Ureinwohner Alaskas auf Nahrung aus der Wildnis angewiesen; ihr jährlicher Pro-Kopf-Verbrauch liegt zwischen hundertfünfzig und fünfhundert Kilogramm. Wie in den meisten Gemeinden in den ländlichen Gebieten Alaskas waren auch die von mir besuchten Menschen in diesem Hauptort der Gegend von Bartrobben, Walrossen, Lachs, Heilbutt, Waldbeeren und Zugvögeln abhängig; seit Tausenden von Jahren waren dies ihre Grundnahrungsmittel. Das Recht der Einheimischen Alaskas auf den bevorzugten Zugang zu diesen Nahrungsquellen wird mittlerweile zunehmend von Sportjägern, Sportfischern und der Umweltgesetzgebung beschnitten.

Die letzte große Herausforderung für die Subsistenznutzung der Fischbestände ergab sich im Jahr 2001, als der Staat über eine Berufung am Obersten Gerichtshof der USA gegen die sogenannte »Katie-John-Entscheidung« nachdachte. Das Bundesberufungsgericht hatte sich auf die Seite einer Athabascan-Ältesten namens Katie John gestellt und ihr das Recht zugestanden, Fisch aus einem Fluss zu entnehmen, den sie und ihre Vorfahren seit Tausenden von Jahren genutzt hatten. Ich war damals Co-Vorsitzender des "We the People"-Marsches vom 21. August 2001 in Alaska, an dem fünftausend Einwohner aller Hautfarben teilnahmen. Mit diesem Marsch gelang es uns, den Gouverneur von einer Berufung abzubringen.

Schließlich wurde 2004, nach einem von mir angeführten fünfjährigen Kampf, den Ureinwohnern Alaskas das Recht zuerkannt, für ihren Lebensunterhalt Heilbutt fangen zu dürfen. Erreicht wurde dies durch Anpassungen im bilateralen Abkommen zwischen Kanada und den Vereinigten Staaten zur Regulierung des kommerziellen Heilbuttfangs sowie durch die vom Rat für nordpazifisches Fischereimanagement verkündeten Vorschriften.* Alaskas indigene Führer hatten sehr exakt geschätzt, dass alle Subsistenznutzer von Heilbutt zusammen etwa ein Prozent des gesamten Heilbuttfangs tätigten. Die übrigen neunundneunzig

* Der North Pacific Fishery Management Council (NPFMC) ist die zuständige Bundesbehörde zur Sicherstellung der Einhaltung des internationalen Vertrags und regelt auf Bundesebene die Fischerei in den Gewässern des Nordpazifiks.

Prozent wurden von Berufs- und Sportfischerbooten gefangen. Selbst diese verschwindend kleine Menge, von der sich die Ureinwohner Alaskas ernähren, wie sie es seit Tausenden von Jahren getan haben, bedurfte einer rechtlichen Anerkennung, die erst nach einem zähen Kampf errungen wurde. Die Interessen der Sport- und kommerziellen Fischerei in Alaska werden von einer mächtigen Lobby vertreten, die mit diesem einen Prozent für die Indigenen ihren eigenen riesigen Anteil am Heilbuttkuchen bedroht sah. Ein Mitglied der NPFMC brachte beispielsweise als Argument gegen dieses eine Prozent vor, dass sich die Bevölkerung der Ureinwohner Alaskas in den kommenden fünfzig Jahren verdoppeln und dann möglicherweise zwei Prozent vom Kuchen beanspruchen könnte. Und ein weiteres NPFMC-Mitglied, das die Interessen der Sportfischerei vertrat, fragte allen Ernstes die Anführer der Alaska-Ureinwohner, was diese denn meinten, woher in einem solchen Fall dieses zusätzliche Prozent kommen sollte – denn die Sportfischer würden es ihnen ganz sicherlich nicht abtreten.

Die Ureinwohner Alaskas sind äußerst beunruhigt über die zunehmende Konkurrenz zwischen den – für Lebensunterhalt, Ernährung, Kultur, Spiritualität und gemeinschaftliches Wohlbefinden – auf Fische und Wildtiere angewiesenen Menschen und den schnell wachsenden Gruppen von Sportjägern, Sportfischern und Ferienhausbesitzern. Diese kommen aus den großen Städten Alaskas und den Lower 48 und wissen nichts über die Lebensweise der Ureinwohner Alaskas, die über Hunderte von Generationen hinweg bis in die heutige Zeit fortdauert. Auch die Lärmemissionen und die Umweltverschmutzung durch Tausende von Jägern und Fischern, die mit ihren Flugzeugen und Booten in unberührte Gebiete eindringen, bereiten den Urvölkern Alaskas und ihren Ältesten große Sorgen. Sie beklagen insbesondere die zunehmende Intensität der Catch-and-Release-Fischerei, also des Fangens und Wiederfreilassens, von Lachs zum sportlichen Zeitvertreib und nehmen diesbezüglich kein Blatt vor den Mund: »Sie spielen mit unserem Essen, nur um Geld zu machen oder aus selbstsüchtigem Vergnügen.« Die Ältesten haben seit vielen Jahren darauf hingewiesen, dass die Fische großen Schmerz spüren, wenn sie an Maul oder Speiseröhre von einem Angelhaken durchbohrt werden. Dieses Leiden, so die Ältesten, sei unnötig und würde sehr wahrscheinlich die Gesundheit und Fortpflanzungsfähigkeit der Fische schwächen. Erst in den frühen Zweitausenderjahren bestätigten

Wissenschaftler in ihren Studien dieses traditionelle Wissen, erwähnten darin jedoch, wie es für solche wissenschaftlichen Arbeiten typisch ist, die wesentlich früheren Beobachtungen der Ureinwohner Alaskas mit keinem Wort.

Seit Jahrzehnten kämpfen Stammesführer für das Recht ihrer Völker, so zu leben, wie es ihre Vorfahren über Tausende von Jahren getan haben; sie kämpfen in Anhörungen, in Ausschüssen auf Gemeinde-, Staats- und Bundesebene, in bundesstaatlichen Parlamenten und im US-Kongress und vor Gerichten. Die Menschen erwarten von ihren Stammeshäuptlingen, dass diese sich für den Schutz ihrer Lebensweise einsetzen, denn es steht zu viel auf dem Spiel: die Möglichkeit der Familien, sich das ganze Jahr hindurch zu ernähren, das Recht, traditionelle Lebensweisen der Verbundenheit und der Harmonie mit der Erde aufrechtzuerhalten, sowie die Fähigkeit, ihre Sprache zu pflegen, die in traditionellen Bräuchen und in ihrem Land verwurzelt ist. Der Verlust der Rechte der Ureinwohner und des Zugangs zu traditionellen Nahrungsmitteln würde eine wirtschaftliche, ernährungstechnische, kulturelle und spirituelle Katastrophe für Alaskas Ureinwohner bedeuten.*

Stammeshäuptlinge stehen an vorderster Front im Kampf um den Schutz indigener Lebensweisen in Alaska. Daher ist es von großer Bedeutung, für wen und unter welchen Umständen sich die Wählerinnen und Wähler entscheiden, und darin lag denn auch der Grund, weshalb sich die Ältesten in dieser Gegend entschieden hatten, zum Wohle des Ganzen in die anstehende Wahl einzugreifen. Ihre Sorge galt nicht so sehr der Person, die gewählt werden

* Wenn die Möglichkeit, nach traditioneller Nahrung zu jagen und zu fischen, verloren ginge, würde die Verbindung zwischen den erfahrenen, älteren Jägern und den jungen Männern durchtrennt. Ebenso würde die Verbindung zwischen den älteren und den jüngeren Frauen gekappt, wenn die Möglichkeit, wilde Nahrung zu sammeln, verschwände. In diesen »Lebenslerncamps« kommen die Jüngeren in ausgedehnten Kontakt mit den Älteren, erlernen ihre Sprache im Kontext der realen Erfahrung, aus der sie hervorgegangen ist, erhalten Ethik und Werte eines »echten Menschen« vermittelt, wie zum Beispiel die Art und Weise, wie man als Gruppe zusammenarbeitet, wie man Lebensmittel mit anderen teilt, wie man Fische und Wildtiere respektiert und schätzt und wie man den Ältesten, dem Land, den Fischen und Wildtieren sowie den Gewässern Respekt entgegenbringt. Diese Lebensweisen sind weitaus wichtiger, als es den meisten Nicht-Indigenen bewusst ist, und sie werden ständig von uniformierten Bundes- und Staatsbeamten sowie von Teilen der Öffentlichkeit infrage gestellt, denen das Verständnis dafür fehlt, warum diese Lebensweisen so schützenswert sind.

könnte, sondern viel mehr dem Prozess des Wählens, also der Art und Weise, wie die Wahl vonstattenging.

Als wir in der Sporthalle der Schule eintrafen, waren um die dreihundert Menschen anwesend, die auf den Tribünen Platz gefunden hatten. In der Mitte des Spielfelds stand ein einzelnes Mikrofon. Alles war sehr zwanglos, man lachte und scherzte miteinander, grüßte bekannte Gesichter, winkte Freunden und Familienmitgliedern zu – eine vertraute Szene, wie sie immer zu beobachten ist, wenn sich Ureinwohner in Alaska treffen und einem das Gefühl vermitteln, dass es dabei *um die Menschen* geht. Solche Zusammenkünfte sind Momente, in denen Bekanntschaften erneuert und Freundschaften geschlossen werden oder man sich einfach wohlwollend begegnet, indem man sich in einer gemeinsamen Sprache begrüßt, sich neckt oder Witze erzählt. Ich habe keine einzige Versammlung indigener Völker – weder innerhalb noch außerhalb Alaskas – erlebt, bei der ich nicht das Gefühl hatte, dass jede und jeder mit allen anderen in einer echten Verbindung stand. In den indigenen Kulturen ist der einzelne Mensch wirklich von Bedeutung und niemand wird ignoriert. Jeder ist es wert, geachtet und willkommen zu sein. Egal wohin mich meine Reisen führen, ich liebe diese Art von Zusammenkünften, und diese sollte keine Ausnahme sein.

Ein Ältester trat gemeinsam mit einem jüngeren Mann ans Mikrofon, der sich als Dolmetscher herausstellte. Der Älteste hatte ein dunkelbraunes, scharf geschnittenes Gesicht und vollkommen weißes Haar. Ich mag solche Ältesten, die immer auch eine Jugendlichkeit ausstrahlen, selbst wenn sie bereits in den Siebzigern oder Achtzigern sind. In ihren Augen funkelt eine kindliche Unschuld mit der Weisheit von jemandem, der viel durchlebt und gesehen hat. Camai (ausgesprochen *Tschamai*), der Älteste, begrüßte alle und fuhr in seiner Yupik-Sprache fort; der Dolmetscher übersetzte für alle, die kein Yupik verstanden: »Er sagt, die Ältesten hätten diese Wahl übernommen, weil sich ihr bisheriger Verlauf so störend für die Gemeinden und deren Wohlergehen gestaltet habe. Dies sind die Regeln der anstehenden Wahl, wie er sie skizziert: Jeder Kandidat für das Amt des obersten Häuptlings erhält die Möglichkeit, vor der Menge zu sprechen, doch kein Kandidat darf über sich selbst sprechen, sondern ausschließlich über seinen Gegenkandidaten. Der Redner, der die meisten guten und wahren Dinge am Gegenkandidaten findet, wird diese Wahl gewinnen.«

Aus dem großen Publikum heraus konnte man einzelne Kommentare der Zustimmung vernehmen: »Jetzt kommen wir endlich zur Sache«, sagte jemand hinter mir. »Gut!«, hörte ich eine weitere Stimme, die einer Yupik-Frau, sagen, »genau so ist es bei uns Tradition!«

Der Dolmetscher fuhr mit dem Übersetzen fort: »Er sagt, sie würden nun die Kandidaten nennen, die jeweils übereinander zu sprechen haben.« Die Namen wurden aufgerufen, und die beiden Hauptkandidaten für das Amt des obersten Häuptlings wurden ausgewählt, um übereinander zu sprechen. Es waren diese beiden gewesen, die während des Wahlkampfs so harte Worte übereinander verloren, Gefühle verletzt und dadurch eine Spaltung quer durch Familien und Gemeinden ausgelöst hatten.

Die Kandidaten wussten, dass die Ältesten erkennen würden, falls sie Qualitäten des Gegenkandidaten anführen sollten, die diesen gar nicht auszeichneten. Und falls einer der Kandidaten über den anderen schlecht reden sollte, würde er nicht nur die Wahl verlieren, sondern, noch schlimmer, in den Augen seines Volkes Schande über sich bringen. Solche Dinge gerieten selten in Vergessenheit und die Wiederherstellung der Glaubwürdigkeit in den Augen der Menschen könnte Jahre dauern. Jeder Kandidat musste daher sehr achtsam bei der Wahl seiner Worte sein, mit denen er den anderen zu beschreiben versuchte.

Ich hörte zu, beobachtete und war fasziniert. Dann erhob sich Charlie, einer der Hauptkandidaten, um das Wort zu ergreifen: »Ich kenne William. Er ist ein guter Vater und kümmert sich gut um seine Familie. Er achtet auf seine Kinder und lehrt ihnen unsere Bräuche. Er kennt sich in unserer Kultur sehr gut aus und teilt sein Wissen unvoreingenommen mit jedem, der danach fragt. Ich habe William als sehr guten Jäger und Fischer erlebt. Er kennt die Ländereien und Gewässer, wie es unsere Vorfahren taten. William nimmt an den Zusammenkünften des Stammesrats teil, weil er, das weiß ich genau, sich um unser Volk und unsere Art zu leben sorgt. William spricht sehr gut Yupik und Englisch und kann daher mit uns und mit Menschen von außerhalb kommunizieren. Ich weiß, dass William ein Mann ist, der die schwierigen Dinge unserer modernen Zeit verstehen kann.« Charlie hielt eine ganze Weile inne, dann stockte seine Stimme. Als er sie wiedergefunden hatte, sagte er mit Tränen in den Augen: »Mir ist bewusst, dass William ein guter Mann ist und dass er sich wirklich um jeden sorgt, so wie wir alle, die für die Position des obersten Häuptlings kandidieren! Ich habe in der Vergangenheit einige schlechte Dinge über diesen Mann gesagt, und es tut mir leid. Es war egoistisch von mir und ich hoffe, dass William in seinem Herzen den Ort findet, mir zu verzeihen.« Charlie setzte sich. Die Stille im Raum war spürbar, und dann – plötzlich – setzte tosender Applaus ein.

Nun war es an William, die richtigen Worte zu finden: »Danke für deine guten Worte, Charlie. Du bist ein guter Mensch und beweist Mut mit dem, was du sagst. Ich akzeptiere deine Entschuldigung und auch ich muss mich entschuldigen für das, was ich über dich gesagt habe. Ich bereue das heute sehr. Du bist ein guter Mann. Wir alle wissen, dass du ein guter Mann bist. Du bist einer der besten Jäger in dieser Gegend, und du verhältst dich anständig, sodass du ein gutes Vorbild für unsere jungen Männer bist. Ich habe deine Achtung und deinen Respekt für die Tiere beobachtet, die du jagst. Du sorgst dafür, dass das Tier schnell getötet wird und nicht leiden muss. Du verschwendest nichts vom Tier und passt auf, dass alle anderen Jäger ihren gerechten Anteil bekommen. Du bist ein sehr anständiger Mensch. Und wenn du nach der Jagd ins Dorf zurückkehrst, teilst du großzügig mit den Ältesten, den Witwen und deiner Großfamilie. Du bist ein großzügiger Mensch. Du bist immer bereit, anderen Jägern zu helfen, wenn sie ihr Boot zu Wasser lassen oder einholen müssen. Du unterstützt andere Jäger dabei, die Robben und Walrosse zu zerlegen, ohne dich je zu beschweren, so, wie es uns unsere Väter und Vorfahren lehrten. Charlie, du hast unsere Art zu leben, gut gelernt, du bist ein guter Lehrer, Ehemann und Vater. Ich glaube, dass du über die notwendigen Eigenschaften verfügst, um ein guter Anführer für unser Volk zu sein. Ich bitte dich um Verzeihung für die schlechten Dinge, die ich über dich gesagt habe. Bitte vergib mir.« Und an diesem Punkt brach William in Tränen aus und ging auf Charlie zu. Charlie erhob sich und beide Männer umarmten sich mit Tränen in den Augen.

Alle im Raum standen auf und applaudierten. Viele Leute waren zu Tränen gerührt; eine ältere Frau schluchzte vor Freude darüber, Zeugin einer solch großen Heilung gewesen zu sein, einer Heilung nicht nur für diese beiden Männer, sondern für alle Anwesenden aus allen betroffenen Dörfern. In der Folge lösten sich die Konflikte in den Gemeinden auf und die Harmonie war wiederhergestellt. Die Arbeit der Ältesten war abgeschlossen.

Es ist diese Weisheit, die es dem Volk der Yupik und der ganzen indigenen Kultur Alaskas ermöglicht hat zu überleben und zu gedeihen. Ich fühlte mich privilegiert, eingeladen zu sein, Zeuge dieser lebendigen Weisheit zu werden. All das steht in frappierendem Gegensatz zu dem, was wir üblicherweise bei unseren Landes- und Nationalwahlen sehen, bei denen sich unsere Anführer wortstark verprügeln und offen über das Töten von Feinden reden. Wie die Ältesten uns lehren, erzeugen solche Worte nichts als Spaltung und Streit. Wenn eine ganze nationale Bürgerschaft und ihre Führer sich gegenseitig verbal bekämpfen, wenn offen über das Töten gesprochen wird, frage ich mich oft, welche Botschaften damit an unsere Jugend gesendet werden. Ich mache mir Sorgen darüber, was unsere Kinder aufnehmen und wie sich dies in Zukunft auf uns auswirken wird, wenn sie an der Reihe sind.

29

Das Herz des Heilbutts: Ein Übergangsritus eines jungen Unangan

Ich spürte, dass der Heilbutt an meiner Angelleine wirklich groß sein musste und gut und gern über neunzig Kilogramm wog. »Das ist ohne Zweifel ein Weibchen«, dachte ich, während ich sorgfältig einen gleichmäßigen Zug auf die Baumwollschnur ausübte und meinen ganzen Körper einsetzte, um es an die Oberfläche zu befördern. Der Haken schien im Maul des Heilbutts zu stecken, und so musste ich sehr achtsam bleiben, dass sich der Fisch mit seiner Kraft und seinen schnellen Bewegungen nicht von der Leine löste. Die Unangan sprechen nicht von einem Geschlecht, um männlichen von weiblichem Heilbutt zu unterscheiden, aber natürlich wussten wir immer, womit wir es zu tun hatten.

Der Heilbutt ist einer der kräftigsten Fische der Beringsee, der so heftig kämpfen kann, dass er imstande ist, unvorsichtige Leute zu verletzen, sobald sie ihn an Bord eines der kleinen, viereinhalb bis sieben Meter langen Boote gelandet haben, wie die Unangan sie in der Regel rund um die Insel Saint Paul einsetzen. Unerfahrene Fischer lassen den Heilbutt kämpfen, bevor sie ihn an Bord töten. »Achte das Meer und den Heilbutt«, wurde uns als Kind immer wieder eingebläut, »ansonsten kannst du dir sehr wehtun.« Eigenverantwortung, Körperwahrnehmung und Selbstachtung waren nur einige der vielen Lebenslektionen, die wir vom Heilbutt und der Beringsee lernten. Wenn du dich verletzt hattest, war das nicht die Schuld des Heilbutts, des Meeres oder des Wetters – sondern deine eigene.

Ich ließ mir Zeit, als ich den großen Heilbutt vom felsigen Meeresgrund aus fünfundvierzig Metern Tiefe nach oben zog, rund vierhundert Meter vor der Küste und fünfzehn Kilometer vom Dorf entfernt. Ich sagte mir: »Wenn er kämpfen will, muss ich mit seiner Energie fließen und darf nicht gegen ihn kämpfen. Achte seine Lebenskraft, und der Heilbutt wird sich dir er*geben.*« Die Weisheit und die Lektionen, die mich meine Ältesten gelehrt hatten, leiteten mich. Ich wusste, wenn der große Heilbutt mit seinem Kopf nach unten stoßen würde, hätte sein Schwung eine physische Kraft, der weder ich noch die Baumwollschnur standhalten könnten, weshalb es so wichtig war, dass ich einen konstanten Zug auf die Leine ausübte. Der Heilbutt würde jedes Zögern meinerseits sofort spüren und sich blitzschnell nach unten drehen, was den Haken möglicherweise aus seinem Maul reißen oder die Angelleine bersten lassen würde. Ich konnte seine Energie spüren. Es war ein mächtiger, schlauer und alter Heilbutt. Der Fisch wusste, dass er seine Energie aufsparen musste, bis sich ihm eine Gelegenheit zur Flucht ergäbe oder bis zum letzten Aufbäumen. Er kämpfte nicht auf seinem Weg nach oben – dies war seine Art, meine Fähigkeiten anzuerkennen. Meiner Partnerin, die auf ihrem allerersten Heilbutt-Angelausflug war, verschlug es den Atem, als der Heilbutt in seiner ganzen Größe auftauchte. Ich wusste, dass ich die Unterstützung einer anderen Person brauchen würde, um den Heilbutt an Bord zu landen, also erklärte ich ihr, was zu tun sei, während ich langsam fortfuhr, den Fisch an die Oberfläche zu ziehen. Wenn wir den Heilbutt an Bord landen, verwenden wir einen ein Meter langen Holzstock, dessen oberer Teil gut in die

Hand passt und an dessen unterem Ende ein metallener, gebogener Landungs- oder Gaffhaken befestigt ist. Dieses Werkzeug benutzen wir auch, um den auftauchenden Heilbutt zu betäuben, damit er im Boot nicht herumzappelt.

»Lass die Nase des Heilbutts nicht an die Luft kommen, bevor du zum Gaffhaken bereit bist«, sagte meine innere Stimme aus dem Mund meiner Vorfahren, »sonst beginnt er zu kämpfen.« Ich hatte diesen Fisch in felsigem Wasser mit starkem Brandungsrückstrom gefangen, also musste ich gut auf die Geschwindigkeit und Richtung unseres Treibens achten, während wir den Heilbutt hoben. Solche Rippströmungen können ein Boot in zehn Minuten fast einen Kilometer weit abtreiben, sich aber mit derselben Kraft auch ebenso schnell in die Gegenrichtung wenden. Ich musste also sehr genau darauf achtgeben, egal was sonst noch vor sich ging.

Schließlich tauchte der Heilbutt an der Wasseroberfläche auf, ein anderthalb Meter langes Weibchen, so wie ich es bereits gespürt hatte, als es anbiss, und tatsächlich steckte der Haken in seinem Maul. Eine falsche Bewegung mit dem Landungsstock, und es würde sich den Haken aus dem Maul reißen und verschwinden. Bevor ich den großen Heilbutt hakeln konnte, schaukelte das Boot im Wellengang der Springfluten, wodurch die Nase des Heilbutts an die Luft gehoben wurde. Sofort wölbte er seinen muskulösen Rücken und warf seinen Schwanz kräftig in die Höhe, um seinen Kopf wieder nach unten zu kriegen. Ich ließ die Leine etwas nach, übte aber weiter einen leichten Zug aus. Um ihn nicht zu verlieren, musste ich ganz eins mit dem Heilbutt werden. Ich musste seine Absichten voraussehen, bevor er ihnen nachkam. Zu viel Zug auf der Leine oder auch zu wenig, und weg wäre der Heilbutt. Alles wollte präzise getan sein und ich musste genau wissen, wann der Fisch in seiner Abwärtsbewegung den tiefsten Punkt erreichte, um ihn genau in dem Moment unter Ausnutzung seines eigenen Schwungs wieder nach oben zu holen. Wenn ich den Heilbutt wieder unter meine eigene Muskelspannung brächte, wäre das sein Ende. Heutzutage mag man dies »Zen in der Kunst dse Angelns« nennen, für mich aber war es seit jeher die Art der Unangan.

Ich spürte, wie der Heilbutt zu wenden begann, und erhöhte sanft den Zug meiner Leine, um seinen Kopf wieder anzuheben und ihn weiter heraufzuholen. Er kämpfte nicht, es war nur sein Gewicht, das ich spürte. Der Fisch sparte seine Energie für den Fall auf, dass wir uns gleich wieder gegenübersähen.

So durchlief ich ein Ritual, das meine Unangan-Vorfahren in den zehntausend Jahren unserer innigen Beziehung mit der Beringsee zweifellos immer wieder erlebt hatten. Ein Heilbutt auf die richtige Art zu nehmen und zu bezwingen, ist ein Übergangsritus in die Adoleszenz und letztlich ins Mannesalter. Es war Teil einer Erfahrung, die mich direkt mit meinen Vorfahren verband: Sie hatten die Energie des Heilbutts genauso gespürt wie ich; sie hatten die Beringsee ebenso geliebt wie ich; ihre Gefühle waren zweifellos dieselben gewesen wie die, welche ich mit dem Heilbutt an der Leine erlebte (vor der Erfindung der Baumwollschnur verwendeten meine Vorfahren lange, starke Stücke Riementang). Geruch, Geschmack und Stimmung dieses wunderbaren Ortes mitten auf der Beringsee waren genau so, wie sie meine Vorfahren erlebt hatten. Dieses Meer ist mein erfahrungsvolles Geschichtsbuch und eine persönliche Verbindung zu meinen Vorfahren.

Historisch gesehen war unsere Seefahrtstechnik die fortschrittlichste aller nordamerikanischen Kulturen, als die russischen Pelzhändler uns fanden und versklavten. Unser Volk war in Hochseekajaks zu so entfernten Orten wie Südkalifornien, den pazifischen Inselgruppen und der Küste Japans gereist. Unsere Boote galten als die besten Freiwasserkajaks der Welt. Als ich selbst ein traditionelles Unangan-Kajak baute, wurde mir klar, wie seine Raffinesse auf der unvergleichlichen Fähigkeit des Kajaks basiert, sich jeder Bewegung des Meeres anzupassen, von der größten bis hin zur allerfeinsten. Solche Boote zu konstruieren, setzt ein tiefgreifendes Verständnis der Beringsee voraus, ein Verständnis, das bis zum heutigen Tag relativ intakt geblieben ist trotz des Völkermords und der bitteren kulturellen Zerrissenheit, welche die Unangan länger als zweihundert Jahre durchleben mussten. Es war genau die gleiche Art von Verständnis, die ich nutzte, um mich mit dem Heilbutt an meiner Leine zu verbinden. So, wie sich das Kajak mit dem Meer verband, musste auch ich eine enge Verbindung zum Heilbutt eingehen, jede seiner Bewegungen, jede seiner Absichten spüren, um den Fisch an Bord zu bringen. Dieses Verbinden ist die Grundlage dessen, was die Ureinwohner oft als unser traditionelles Wissen und unsere Weisheit bezeichnen.

Ich war fünf Jahre alt, als ich mit der Seefahrtsweise meiner Vorfahren vertraut gemacht wurde. Dieser Übergangsritus begann mit einer Gruppe von Kindern, die sich um einen Mann herum drängten, der im Dorf »der alte Mann« genannt wurde und auf dem smaragdgrünen Gras neben seinem Haus Heilbutt zerlegte. Er war gerade von einem Angelausflug zurückgekommen mit einer Ladung Heilbutt, die er von seinem viereinhalb Meter langen, doppelendigen Angelboot im New-England-Stil mit Zehn-PS-Außenbordmotor aus gefangen hatte. Der Heilbutt wurde zunächst an die Ältesten, die Witwen und die Behinderten verteilt, danach an seine Großfamilie und schließlich an die eigene Familie.

Ich gehörte zu den Kindern, die fasziniert und erstaunt beobachteten, wie der alte Mann den Heilbutt geschickt und sorgfältig in geeignete Stücke für verschiedene Arten von Mahlzeiten zerlegte: Stücke für die Suppen, für die Steaks und für die Fischpasteten. Noch beeindruckender fand ich den Mageninhalt des Heilbutts: Sandlanze, Oktopus und kleine Königskrabben, Gerberkrabben und Rosshaarkrabben kamen daraus zum Vorschein.

Plötzlich schnitt der alte, vom ständigen Aufenthalt im Freien gebräunte Mann dem Heilbutt das Herz heraus und hielt es uns Kindern entgegen, während er in unserem Kreis von einem zum anderen ging und sagte: »Wer dieses rohe Heilbuttherz isst, wird für immer so viel Heilbutt fangen, wie er braucht.«

Wir alle erschraken und machten einen Schritt zurück. Dann aber, ohne nachzudenken, verkündete ich: »Ich werde es essen!«

Damals wusste ich noch nicht, dass dieser alte Unangan-Brauch dem Zweck diente zu bestimmen, wer bereit war, zur See zu fahren, um Heilbutt zu fischen. Eine Weisheit meines Volkes besagt, dass jene, die den Mut aufbringen, ein rohes Heilbuttherz zu essen, gute Schüler werden. Dieses Ritual bestimmte auch, welches Kind risikofreudig und bereit war, das Unbekannte zu erleben, um Neues zu lernen. Die gesamte Gemeinschaft bestärkte diesen Weg, indem sie aktiv Lernmöglichkeiten für Kinder schuf, welche diese Art von Neugier unter Beweis gestellt hatten. Von dem Zeitpunkt an, als ich das Heilbuttherz gegessen hatte, gingen meine Großfamilie und die Männer im Dorf mit mir zum Angeln, wann immer sie Zeit und Gelegenheit dafür fanden.

Einen Monat, nachdem ich das Herz gegessen hatte, schenkte sich mir im Alter von fünf Jahren mein erster Heilbutt an einer Handangel bei einem Ausflug mit meinem Vater. Stundenlang, während wir weiter fischten, starrte ich auf den Heilbutt, der mich ausgewählt hatte. Zum ersten Mal erlebte ich eine tiefe und besondere Verbindung mit dem, was meinem Volk über Jahrtausende hinweg Nahrung gegeben hatte. In meinem offenen kindlichen

Verstand und Herz fühlte ich, dass der Heilbutt und ich aus demselben Stoff waren, aus dem alle Dinge bestehen, und mein Respekt und meine Ehrfurcht für den Heilbutt bekamen eine neue Bedeutung. Wie es der Brauch bei den Unangan will, hatte ich auch beim ersten selbstgefangenen Heilbutt dessen Herz zu essen, um »eins mit ihm« zu werden. In dem Augenblick, in dem ich sein Herz hinunterschluckte, trat der Geist des Heilbutts in mich ein.

Mein erster Heilbutt ging an die Ältesten und meine Großfamilie, ein weiteres Stück wurde für mich zum Essen aufbewahrt. Den Heilbutt zu fangen, war aufregend, aber es gibt nichts Schöneres, als die Freude und Dankbarkeit in den Gesichtern der Menschen zu sehen, denen ich den Heilbutt überreichen konnte. »Verschenk deinen ersten Heilbutt, und der Heilbutt wird immer zu dir kommen«, sagten die Erwachsenen.

Wie es in unserer Tradition üblich ist, stellte ich nicht viele Fragen, stattdessen wurde ich ermutigt, einfach zu beobachten, was die Männer taten, um es ihnen gleichzutun. Es war eine auf Erfahrung basierende Schule; sie lehrte durch Tun und zwar in einem Umfang, wie ich es niemals allein aus Worten hätte lernen können. Die Gesamtzahl aller Wörter, die die Männer in den Jahren redeten, als sie mich den Fischfang lehrten, war geringer als jene, die ich in diesem Kapitel schreibe. Wenn dennoch Worte gesprochen wurden, so waren sie voller Lehren. Ich hörte meinem Vater und den anderen Männern zu, wenn sie auf Unangam Tunuu mit Ehrfurcht vom Heilbutt und vom Meer sprachen. Sie tauschten sich darüber aus, wann wohl der Gezeitenwechsel einsetze, und – wenn sie sich in Gebieten befanden, in denen der Meeresboden aus vulkanischem Basaltgestein bestand – ob während ihrer Angelfahrt der »Grund nach oben käme«. Mit der Strömung änderte sich auch die Tiefe des Meeresgrundes. Zu lernen, sich selbst der kleinsten Veränderung am Meeresboden bewusst zu werden, erhöht die Aussicht, Heilbutt zu fangen. Die meisten dieser Fische ernähren sich innerhalb eines Meters über dem Meeresboden, obwohl es auch etliche gab, die wir in zwanzig Metern über dem Grund fingen, wenn wir die Leinen hochzogen und sie dem Köder an unseren Haken folgten. Auch lernte ich, dass der Heilbutt je nach Alter in ganz unterschiedlichen Meeresbodengeländen nach Futter sucht.

Die Beringsee war schon immer die Unangan-Version des modernen Supermarkts. Es gab Gebiete, in denen ein Meter lange

Heilbutte gefangen wurden, andere mit eineinhalb Meter langen und wieder andere mit zwei Meter langen. Durch Erfahrung und ohne Kompass oder Karte lernte ich die Topografie des Meeresbodens im gesamten Zehn-Kilometer-Radius rund um Saint Paul sowie um die drei anderen Pribilof-Inseln kennen. Ich erlebte, wie die Männer Informationen durch den Einsatz all ihrer Sinne sammelten: von den Wolken und ihren Formationen bis zur Farbe des Wassers, von der Richtung und Geschwindigkeit der Strömung, vom Abstand zwischen den Gezeiten, von den Bewegungen des Windes, von der Art des Meeresbodens sowie von der Wellenform und der Bewegung des Meeres in den Gebieten, in denen wir gerade unterwegs waren. Ich begann den Wert der Selbstwahrnehmung zu verstehen und der Notwendigkeit, mit Meer, Luft und Land verbunden zu bleiben, um erfolgreich und sicher Heilbutt zu fangen. Ich erlernte die uralte Sprache des Kommunizierens mit der Beringsee, mit Mutter Erde und Vater Himmel, eine Sprache, die unser Volk in einer der anspruchsvollsten Umgebungen seit Hunderten von Generationen überleben und gedeihen ließ.

Meinen nächsten Übergangsritus durchlief ich im Alter von elf Jahren, als mein Vater mir die Erlaubnis gab, sein Boot mit Außenbordmotor zum Heilbuttangeln zu benutzen. Dieses Privileg wurde mir zuteil, ohne dass ich irgendeinen Test zu bestehen hatte, einfach weil mein Vater wusste, dass ich bereit war. Meine Fähigkeiten entsprachen denen viel älterer Männer, die nicht über das Wissen der Unangan verfügten. Ich konnte sicher und ohne Kompass im Nebel navigieren, der typisch ist für die Sommermonate, wenn der Heilbutt von seinen südlichen Wanderungen zurückkehrt. Ich vermochte, die Beschaffenheit des Meeres und der Luft zu spüren, zu riechen und zu interpretieren, sodass ich fühlte, wann es Zeit war, an Land zurückzukehren, um drohenden Stürmen zu entkommen. Ich wusste, wie man ein Skiff oder Angelboot fahren musste, wenn man in starkem Wellengang oder sich brechender See unterwegs war. Ich kannte die Tagesstunde, die der Heilbutt zum Fressen bevorzugte, die Jahreszeit, in der er trächtig war, und die Gegend, in der er seinen Nachwuchs zur Welt brachte. Der Meeresboden war mir vertraut wie meine Westentasche.

Obwohl bereits in diesem jungen Alter relativ selbstsicher in Bezug auf meine Fähigkeiten und Fertigkeiten, war ich mir durchaus bewusst, dass ich dem Heilbutt und der Beringsee mit Demut und Respekt zu begegnen hatte. Der Preis der Arroganz angesichts des Großen Mysteriums – also all dessen, was es über das Universum und sämtliches, was darin existiert, zu wissen gibt – konnte der Tod sein. Selbst für den versiertesten Seefahrer gab es vom Heilbutt und vom Meer immer noch mehr zu lernen.

Meine Gedanken kehrten wieder zurück zu dem Heilbutt an meiner Angel. Diese Art der Handangel oder Pilkrute ermöglicht es mir, den Fisch unmittelbar zu spüren und direkt mit ihm »zu kommunizieren«. Durch die Handangel kann ich fühlen, wenn der Heilbutt in der Nähe des Hakens schwimmt, noch bevor er anbeißt, und dieses Gespür ermöglicht es mir, mich auf den blitzschnellen Anbiss vorzubereiten. Ansonsten fängt der Heilbutt den Köder, bevor ich den Haken setzen kann. Ich vermag zu erkennen, ob der Fisch den Köder bloß angesaugt, aber nicht verschluckt hat, und ob der Heilbutt seinen Körper vor dem Köder hin und her bewegt, um zu entscheiden, ob er ihn packen will oder nicht. Ich kann spüren, wie der Heilbutt am Haken hängt, sobald er an der Leine ist: am Maul, am Kiefer, an der Speiseröhre oder an seinem Körper. Dieses Gespür sagt mir, wie ich den Heilbutt nach oben bringen muss: schnell oder langsam, sanft oder kräftig. Ich kann seine Größe spüren, sobald der Heilbutt am Haken hängt, und ich kann sagen, wie sehr er kämpfen wird, bevor ich meine Leine anhebe. Die Fähigkeit, solche Informationen aufzunehmen, bestimmt den Grad des Erfolgs des Fischers. Kommerziellen Fangtechniken des Langleinenfischens fehlt diese Dimension der Verbindung mit dem Heilbutt. Jüngeren Unangan-Männern, die den Weg der kommerziellen Fischerei einschlagen, ohne die traditionellen Methoden unseres Volkes zu erlernen, fehlt viel vom Verständnis des Heilbutts und der uralten Weisheit, mit der gesamten Natur zu kommunizieren.

Schließlich konnten meine Partnerin und ich den großen Heilbutt ins Boot bringen. Der wundersame und geheimnisvolle Fisch ergab sich ohne weiteren Widerstand. Die Augen meiner Partnerin füllten sich mit Tränen, als wir die Bedeutung dieses Augenblicks für den Heilbutt und für jeden von uns beiden erkannten. Der Tod des Heilbutts ist wertvoll, weil er uns sein Leben in Würde, Kraft und Gnade schenkt, damit wir uns körperlich, emotional, kulturell und spirituell am Leben erhalten können.

Um den Heilbutt auf die seit Generationen übermittelte Weise zu ehren, verbrachten wir den Rest des Tages damit, den Fisch behutsam und respektvoll in Stücke zu zerlegen, und darauf zu achten, nichts davon zu verschwenden. Wir gaben sein Skelett dem Meer zurück, damit der Heilbutt sich entscheiden konnte, zurückzukehren, um sich jemand weiterem als Futter zu schenken. Wir schlugen die Trommel und sprachen ein Dankgebet. Einen Teil des Heilbutts verschenkten wir an viele Menschen im Dorf, und hatten noch immer genug, um unseren eigenen Bedarf für den Rest des Jahres zu decken.

Ich bin dankbar für die vielen Bezeugungen des Segens und der Freigiebigkeit, die mir der Heilbutt und die Beringsee geschenkt haben. Nach Jahrzehnten des traditionellen Fischfangs zeigen die Geister des Heilbutts und der Beringsee mir, ihrem Unangan-Lehrling, noch immer meinen Platz im großen Kreis des Lebens. Alles in allem ist dies der Kern des Geschenks der Weisheit aus dem Herzen des Heilbutts, das allen gewährt wird, die den Mut aufbringen, die Unangan-Weise des Fischens zu lernen und zu meistern, wie sie seit Tausenden von Jahren praktiziert wird.

30

Der Ältestenrat der Beringsee

Im Jahr 1990 wurde mir eine beachtliche Spende zuteil für die Realisierung einer Zusammenkunft von Ältesten, welche die Beringsee und ihre indigenen Völker zum Gegenstand haben sollte. Ich fühlte, dass wir ihrer Führung bedurften im Hinblick auf die großen Veränderungen, die sich in der Tierwelt der Beringsee zeigten. Der Rückgang des Bestands an Seevögeln und mehrerer Arten von Meeressäugern, worauf mein Volk bereits 1977 erstmals hingewiesen hatte, vollzog sich in einem noch nie dagewesenen Tempo. Seevogelküken fielen aufgrund ihrer schwachen Konstitution in einer Zahl von den Felsvorsprüngen, wie es seit Menschengedenken nie zuvor beobachtet worden war. Ausgewachsene Vögel waren dermaßen abgemagert, dass ihre Brustbeine hervorstachen und der Brustkorb kaum noch Muskeln zeigte. Stellersche Seelöwen fraßen Robben häufiger als je zuvor, und die Pelzrobbenfelle aus dem Subsistenzfang waren derart dünn, dass sie, vors Licht gehalten, durchscheinend wurden. Wir wussten, dass wir es mit einem ökosystemweiten Phänomen zu tun hatten aufgrund der steil abfallenden Zahl der unterschiedlichsten Tierarten, die auf den Pribilof-Inseln brüteten oder gebaren. Bei vielen dieser Arten sehen wir auch heute noch eine kontinuierliche Abnahme. Und weil die Vögel, die Fische und die Wildtiere für die Völker der Beringsee von zentraler Bedeutung sind, wirkt sich alles, was der Tierwelt widerfährt, direkt auf diese Menschen aus. In ihrer Ernährung, im Lebensunterhalt, in Spiritualität, Kultur und Gesundheit sind unserer Gemeinschaften abhängig von diesen Tieren.

Also rief ich den Ältestenrat der Beringsee ins Leben und verschickte Einladungen an alle Ältesten, die mir in den Sinn kamen. Bald sprach sich herum, dass dieser Rat existierte, und so nahmen insgesamt vier Jahre lang siebenundzwanzig der meistverehrten Ältesten aus sieben Regionen Alaskas an vier jährlichen, jeweils viertägigen Zusammenkünften teil. Die Yupik-Ältesten beherrschten nur ihre eigene Sprache, sodass ein Dolmetscher anwesend war, für den wir eine Simultananlage von der Alaska Federation of Natives ausleihen konnten, einer Dachorganisation aller indigenen Gruppen unseres Bundesstaates.

Ich war zuständig für die Koordination des Rates, hatte die Durchführung der Zusammenkünfte zu organisieren und dafür zu sorgen, dass die Besprechungen für spätere Zwecke aufgezeichnet wurden, damit das Personal und ich die darin besprochenen Maßnahmen planen und umsetzen konnten. Mir war allerdings bewusst, dass sich die Ältesten nicht in organisatorische und zeitliche Zwänge hineinpressen lassen wollten, und so legte ich lediglich den Ort und das Datum für die Besprechungen fest und überließ den Rest den Ältesten. Eine derartige Versammlung über einen Zeitraum von vier Jahren auf überregionaler Basis durchzuführen, war und ist etwas Besonderes.

Von diesen Ältesten habe ich viel darüber gelernt, wie man Zusammenkünfte leitet, und wende ihre Methoden in meiner eigenen Arbeit bis heute an. Begonnen wurde jedes Treffen mit einem Gebet, das jeweils von einem anderen Ältesten in seiner Sprache angeleitet wurde. Der danach folgende Ablauf könnte eine gute Vorlage für Beratungen allerorts sein: Jede und jeder durfte sprechen, der oder die etwas sagen wollte; niemand, der sprach, wurde von anderen Teilnehmern unterbrochen; und alle Redner konnten so lange sprechen, wie sie wollten. Niemand sprach gestützt auf Notizen, alle redeten frei vom Herzen weg.

Bevor ein Redner begann, bestätigte er die Person, die vor ihm gesprochen hatte, auch wenn er sie gar nicht kannte, zum Beispiel so: »Ich konnte sehen, dass die vorherige Sprecherin ihre Worte sorgfältig gewählt und weise gesprochen hat. Ich nehme mir ihre Bemerkungen zu Herzen und werde darüber nachdenken.« Danach mochte der Redner aus einer völlig entgegengesetzten Sichtweise argumentieren; aber es wurden niemals Worte gewählt, die einen aggressiven Eindruck hinterließen. Worte galten dann als gewalttätig, wenn sie jemanden verletzen könnten. Zum Beispiel wurden niemals Dinge gesagt wie: »Ich stimme dir nicht zu« oder »Ich glaube, da liegst du falsch« oder »Damit bin ich nicht einverstanden.« Die Redner oder Rednerinnen äußerten einfach ihre eigenen Wahrheiten, ohne sich von dem zuvor Gesagten abzugrenzen. Wenn dem Vorredner hingegen beigepflichtet wurde, durfte der Redner darauf hinweisen.

Nachdem jeder die Möglichkeit gehabt hatte, zu dem Thema etwas zu sagen, waren die Beratungen abgeschlossen und eine Einigung über das Thema wurde intuitiv gefunden. Es wurde niemals abgestimmt. Gab es keinen Konsens, wurde die Diskussion so lange fortgesetzt, bis man sich einig war. Jede unsere Zusammenkünfte verlief auf diese Weise.

Später wählte der Rat einen der Ältesten zum Vorsitzenden der Treffen: Walter Austin, einen Tlingit aus Südostalaska. Er wurde ausgewählt aufgrund seiner Weisheit und seiner Fähigkeit, junge Menschen zu unterrichten. In seiner Jugend hatte er einige Fehler begangen, doch er bereute sie, hatte aus ihnen gelernt und war nun auf einem guten Pfad. Dann nahm der Rat eine Form an, die ich so nicht vorausgesehen hatte: Leute begannen, die Beratungen als Zuschauer zu verfolgen, und manche von ihnen reichten sogar eigene Themen ein, die der Führung und Prüfung durch den Rat bedurften. An einem der Treffen sprach ein Ururenkel von Häuptling Sitting Bull vor dem Rat. Er war in seiner traditionellen Tracht gekleidet und trug einen aus Holz gefertigten Stab mit einem echten Raben am oberen Ende und einem Wolfsschwanz am unteren. Er überreichte diesen Stab dem Rat und bat die Ältesten, ihn als Geschenk zu akzeptieren. Das Geschenk wurde angenommen.

Der Rat hatte mehrere Botschaften, die er allen mitzuteilen gedachte. Die Ältesten sorgten sich um die jüngeren Menschen, welche die westlichen Sitten angenommen und ihre eigenen ignoriert hatten und nun den schwierigen Zeiten nicht gewachsen waren. Wir sollten aufhören, die Beringsee »retten« zu wollen, und uns stattdessen darauf konzentrieren, zu lernen, wie man als »echter Mensch« zu leben hat. Die Ältesten verspürten eine Dringlichkeit darin, die jungen Menschen darauf vorzubereiten. Sie suchten nach Wegen, sich mit den jungen Menschen zu verbinden und mit ihnen zusammenzuwirken trotz der Schwierigkeit, dass die jungen Leute ihrer ursprünglichen Sprache nicht mehr mächtig waren, die Älteren hingegen bloß ihre eigene sprachen. Ein weiteres Problem erkannten die Ältesten darin, dass die jungen Leute den westlichen Wegen mit ihren Technologien wie Computern und Mobiltelefonen nachjagen und sich der Schnelllebigkeit der modernen Zeit übergeben. Diese Lebensweise würde die Menschen davon abhalten, ihre eigene Sprache und ihre eigene Kultur zu erlernen. Die Ältesten anerkannten, dass die jungen Menschen eine westliche Ausbildung erhalten und diese auch anstreben, aber das solle nicht auf Kosten des Erkundens der traditionellen Wege geschehen, die an erster Stelle stehen oder zumindest gleichwertig sein sollten wie die westlichen Sitten. Die Ältesten erkannten, wie rasant sich die Beringsee veränderte und dass diese Veränderungen den künftigen Generationen möglicherweise große Probleme bereiten könnten. Die kommenden Generationen müssten dafür bereit sein, und der einzige Weg, wirklich vorbereitet zu sein, bestehe darin, dass die jungen Menschen wieder ihre eigene Sprache und ihre traditionellen Gewohnheiten erlernen und zu »echten Menschen« werden. Nur, wenn sie gegenwärtig für den Moment und im Herzen fokussiert sind, werden die kommenden Generationen wissen, was zu tun ist. Die Probleme lassen sich nicht vom Verstand lösen. Das ist der Weg des echten Menschen.

Den Ältesten zufolge kommen schwere Zeiten auf uns zu. Und viele Menschen werden Leid erfahren. Der einzige Weg, sich auf diese Zeiten vorzubereiten, besteht darin, ein »echter Mensch« zu werden, denn der echte Mensch wird zuerst spirituell geführt, dann körperlich und erst dann geistig. Das Herz wird dem echten Menschen sagen, was er oder sie tun muss. Erst danach findet der Verstand heraus, wie zu erreichen ist, was das Herz gesagt hat. Das Herz lügt nie und lenkt uns unfehlbar.

Der echte Mensch weiß, wie er im Augenblick und in seinem Herzen gegenwärtig sein kann. In alten Zeiten war jeder ein echter Mensch und lebte in Harmonie mit allem in der Schöpfung. Es gab keine Gefängnisse, keine männerdominierten Hierarchien, keine Gewalt. Es herrschte Frieden, Liebe und Verständnis für Mutter Erde, und die Menschen lebten in Harmonie mit sich selbst und allem, was existiert. Die Ältesten sagten, um echte Menschen zu werden, müssten wir von unserem Kopf in unser Herz gelangen und auf das hören, was dieses uns sagt. Sie waren darüber beunruhigt, dass die jüngeren Generationen den Unterschied zwischen Botschaften aus dem Herzen und Botschaften aus dem Verstand nicht mehr erkennen können, weil diese Generationen schon in jungen Jahren ausschließlich zum Denken erzogen wurden und Denken das ist, was die Mainstream-Gesellschaft unter »menschlicher Intelligenz« versteht.

Es war eine Ehre und ein Privileg, diesen Ältesten zuzuhören und von ihnen lernen zu dürfen. Sie verhielten sich mit so viel Würde und Anmut, wie es ihnen von ihren damaligen Ältesten beigebracht worden war. Heute wende ich all das an, was ich in jenen Tagen gelernt habe: wie man zuhört, wie man sich an Zusammenkünften verhält, wie man die Weisheit der Prinzipien des Gesprächskreises anwendet und wie man Einigung erreicht und Konflikte verhindert. Unsere Gesellschaft braucht diese Weisheit heute.

31

Die Mapuche Südargentiniens

In meiner Zeit als Koordinator des Ältestenrates der Beringsee, in dem, wie bereits beschrieben, einige der angesehensten Ältesten der Regionen Alaskas vertreten waren, überbrachte uns ein Bote des Volks der Mapuche eine Nachricht. Wie es das Protokoll verlangt, aber auch weil die Mapuche aufgrund ihrer materiellen Armut über keine Kommunikationsmittel verfügten, wurde die Nachricht persönlich überbracht. Die argentinische Regierung hatte sie in den 1950er-Jahren gewaltsam von ihren fruchtbaren Ländereien in die Wüste umgesiedelt, wo sie sich mühsam durchschlagen mussten, um überhaupt zu überleben. Der Rat beriet über die Nachricht, aber der Mapuche-Bote war bereits wieder abgereist, und so konnte man ihn nicht von der Entscheidung in Kenntnis setzen. Also beschloss der Rat, jemanden mit der Antwort nach Südamerika zu schicken. Aus welchen Gründen auch immer fiel die Wahl auf mich.

Ich reiste also nach Argentinien und erreichte den Ort, an dem ich mich mit einem Begleiter treffen sollte, der mich führen würde. Bei dem Mann handelte es sich um einen jungen Mapuche-Häuptling. Als ich ihm erklären wollte, warum ich anstelle von einem der Ältesten gekommen war, winkte er mit der Hand ab und sagte, eine Erklärung sei unnötig, er wisse bereits alles darüber. Ich fragte: »Woher weißt du Bescheid?«

»Weil unsere Ältesten uns gesagt haben, dass du kommen würdest«, sagte er.

»Aber woher konnten eure Ältesten davon wissen?«, fragte ich.

Er antwortete nur: »Sie sprachen mit Erde und Himmel.«

Da begriff ich, dass diese Ältesten echte Menschen und der Sprache der Einheit mächtig waren. Diese Sprache erlaubt es einem Menschen, mit allem, und insbesondere mit Mutter Erde und Vater Himmel, zu kommunizieren, indem er (statt das Internet) das »innere Netz« nutzt, wie ich es nenne. Es ist die Form der Kommunikation, der sich vor langer Zeit alle Völker bedienten.

Noch heute gibt es Menschen, die diese Sprache verstehen, und auch die Mapuche-Ältesten haben dieses Wissen bewahrt.

Mein Dolmetscher und ich erhielten eine Wegbeschreibung zum Zeremoniengelände, das zwei Reisetage von jeglicher Zivilisation entfernt lag. Bei unserer Verabschiedung erklärte uns der Häuptling: »Es wird eine Delegation spiritueller Führer der Kechua/Ayamara dort sein, um euch zu begrüßen. Sie sind zwei Wochen lang auf Pferden geritten, nur um euch zu treffen.« Unterwegs zum Zeremoniengelände fragte ich mich, warum sie wohl, bloß um mich zu empfangen, einen derart weiten Weg auf sich nahmen.

Als wir das Gelände an einem besonderen, heiligen Ort erreichten, erwarteten uns die spirituellen Führer bereits, genau wie der Häuptling gesagt hatte. Während wir aus unserem Mietwagen stiegen, kam die Delegation von sieben spirituellen Führern auf uns zu. Zwei Dolmetscher unterstützten uns bei unserem Gespräch. »Wir haben von deinem traditionellen Namen erfahren. Könntest du uns bitte erzählen, wie du zu diesem Namen gekommen bist, wie du ihn aussprichst und was er bedeutet?«, fragte der älteste der Führer.

Ich antwortete: »Der Name ist Kuuyux. Er bedeutet ›ein vom Körper ausgestreckter Arm‹, wie ein Bote von den Aleuten in die moderne Welt hinein, wie eine Brücke. Der Name wurde mir von unserem letzten Kuuyux verliehen, als ich vier Jahre alt war. Dieser Name wird zu jeder Lebenszeit nur einer einzigen Person meines Volkes gegeben«, erklärte ich.

Sie waren sichtlich aufgeregt. Der Ältesten-Führer antwortete: »Wir haben exakt denselben Namen, der auf die gleiche Art und Weise weitergegeben wird und genau dasselbe bedeutet. Dies bestätigt unsere Geschichten, die besagen, dass wir die Vermittler waren zwischen deinem Volk und den Völkern, die vor Tausenden von Jahren in Südamerika lebten.« So fand ich also heraus, dass unsere Leute tatsächlich bereits vor Tausenden von Jahren nach Südamerika gereist waren, wie es mir mein Kuuyux erzählt hatte.

Das Zeremoniengelände befand sich in der Hochwüste, wo die Temperaturen tagsüber bis auf fünfzig Grad Celsius steigen und nachts bis auf zehn Grad unter null sinken – ein Gefälle von sechzig Grad innerhalb von nur vierundzwanzig Stunden! Für jemanden aus Alaska war das ein großes Erlebnis. Und ich sah mit eigenen Augen, wie die Mapuche gezwungen sind, ein Leben am

Existenzminimum zu führen. Die Mapuche sorgten sich um ihre Ältesten, weil es im Winter bitterkalt wurde und sie in kleinen Hütten lebten, deren schwache Holzöfen sie kaum warmzuhalten vermochten.

In der Region war seit mindestens neun Jahren kein Tropfen Regen mehr gefallen, und so hatten sich hier mehr als einhundert Mapuche versammelt, um Zeremonien abzuhalten. Jeder Zeremonientag begann um sechs Uhr morgens bei Sonnenaufgang und endete um ein Uhr morgens am nächsten Tag; dieser Rhythmus wurde vier Tage lang beibehalten. Die Zeremonien wurden von einer Frau eröffnet, die mit ihren hundertdreiundzwanzig Jahren damals wohl der älteste Mensch auf der Welt gewesen sein muss. Ihr Name lautete Rosa, sie war blind und beherrschte nur ihre eigene indigene Sprache. Diese Frau hat meine Sicht auf das »Altsein« verändert; nicht nur, dass sie die Zeremonie leitete, sie blieb auch die ganze Zeit über dabei, Tag und Nacht! Meine Aufgabe, wie auch die vieler anderer, bestand darin, den Tänzern, die ebenfalls vier Tage und vier Nächte lang durch tanzten, Kraft zu geben, indem wir dicht um sie herum saßen, unsere Energie auf sie konzentrierten und chanteten.

Am Ende der Zeremonien wurden wir Zeugen von einigen unfassbaren Dingen. Zwei Schneeadler kreisten über dem einen Ende des heiligen Geländes im Uhrzeigersinn spiralförmig in die Höhe, während gleichzeitig über dem anderen Ende ein Kondorpaar seine Kreise gegen den Uhrzeigersinn flog. Als die wundersamen Vögel außer Sichtweite waren, begann es zu regnen. Für die Mapuche erfüllte sich damit ihre Version der Adler-und-Kondor-Prophezeiung, die jedes indigene Volk der westlichen Hemisphäre kennt. Diese Prophezeiung besagt, dass eine große Heilung auf der Schildkröteninsel geschieht, wenn sich Adler und Kondor treffen und Tränen vergießen. Die Mapuche-Ältesten waren sehr glücklich, und so feierten wir den Abschluss der Zeremonien mit einem Fest. Die Menschen opferten von dem, was sie hatten; und so war dies das erste (und wahrscheinlich auch das letzte) Mal, dass ich Pferdefleisch gegessen habe, das Einzige, was sie besaßen, um so viele Menschen satt zu kriegen.

Vor und nach dieser Mapuche-Zeremonie hat es noch viele Adler-und-Kondor-Zusammenkünfte gegeben. Was ich damals nicht wusste, war, dass die Mapuche befürchteten, ihre Zeremonie würde in Vergessenheit geraten, weil die Jungen den Wert dessen nicht mehr erkannten, was die Mapuche-Ältesten praktizierten – bis sie an dieser Zeremonie teilnahmen und Zeuge meiner Rolle in dem Geschehen wurden. Dort sahen sie, wie jemand vom »obersten Ende der Welt« gekommen war, um an ihrer Zeremonie teilzunehmen, und wenn jemand von so weit herkam, dann musste doch etwas in den Mapuche-Zeremonien stecken, das es wert war, erlernt zu werden. Heute nimmt die Jugend wieder an den Zeremonien teil. Etwa sechs Monate später starb Rosa, wie mir ein englischsprachiger Mapuche-Freund aus Argentinien am Telefon mitteilte, der mich wissen ließ, dass sie die Welt verlassen habe, weil sie das Gefühl hatte, ihre Arbeit sei getan.

Ich hatte dort auch einige junge Menschen kennengelernt, die mir davon erzählten, wie schlecht sie in Argentinien behandelt wurden. Ein siebzehnjähriger Junge schluchzte, als er von seinen durch Rassismus geprägten Erfahrungen in der Stadt erzählte. Ich schloss den Jungen in mein Herz und sagte zu ihm: »Sei dankbar, dass du noch weinen kannst. Es ist ein Geschenk, das du dir von niemanden nehmen lassen solltest, auch wenn es Tränen wegen schlechter Behandlung sind. Wenn du nicht weinst, wird dein Herz sich verhärten. Wenn euer Herz verhärtet, können die Rassisten den Sieg über euch verkünden, weil ihr dann weder euch selbst noch irgendjemand anderem von Nutzen sein könnt.« Der Junge und ich wurden gute Freunde und er begleitete mich während meines restlichen Aufenthalts in Argentinien überall hin. Ich schenkte ihm eine Flöte, die ich sehr schätzte. Beim Abschied, als wir uns »Bis dann« sagten, gab er mir als Gegengeschenk ebenfalls eine Flöte, die ganz schlicht aus dem Ast eines Baumes geschnitzt war.

32

Was die Ältesten sagen

Ich war im Laufe der Jahre gesegnet und geehrt, zahlreichen Ältesten aus vielen verschiedenen Traditionen zu begegnen und ihnen zuhören zu dürfen. Von ihnen lernte ich eine Menge darüber, welche Voraussetzungen es braucht, ein »echter Mensch« zu sein. Leider kann ich den Weisheiten, auf die ich in diesem Kapitel explizit eingehen möchte, keine individuellen Namen zuordnen; es sei nur summarisch darauf hingewiesen, dass die Ältesten, auf die ich mich beziehe, zu den Gemeinschaften der Unangan, Yupik, Inupiat, Tlingit, Athabascan, Maori, Hopi, Sioux, Cree, Haudenosaunee (Irokesen), Maya, Tarahumara, Mapuche, Inka, Metis, Zulu, Hawaiianer und Inka gehören.

»Im Außen wird nichts erschaffen, wenn es nicht zuvor im Inneren erschaffen wird.« Wir sind nur wütend auf andere, weil wir auf uns selbst wütend sind. Wir kritisieren andere, weil wir mit uns selbst unzufrieden sind. Wir fühlen uns von anderen getrennt, weil wir uns von unseren Herzen getrennt haben. Wir können andere sogar hassen, weil wir uns selbst als hassenswert empfinden. Wir vermüllen unsere Umwelt, weil wir unser Inneres mit Müll vollstopfen. Wir urteilen über andere, weil wir uns selbst andauernd beurteilen. Es ist diese Aussage, die wahrscheinlich eine größere Wirkung auf mich hatte als jede andere. Erst als ich mir diese Worte wirklich zu Herzen nahm, begann ich ernsthaft meine Heilungsreise. Jetzt erinnere ich mich an diese so simpel klingende und doch so tiefgründige Weisheit. Die Ältesten wussten, dass »das Selbstloseste, das wir tun können, darin besteht, unsere Aufmerksamkeit darauf zu richten, uns zunächst einmal selbst zu heilen. Denn wir können der Welt nicht geben, was wir nicht haben.« Wenn ich Frieden will, muss ich Frieden üben, denken und in meinem Inneren kennen, dann erst kann ich ihn auch der Welt anbieten. Wenn ich die in der Welt manifestierte »Trennung« zum Verschwinden bringen will, die sich in Kriegen und Gewalt in all ihren Spielarten, in Rassismus, Umweltzerstörung und all solchem Übel zeigt, muss ich als Erstes die Trennung in mir selbst heilen.

Damit ich aber die Trennung in meinem Inneren heilen kann, muss ich wissen, was Trennung bedeutet. Die Ältesten sagen: »Wir müssen nach den eigentlichen Ursachen für all dies suchen, bevor wir heilen können.« Die Hauptursache der Trennung ist die Trennung von unserem Herzen. Ein weiser Yupik, Harold Napolean, erkannte dies tief in seinem Inneren. Als junger Anführer mit Frau und Kindern war der Druck auf ihn so groß geworden, dass er zu trinken begann. Eines Tages, als er betrunken war, starb sein kleiner Sohn, auf den er hätte aufpassen sollen. Seine Ehe ging in die Brüche und er verlor seinen Job. Im Gefängnis blickte er tief in sein Inneres. Warum trank er? Weder war er alkoholabhängig noch trank er, weil seine Freunde es taten. Er erkannte, dass dieses Trinken sein Volk und ihn selbst umbrachte. Sein Volk hatte so vieles durchlitten, angefangen mit der Ankunft der russischen Pelzhändler in seinem Land bis zur Unterdrückung durch die US-Regierung. Er prägte den Begriff »der Große Tod« für das Leid seines Volkes, zu dem auch die von außerhalb eingeschleppten Krankheiten zählten, die bis zu achtzig Prozent der Bewohner seines Dorfes ausgelöscht hatten.

Was war der Grund für den Alkoholkonsum, die Selbstmorde, den Drogenmissbrauch, die häusliche Gewalt und die Fälle von Depression in seiner Gemeinde? Schließlich stieß er auf die Geschichte der Vietnam-Veteranen, die zu Zehntausenden nach Hause zurückgekehrt waren und bei denen Drogenmissbrauch, Süchte aller Art und Depressionen zuhauf auftraten. Viele von ihnen zogen sich sprichwörtlich in die Berge zurück, weil sie keinen menschlichen Kontakt mehr ertragen konnten, viele begingen Selbstmord. Irgendwann gaben die Mediziner diesem Zustand einen Namen: die Posttraumatische Belastungsstörung (PTBS). Und so erkannte Harold Napolean, dass sein Volk unter derselben Krankheit litt. Sein Volk wollte sich, genau wie die Vietnam-Veteranen, nicht an die Tage des Schreckens erinnern, als in nur wenigen Monaten bis zu acht von zehn Menschen in den Dörfern starben. Die Überlebenden wollten nichts riechen, hören, träumen oder erleben, was sie in irgendeiner Form an dieses Grauen erinnerte. Auch Vietnam-Veteranen wollten keine Erinnerungen, Gedanken oder Gefühle aufkommen lassen, keine Gerüche oder Geräusche wahrnehmen, die sie an die durchlittenen Schrecken erinnerten, und so bemühten sie sich, all dies nicht mehr fühlen zu müssen, was bedeutete, dass sie sich von ihrem Herzen abtrennten und sich bewusstseinsverändernden Drogen hingaben. Eine mögliche Definition von Sucht ist: »eine Strategie, um dem gegenwärtigen Augenblick zu entkommen«. Der Moment ist aber nur dann gegenwärtig, wenn wir ohne Einmischung durch den Verstand auf unser Herz zu hören vermögen.

Harold erkannte, dass er eine vererbte spirituelle Krankheit in sich trug, an der bereits seine Vorfahren, Überlebende von Zeiten des Schreckens, gelitten haben mussten, und fasste seine Erkenntnisse in einem Buch zusammen.* In jenen dunklen Zeiten hatten die Überlebenden besondere Verhaltensweisen, Einstellungen und Gefühle entwickelt, die sie an ganze Generationen weitergaben – bis in die heutige Zeit. Es reicht, an die Kriege und schrecklichen Ereignisse auf der ganzen Welt zu denken, die in der Vergangenheit passiert sind und noch heute geschehen, um zu erkennen, dass wir alle an dieser spirituellen Krankheit leiden. Es ist offensichtlich, dass die Mehrheit der Weltbevölkerung traumatische Erlebnisse durchlitten hat und noch durchleidet, die sie geistig, körperlich und spirituell beeinträchtigen.

Die Ältesten der Yupik nennen dies die »Gesellschaft im Rückwärtsgang« oder die »auf den Kopf gestellte Gesellschaft«, in der wir die Lebensgesetze umgekehrt haben. »Ursprünglich lehrten wir, wie man lebt, jetzt lehren wir, wie man sich seinen Lebensunterhalt verdient; einst schätzten wir die Ältesten, jetzt schätzen wir es, jung zu sein; früher dachten wir über den Tod nach, um in Ganzheit zu leben, jetzt grübeln wir nur noch über das Leben; ehedem ehrten wir Zeiten der Dunkelheit, jetzt fürchten wir sie; einstmals lehrten wir, wie man im Herzen präsent ist, jetzt sind wir nur noch in unserem Verstand zuhause; vormals sagte unser Herz dem Verstand, was er zu tun hatte, jetzt befiehlt unser Verstand dem Herzen, was zu tun ist.«

Wir zerbrechen uns auf vielfältigste Weise den Kopf über das Rätsel des Lebens, weil wir aufgehört haben, über das Geheimnis des Todes nachzudenken, vielleicht weil wir im Unterbewussten Angst vor ihm haben. Der Tod ist das Unbekannte schlechthin, er könnte Dunkelheit bedeuten und er ist mysteriös. Vielleicht

* Harold Napolean: *Yuuyaraq: The Way of the Human Being*, University of Alaska Fairbanks, 1991.

stecken wir unsere Alten in Seniorenheime oder Pflegeeinrichtungen – aus den Augen, aus dem Sinn –, weil wir schlicht nicht damit konfrontiert werden wollen, dass wir uns mit zunehmendem Alter dem Tod nähern. Möglicherweise erleuchten wir unsere Städte so hell, bis wir die Sterne nicht mehr sehen können, weil wir die Dunkelheit als unheimlich und mysteriös empfinden und sie uns an den Tod erinnert. Vermutlich schätzen wir die Jugend so über alle Maßen, weil, älter zu werden, bedeutet, dem Tod näherzukommen.

Heute sagt der Verstand unserem Herzen, was es tun soll. Vom Säuglingsalter an bis zum Erwachsenenalter werden wir im Denken trainiert. Man glaubt, dass die menschliche Intelligenz ihren Sitz im Gehirn habe. Sobald wir in die Schule kommen, lehrt man uns, was und wie wir denken sollen und was die richtige Antwort auf ein Problem ist – alles mit dem vorrangigen Ziel, die Schüler und Studenten darauf vorzubereiten, wirtschaftlich möglichst produktiv zu sein. Uns wird beigebracht, unsere eigene Autorität an der Garderobe an jene abzugeben, die die Kontrolle besitzen. Es gilt, dem Lehrer zu gehorchen und seine Lehren zu akzeptieren. Vom Kindergarten bis zum Postdoktorat ist dieses System linear ausgerichtet, und alles Nichtakademische wird in gewisser Weise als »minderwertig« betrachtet. Auf diese Art wird die Intelligenz eingeschränkt; es ist uns nicht mehr erlaubt zu denken, was wir denken wollen; wir sollen jenen gehorchen, die uns sagen, wie wir zu denken haben. Und auf diese Weise werden wir aus dem gegenwärtigen Moment herausgehoben und leben nur noch in der Vergangenheit oder der Zukunft. Durch alle Jahrhunderte hindurch haben weise Menschen betont: »Das Kraftzentrum liegt im gegenwärtigen Augenblick.« Thich Nhat Hanh sagt: »Jeder Atemzug, den wir machen, jeder Schritt, den wir tun, kann mit Frieden, Freude und Gelassenheit erfüllt sein. Wir müssen nur im gegenwärtigen Moment wach und lebendig sein«,* und im gegenwärtigen Moment lebendig zu sein, ist ein Ort ohne Gedanken. Unsere Ältesten sagen, dass es Hass, Scham, Schuld, Reue, Wut, Zorn, Eifersucht, Stolz und Ähnliches sind, die uns aus der Gegenwart herausheben und in die Vergangenheit oder Zukunft versetzen; und genauso wirkt Angst, die nichts anderes ist als eine Projektion

* Thich Nhat Hanh: *Peace Is Every Step: The Path of Mindfulness in Everyday Life,* New York: Random House, 1992, Seite 5.

– von etwas, das noch nicht geschehen ist – in die Zukunft. Damit, so sagen die Ältesten, beginnt die Zeit. Dies alles sind Erzeugnisse des Verstandes.

Wir sind so sehr in unseren Verstand gefangen, dass wir nicht mehr beachten, wie dieser unsere Welt verfärbt. Es scheint keine andere Lebensweise mehr zu geben als diese, die unsere sozialen, politischen, wirtschaftlichen und physischen Realitäten in der Welt geschaffen hat. Einstein soll so etwas Ähnliches gesagt haben wie: »Wir können die Probleme nicht mit demselben Bewusstsein lösen, das die Probleme verursacht hat«, und nach dem Verständnis der Ältesten ist dieses Bewusstsein der Verstand, der dem Herzen sagt, was es tun soll. Betrachten wir zum Beispiel unsere Gedanken zu Lösungen für den Klimawandel: Lasst uns unsere Autos und Lastwagen auf erneuerbare Energien umrüsten; das wird den CO_2-Ausstoß wesentlich verringern, nicht wahr? Also wandeln wir Ackerland um für den Maisanbau für Ethanol, wodurch die Nahrungsmittelknappheit auf der ganzen Welt verschärft wird und Lebensmittel teurer werden, weil dadurch die landwirtschaftlichen Flächen für den Nahrungsmittelanbau abnehmen. Wir überlegen nicht zu Ende, was wir mit den Batterien der Elektroautos machen werden, wenn diese nicht mehr zu gebrauchen sind. Sie stecken voller exotischer, teils hochgiftiger Mineralien. Wenn wir mit ihnen dasselbe tun, was wir mit unseren weggeworfenen Computern gemacht haben, verschicken wir die Batterien als Müll vielleicht nach Thailand oder in andere Entwicklungsländer. Die armen Menschen dieser Länder, die Geld für Lebensmittel benötigen, zerlegen diese modernen Wunder in ihre Einzelteile, um sie zu verkaufen, und vergiften dabei sich selbst und ihre Umwelt.

Und was ist mit dem Militär unserer Nationen? Es ist einfacher, junge Menschen zum Töten auszubilden, die im Verstand verfangen sind und sich von ihrem Herzen getrennt haben. Unsere nationalen Anführer sprechen frei und offen darüber, den Feind zu töten. Was für eine Botschaft sendet dies an unsere Jugend? Erinnern wir uns an die Aussage der Ältesten: »Im Außen wird nichts erschaffen, wenn es nicht zuvor im Inneren erschaffen wird.« Wenn wir uns vom Herzen trennen, trennen wir uns von uns selbst. Dann ist es auch einfacher, uns von anderen zu trennen. Der Verstand denkt nur an sich selbst, alles geht ums »ich« und »mein«, also konkurrieren wir in der Schule, im Sport, in der

Wirtschaft – einfach überall steht der Individualismus an erster Stelle. Es gibt vergleichsweise wenige Möglichkeiten, den Schwerpunkt in partnerschaftlicher Zusammenarbeit auf das menschliche Wohlergehen zu setzen.

Weil wir von uns selbst getrennt sind, erschaffen wir Dinge, die voneinander getrennt sind. Die westliche, die kartesianische Wissenschaft gründet auf dem Prinzip der Trennung von Beobachtetem und Beobachter. Diese Wissenschaft basiert auf der Idee der Spezialisierung, beispielsweise der Spezialisierung auf verschiedene Fachdisziplinen, die sich den Meeressäugern, den Fischen, dem Land, dem Wasser oder der Atmosphäre widmen. Diese Systeme leisten der Spezialisierung weiteren Vorschub bis zu dem Punkt, an dem die Daten der einen Fachrichtung nicht mehr mit denen einer anderen, eventuell mit ihr verbundenen, Fachrichtung in Korrelation gebracht werden können. Ausgerechnet heute, da immer deutlicher wird, dass »alles miteinander verbunden ist«, tun sich die meisten Wissenschaften schwer damit, Kooperationen mit anderen Disziplinen aufzubauen. Interdisziplinäre Bemühungen befinden sich gerade mal in einem fetalen Entwicklungsstadium und sind weit davon entfernt, die Basis einer transdisziplinären Wissenschaft zu bilden, die uns einem ganzheitlichen Verständnis der Funktionsweise der Natur näherbringen kann. Wir begreifen einfach nicht, dass das Ganze größer ist als die Summe seiner Teile mit ihrer synergetischen Wirkung. Jede Disziplin, mit der wir uns in unserer Gesellschaft befassen, sei sie ausgerichtet auf Soziales, Politisches, Wirtschaftliches oder Biologisches, basiert auf Spezialisierung. »Wir können die Probleme nicht mit demselben Bewusstsein lösen, das die Probleme geschaffen hat.«

Die Ältesten fragen: »Worauf wollen wir uns konzentrieren? Entscheiden wir uns dazu, unseren Fokus auf das ›Problem‹ zu richten, oder dazu, die Visionen und die Träume in den Blick zu nehmen, die wir in der Welt verwirklichen wollen?« Nach dem Verständnis der Ältesten wird das, worauf wir uns konzentrieren, zu unserer Wirklichkeit. Mehr Organisationen und Menschen als jemals zuvor in der Menschheitsgeschichte bemühen sich heute um eine gerechtere Welt und streben danach, die Art und Weise zu verbessern, wie wir mit der Natur interagieren – und dennoch macht es den Anschein, dass die Bedingungen heute misslicher sind als jemals zuvor. Dasselbe sehen wir im Hinblick auf die Anstrengungen, Selbstmorde, Morde und häusliche Gewalt, Drogenmissbrauch, Krankheiten und alles Weitere, von dem wir das Gefühl haben, es sei nicht gut für die Menschheit, zu minimieren. Warum ist das so? Laut den Ältesten liegt die Antwort darauf in der von ihnen aufgeworfenen Frage.

Wir entscheiden uns dazu, unseren Fokus auf die Probleme zu richten. Dies mag schwierig zu verstehen sein, aber tatsächlich konzentrieren wir uns in emotionalem Verhaftetsein darauf, etwas zu stoppen, anstatt einer möglichen Vision oder einem Traum zu folgen. Die Ältesten sagen, dass ein Fokus auf das Negative, egal wie gut es die Person meint, die Probleme nur verfestigt. Zum Beispiel: Eine Person oder Organisation investiert viel Energie darauf, die Holzindustrie vom Fällen von Bäumen abzuhalten, damit der Tüpfelkauz im pazifischen Nordwesten der USA gerettet wird; wenn diese Schlacht von den Tüpfelkauz-Schützern »gewonnen« wird, streichen sie »ihren Gewinn« ein und machen sich auf zum nächsten Schlachtfeld. Die Holzindustrie schreibt ihre Verluste ab und beschließt, nach Kanada zu ziehen und dort mehr Bäume zu fällen als jemals zuvor. Die Herausforderung liegt in der Einstellung: »Wir befinden uns in einem Kampf« gegen dieses oder jenes. Es ist der *Kampf,* der emotional in den Mittelpunkt rückt, und das ist reaktionär und nicht proaktiv. Was wir gemäß diesen Ältesten zu tun hätten, wäre, uns emotional von der Sache zu lösen, damit aufzuhören, sie als Kampf zu betrachten, und dann zu handeln. Dieses Handeln darf nicht emotional getrieben sein. Zu handeln, weil wir das *Gefühl* haben, unser Handeln stünde im Einklang mit der Erde und dasjenige derer, die es anders machen, stünde es nicht, darf nicht im Mittelpunkt des Handelns stehen. Der Hauptfokus muss auf der Vision, dem Traum davon liegen, wie die Welt aussehen soll. Worauf wollen wir uns also konzentrieren?

Und dann gibt es jene, die sich entscheiden, sich um rein gar nichts zu kümmern, weil sie das Gefühl haben, ohnehin keine Macht zu besitzen, jene echten Veränderungen herbeizuführen, von denen sie wissen, dass sie notwendig sind. Warum fühlen sie sich machtlos, irgendetwas zu tun? Den Ältesten zufolge liegt dies daran, dass wir alle, von unserer Geburt bis hin zu unserem Tod, daran gewöhnt werden, die Autorität eines anderen zu akzeptieren. Das hindert uns daran, über den Tellerrand hinauszudenken. Und wir sind so sehr damit beschäftigt, uns negative Dinge anzuhören, dass wir sie irgendwie von uns weghalten müssen, weil alles miteinander einfach zu viel für uns wird: globaler Klimawandel, Zerstörung der Wälder, Artensterben, Gewalt, Umweltverschmutzung, Ungerechtigkeit, die Liste ließe sich endlos erweitern. Wir wissen um die Probleme, aber wir mögen uns sagen: »Jemand anderes wird sich darum kümmern« oder »Das ist eine Nummer zu groß, als dass ich irgendetwas bewirken könnte« oder auch beides. Ersteres führen wir an, weil wir darin geschult sind, unsere persönliche Autorität an andere abzugeben. Das Zweite sagen wir, weil wir vergessen haben, auf unser Herz zu hören. In jeder Situation, die uns wichtig erscheint, und auch in denen, die wirklich wichtig sind, wird unser Herz uns sagen, was wir tun sollten. Es belügt uns nie; es ist unser Verstand, der lügt und uns ständig täuscht. Wir müssen fähig sein zu unterscheiden, was bloß aus unserem Verstand heraus und was aus dem Herzen kommt. Wir sind so sehr daran gewöhnt, dass der Verstand uns sagt, was wir tun sollen, dass wir zwischen den beiden nicht mehr unterscheiden können. Wenn wir uns »verwirrt« fühlen, können wir davon ausgehen, dass es der Verstand ist, der zu uns spricht, nicht das Herz. Das Herz spricht nie zweideutig oder ausweichend. Sind wir im gegenwärtigen Moment und sind uns bei einer Sache zweifelsfrei sicher, dann hören wir wahrscheinlich auf unser Herz. Das Herz spricht zu uns, wenn wir gegenwärtig sind. Seine Botschaften verstummen, wenn sich der Verstand einmischt.

Rita Blumenstein, eine verehrte Yupik-Älteste, sagt: »Wir müssen unsere Herzen entlasten, um klar zu denken.« Sie spricht von der Bedeutung, einem unbelasteten Herzen zu lauschen, um die Wahrheiten zu erkennen. Und wenn wir von den Normen geheilt werden, die uns von dieser Gesellschaft im Rückwärtsgang gelehrt wurden, sind wir fähig, über besorgniserregende Themen in einen echten Diskurs mit anderen zu treten, in dem keine Gewalt ausgeübt und niemand angegriffen oder in die Defensive gedrängt wird. Bei dieser Art von Diskurs anerkennen wir, dass jeder und jede eine eigene Wahrheit hat und die Wahrheit der anderen gleichermaßen gültig ist wie unsere eigene. Nachdem alle in einem Rat oder einer Sitzung zu Wort gekommen sind, wird ein Konsens darüber erzielt, was getan werden muss. Auf diese Art und Weise demonstrieren wir, dass wir gegenwärtig für den Augenblick sind und unsere Wahrheit aus dem Herzen heraus äußern. So zivilisiert begegnen sich echte Menschen. Egal, ob wir uns mit persönlichen oder anderweitigen Herausforderungen beschäftigen müssen, täten wir gut daran, den Ältesten nachzueifern. Wir sollten vermeiden, in der Matrix steckenzubleiben, die nur aus dem Verstand heraus geschaffen wird und die unser Handeln dementsprechend bestimmt. Und wir alle wissen heute, wohin uns das geführt hat. Auch Rita Blumenstein sagt: »Wir tun der Welt keinen Gefallen, wenn wir klein denken.« Wenn wir uns unser »echtes Menschsein« zurückerobern, werden wir unser Zentrum finden, von dem aus wir uns verbinden mit all dem, was ist. Wenn wir es gefunden haben, werden wir erkennen, was persönlich und gemeinschaftlich zu tun ist.

Schließlich fordern uns die Ältesten der Hopi auf: »Ihr sollt dem Bösen nicht widerstehen, sondern das Gute an seine Stelle treten lassen.« Das ist tiefste Weisheit in höchster Einfachheit. Viel zu häufig versuchen wir, das Böse zu »bekämpfen«, doch, wie die Ältesten wissen, tragen wir mit diesem Kampf zur Atmosphäre des Negativen bei, die das Böse umgibt. Möglicherweise werden wir vorübergehende Siege davontragen, die das Ego befriedigen, aber auf lange Sicht verlieren wir, weil die Maßnahmen, die wir ergreifen, um ein Problem zu lösen, auf einem Kampf basieren, was garantiert, dass die kommenden Generationen denselben Kampf nur in anderer Form erneut ausfechten werden. Wenn wir hingegen zulassen, dass »das Gute seinen Platz einnehmen kann«, richten wir unsere Aufmerksamkeit auf den Traum oder die Vision. Dann ist dies keine Reaktion auf etwas, sondern an sich proaktiv und positiv. Dann geben wir uns nicht dem Diktat unseres Egos hin, das kurzfristige Ziele mag, die uns in irgendwelchen Illusionen festhalten. Wenn wir vor den Auswirkungen unserer Siege-um-jeden-Preis unsere Augen verschließen, können wir auch die Konsequenzen unserer Handlungen und Worte über mehrere Generationen hinweg nicht sehen.

Wir alle sind fähig, die Lehren der Ältesten anzuwenden. Wir müssen nur in unser Herz gelangen und dem folgen, was es sagt. Dies erfordert Mut, ja, doch solange wir es nicht tun, vermögen wir keinen Frieden aufzubauen, geschweige denn mit uns selbst und dem Rest der Schöpfung in Harmonie zu leben.

33

Alles erwägen, alles hinterfragen

So wie das Volk der Juden den Holocaust überlebte, überstand auch das Volk der Unangan eine Beinaheauslöschung seiner Bevölkerung und seiner Kultur. Wie die japanisch-stämmigen Amerikaner erfuhr auch mein Volk Vertreibung, Isolation und grausame Lebensbedingungen unter seiner Zwangsinternierung. Und wie die Afroamerikaner ertrug auch mein Volk die Gräueltaten der Sklaverei. Dennoch leben die Unangan noch heute entlang der Kette der Aleuteninseln und auf den Pribilofs. Wir blicken auf eine beeindruckende und bewegte Geschichte voller Freude, Schmerz, Verwirrung, Mut, Zweifel, Qual, Trauer und Hartnäckigkeit zurück. Für mich ist es die Weisheit dieses Volkes, die es gegen alle Unbill widerstandsfähig machte. Ich hatte das Glück, dass mir viel von dieser Weisheit vermittelt wurde. Mein Volk und meine Vorfahren waren meine originären Lehrer. Vor allem anderen brachten sie mir bei, meine persönliche Autorität, die Unschuld des Kindes und die Weisheit der Ältesten zu bewahren. Ihre Lehren sind in meinem Herzen lebendig und dafür werde ich auf ewig dankbar sein. Älteste aus vielen anderen indigenen Traditionen teilten ihre Einsichten und ihr Wissen mit mir, und diese verknüpfte ich mit der mir vererbten Weisheit. Heute, da das Überleben der gesamten Menschheit auf Mutter Erde in Gefahr ist, braucht die Welt eine solche kollektive Weisheit.

Die Frage lautet nicht, ob Mutter Erde überleben wird oder nicht – das wird sie. Sie existiert bereits seit Milliarden von Jahren und wird es weiter tun. Die Frage ist vielmehr, ob *wir* überleben werden oder nicht. Wenn wir fortfahren nach Paradigmen zu leben, die aus einem Übergewicht des Männlichen resultieren, und alles heilige Feminine – einschließlich der auf Mutter Erde basierenden Kulturen, der Heilerinnen, der Göttinnenkulte, der Frauen im Allgemeinen und Mutter Erde selbst – zerstören oder minimieren, werden wir alle untergehen. Davon bin ich überzeugt. Und

Sie? Mich jedenfalls hat die Weisheit der Zeitalter gelehrt, alles infrage zu stellen, was ich für selbstverständlich hielt.

Nun habe ich Zeit zum Nachdenken und erforsche meine Seele. Es gibt viele Fragen und einige Antworten, was das Volk der Unangan und die Nördlichen Seebären angeht. Warum beispielsweise konzentrierten sich die Tierschutzgruppen auf die Rettung der Robben, verschwendeten aber keinen Gedanken an die Unangan? Weshalb fand die Botschaft, die Robben müssen gerettet werden, so viel Anklang in der amerikanischen Öffentlichkeit? Wieso will niemand verstehen, dass wir die Robben brauchen, um uns zu ernähren? Warum hörte niemand zu, als wir auf die wachsenden Probleme des Ökosystems in der Beringsee aufmerksam machten? Weshalb wissen die Wissenschaftler und Ressourcenmanager heute noch immer nicht, was den Rückgang der Tierwelt in diesem Meer verursacht? Wieso haben wir als Gemeinschaft dermaßen viel an Chaos und Verzweiflung zugelassen, bevor wir zu handeln begannen? Und warum erreichten wir unsere Ziele über unsere Erwartungen hinaus?

Auf einige dieser Fragen gibt es Antworten, und ich habe verstanden, dass die spirituelle Heilung des einzelnen Individuums für die Heilung der gesamten Gemeinschaft und die Lösung von Konflikten von zentraler Bedeutung ist.

Gemäß den Weisheitshütern der Hopi und der Maori betreten wir nun die »Welt des fünften Rings« des Medizinrads: eine Zeit der Wiederverbindung der vier heiligen Farben – rot, schwarz, weiß und gelb –, die die Voraussetzung dafür ist, dass das Gleichgewicht auf Mutter Erde wiederhergestellt werden kann. Sie verlangt Heilung.

Die Heilung, von der die Hüter der Weisheit sprechen, ist der Prozess der Wiederverbindung mit dem Heiligen in jeder und jedem von uns. Nach ihrem Verständnis ist die Ursache für persönliche und äußere Konflikte wie Gewalt, Gier, Machthunger, Angst, Depression und Suchtverhalten in unserer Trennung von dem zu finden, was in uns selbst heilig und daher heilig in allen Dingen ist. Der Hauptgrund für diese Trennung liegt in den Erfahrungen von Gewalt und Missbrauch, die unsere Seele verletzt haben.

Betrachten wir ein paar Dinge, die wir heute tun: Wir sterilisieren unsere Städte, um unserem Schauder vor der natürlichen Welt entgegenzuwirken. Wir bringen überall Lichter an – sogar in den kleinsten ländlichen Dörfern Alaskas –, sodass wir die Sterne nicht mehr sehen können, weil wir so große Furcht vor der Dunkelheit haben. Aus Angst vor dem Tod lassen wir unsere verstorbenen Angehörigen von Bestattungsunternehmen abholen und bringen unsere altersschwachen Haustiere in Euthanasiezentren. Entrückt vom gegenwärtigen Augenblick laufen unsere Kinder mit Kopfhören durch die Welt, beschallen sich mit schriller, lauter Musik oder tauchen in Videospiele ab – alles nur, um sich aus dem Moment der Gegenwart auszuklinken. Wie oft glotzen wir in den Fernseher, nicht, um uns zu unterhalten, sondern um dem zu entfliehen, was uns gerade beunruhigt. Unsere Organisationen sind so strukturiert, dass sie menschliches Verhalten kontrollieren können, weil wir eine so riesige Angst davor haben, die Kontrolle zu verlieren. Aus Furcht vor anderen Menschen errichten wir Zäune um unsere Häuser und um unsere Länder. Wir versteifen uns auf die Unterschiede zwischen Rassen, Kulturen, Religionen und Glaubensrichtungen, bloß weil wir uns vor Dingen fürchten, die wir nicht verstehen. In absoluter Selbstsucht denken wir nur an uns und an heute, nicht etwa an zukünftige Generationen. Niemand bleibt von diesem Erbe spiritueller Krankheit verschont.

Das Volk der Unangan auf den Pribilof-Inseln hat Angst, Depression, Schrecken, Selbstmord, Mord und andere Gewalttätigkeiten durchlebt, weil wir die Nachkommen unserer Holocaust-Überlebenden sind, die uns diese spirituelle Krankheit vererbt haben. Die Tierschützer kämpften für die Robben, ohne auf zukünftige Konsequenzen Rücksicht zu nehmen; sie dachten nur an ihr Heute, weil auch sie Kinder von Überlebenden sind. Die Kongressabgeordneten hörten, weil sie Angst hatten, ausschließlich auf ihre eigenen Wähler; auch sie leiden an diesem Erbe.

Die Basis aller Konflikte liegt in unserer Trennung vom Heiligen in uns selbst, die dazu geführt hat, dass wir uns von allen anderen und der Schöpfung als Ganzem getrennt fühlen. Der Schlüssel zur Bewältigung von Konflikten, ob auf persönlicher oder gemeinschaftlicher Ebene, liegt darin, uns auf den Prozess, anstatt auf das Ziel zu fokussieren, und uns als unvollkommene Wesen, die wir sind, zu lieben wie auch diejenigen oder das zu lieben, die oder das wir vielleicht als hassenswert empfinden. Das ist der Grund, warum alle Ältesten übereinstimmend gesagt haben: »Wir sollten dem Bösen nicht widerstehen, sondern das Gute an seine Stelle treten lassen.« Moderne Techniken der Konfliktlösung bieten bloß kurzfristige Zwischenlösungen, weil sie die den Konflikten zugrunde liegenden Ursachen nicht angehen. Erinnern Sie sich noch an die Frage der Ältesten: »Worauf wollen wir uns konzentrieren? Entscheiden wir uns dazu, unseren Fokus auf das ›Problem‹ zu richten, oder dazu, die Visionen und die Träume in den Blick zu nehmen, die wir in der Welt verwirklichen wollen?« Denn das, worauf wir uns konzentrieren, egal wie gut unsere Absicht sein mag, wird zu unserer Wirklichkeit.

Die Lektion, die wir auf den Pribilof-Inseln gelernt haben, lautet, auf die Weisheit der Ältesten zu hören und die innere Verbindung wiederherzustellen.

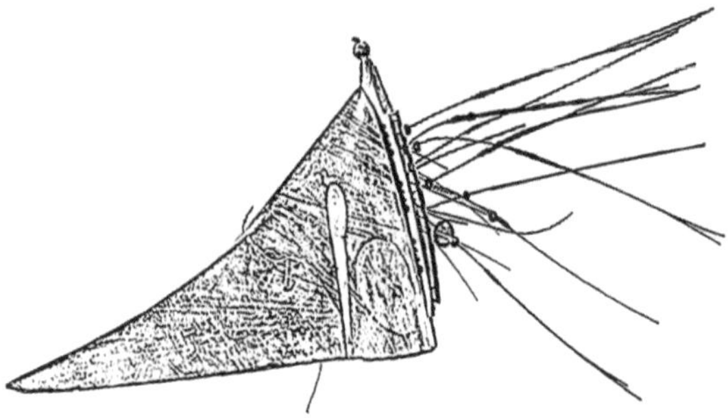

Über den Autor

Ilarion Merculieff, 1949 geboren und aufgewachsen auf der Insel Saint Paul in der Beringsee, wurde nach traditionellen Werten des Volks der Unangan erzogen und genoss eine Ausbildung nach westlichen Standards, die er an der University of Washington abschloss. Er fungierte als Vorsitzender der Wissenssitzungen des Weltklimagipfels indigener Völker, als Mitbegründer des indigenen Völkerrats für Meeressäuger, des Umweltforums für Alaska, des internationalen Beringsee-Forums sowie des Alaska Oceans Network. Derzeit ist er Präsident des Weltzentrums für indigene Führungskunst und Lebensweise GCILL.

Weitere Informationen unter **www.gcill.world**

Bildnachweis

Umschlag vorne außen: Ilarion Merculieff.

Umschlag vorne innen: Chalice Verlag.

Frontispiz Seite 2: Ein Mann im traditionellen Jagdanzug auf der Insel Umnak im April 1909. Aufgenommen von der Expedition der Russischen Geographischen Gesellschaft nach Kamtschatka und auf die Aleuten 1908 bis 1912.

Seiten 7 und 212: Traditioneller Jagdhut eines Unangan-Häuptlings aus der Zeit um 1800. Salisbury Art Centre, RLS 68.

Bei den Grafiken an den Kapitelenden handelt es sich um klassische Motive, die auf den traditionellen Holzhüten der Unangan zu finden sind. Sie stammen aus Sergei Valisevitch Ivanov: "Aleut Hunting and Headgear and Its Ornamentation" in *Procedings of the Twenty-Third International Congress of Americanists,* New York, 1930, Seiten 477–504.

Portrait Seite 213: Ilarion Merculieff.

Frontispiz Seite 215: Ilarion Merculieff.

Umschlag hinten innen: Chalice Verlag.

Umschlag hinten außen: Stellerscher Seelöwe. US Fish and Wildlife Service Headquarters / Wikimedia Commons. Fotomontage: Chalice Verlag.

Der Chalice Verlag widmet sich
der Publikation von wertvollen Texten
aus verschiedenen spirituellen Traditionen

Unser gesamtes aktuelles Verlagsprogramm sowie
weiterführende Textbeiträge, Audioaufnahmen und Videos
finden Sie auf unserer Webseite

chalice.de

Wie Sie unsere Arbeit unterstützen können

Gute Bücher mit anspruchsvoller Literatur zu machen, ist heutzutage ein steiniges Unterfangen, besonders für kleine Verlage, die knappe finanzielle Mittel mit umso mehr Herzblut wettmachen müssen. Wir sind ein nicht-profitorientierter Kleinverlag, arbeiten für weniger als ein Taschengeld und reinvestieren alle unsere Erträge in neue Buchprojekte

Wenn Sie den Chalice Verlag unterstützen möchten, freuen wir uns natürlich über jeden Kauf und jede Weiterempfehlung der von uns verlegten Bücher. Falls Sie uns eine Zuwendung zukommen lassen möchten, die uns neue Buchprojekte ermöglichen hilft und unsere Verlagsarbeit fördert, danken wir Ihnen von Herzen

Unsere Bankverbindung:
Iban-Nr. DE89 3545 0000 1150 0050 54
Unser PayPal-Konto: kontakt@chalice-verlag.com

Chalice Verlag

Welch eminente Bedeutung Pflanzen für intakte Ökosysteme und unser globales Klima haben, weiß heute jedes Kind; ihre medizinischen Heilkräfte kennt und nutzt die Menschheit seit Urzeiten. Doch die moderne Wissenschaft tut sich noch immer schwer damit, die richtigen Fragen zu stellen bei der Erforschung der Pflanzenwelt, ihrer erstaunlichen Wirkungsweise, Kommunikation und Intelligenz. Der bekannte Pflanzenheilkundler und Bestsellerautor Buhner sagt: Für das Verständnis dieser Zusammenhänge können wir uns nicht allein auf die linearen Analysen unseres Gehirns verlassen, wir brauchen vor allem eine direkte Wahrnehmung der Natur. Die dafür prädestinierten Organe sind unsere Sinne und unser Herz. Wie wir lernen können, uns von der Wirklichkeit der Welt berühren zu lassen und ihre Bedeutungen zu verstehen, indem wir unsere Sinneswahrnehmung schärfen und unsere Gefühlsempfindungen ernst nehmen, erklärt er in diesem einzigartigen Buch. Mit einer spannenden Zusammenfassung neuster Erkenntnisse über die Synchronisation von Herz- und Gehirnaktivitäten, mit Erfahrungsbeispielen aus seiner langen Heilpraxis, mit einer Fülle wundervoller Zitate großer Naturpoeten – von Paracelsus über Goethe, Henry David Thoreau, Luther Burbank, George Washington Carver und Masanobu Fukuoka bis zu Robert Bly – sowie mit konkreten Übungsanleitungen zeigt uns der Autor, wie wir in der Wildheit der Welt die richtige Medizin finden gegen die Krankheit unserer anthropozentristischen Gegenwart: Mitgefühl, Verständnis, Ganzheit, Liebe.

ISBN 978-3-942914-56-7
442 Seiten · 30 Abbildungen

Nach seiner hochgelobten Biografie über Dag Hammarskjöld (1905–1961), den parteilosen schwedischen Diplomaten, zweiten Generalsekretär der Vereinten Nationen und spirituellen Denker und Autor, der auf einer Friedensmission in Afrika unter mysteriösen Umständen bei einem Flugzeugabsturz ums Leben kam, legt Roger Lipsey mit diesem Buch ein kluges Vademecum vor über dessen Gedanken zur Kunst der ethischen Führung, die in der heutigen Zeit von Populismus und wiederaufkeimendem Nationalismus vielleicht bedeutsamer sind als jemals zuvor. »In einer Zeit, in der politische Führung sich in vielen Kontexten den schlimmsten und ätzendsten Facetten der Unterhaltungsindustrie angleicht und das Ideal des Dienstes am Allgemeinwohl geringgeschätzt, ja gar missachtet wird, ist es wichtig zu wissen, wo wir nach Hoffnung und neuen Zielen suchen sollen. Dag Hammarskjölds herausragendes Beispiel einer Staatskunst, die gleichzeitig klug, demütig, beherzt, geduldig und gewagt war, haben wir heute so nötig wie Wasser in der Wüste« (Rowan Williams, Politiker und Theologe, Magister am Magdalene College in Cambridge und ehemaliger Erzbischof von Canterbury). »Ich bin mittlerweile zur Erkenntnis gelangt, dass ich im Vergleich zu ihm nur ein kleiner Mensch bin. Er war der größte Staatsmann unseres Jahrhunderts« (John F. Kennedy über Dag Hammarskjöld). Mit dem Kauf dieses Buches unterstützen Sie UNICEF, das Kinderhilfswerk der Vereinten Natio-nen, mit 1 Euro.

ISBN 978-3-942914-47-5
152 Seiten

Die Menschheit hat sich in eine globale Krise apokalyptischen Ausmaßes manövriert. Oberflächlich betrachtet sind deren Ursachen ökologischer, technischer, wirtschaftlicher, politischer und sozialer Natur; in Wirklichkeit jedoch entspringen sie der schleichenden Verkümmerung unserer moralischen, geistigen wie auch spirituellen Vitalität. Für Vimala Thakar (1923–2009), die indische Philosophin, Mystikerin und sozialrevolutionäre Aktivistin, ist daher ein ganzheitlicher Ansatz in unserem Leben und Handeln dringender als jemals zuvor in der Geschichte. Das trennende Entweder-oder von spirituellem Eremitentum und sozialem Aktivismus sollte einem holistischen Verständnis der existenziellen Fragen weichen, wenn wir auf unserem Planeten friedvoller, kreativer und nachhaltiger zusammenleben wollen. Die Lehren der indischen Freiheitskämpfer Mahatma Gandhi und Vinoba Bhave sowie des spirituellen Philosophen Jiddu Krishnamurti weiterentwickelnd, weist die Autorin in diesem aufrüttelnden Buch konkrete Wege zur einzig erfolgversprechenden, weil tatsächlich vollständigen Revolution des Menschen: der ganzheitlichen. Die neuen Kapitel, die sie uns aufzuschlagen einlädt, heißen: In Einheit wachsen, die innere Freiheit zu uns einladen, für Liebe und Vertrauen offen werden, die Kraft der Wahrheit freisetzen, alternative Lebensweisen begründen, den Mythos der nationalen Souveränität entlarven, die Erde achten, die Jugend fördern, soziale Verantwortung übernehmen und somit in Einheit leben.

ISBN 978-3-942914-60-4
260 Seiten

»Chanting«, das meditative, rhythmische Singen einfacher Tonfolgen, wirkt spürbar fördernd für unser körperliches, seelisches und geistiges Gleichgewicht. Dieses archaische Vokaltönen steigert unser Wohlbefinden und vermag, im stressigen Alltag eine heilende Wirkung auf vielen Ebenen zu entfalten. Insbesondere in Verbindung mit Meditationstechniken und Bewegungsformen wie Yoga oder Qi-Gong gewinnt »Heilsingen« als Therapieform eine immer größere Bedeutung. Dabei liegt dem Chanting ein jahrtausendealtes spirituelles Wissen über das Verbinden von »Himmel und Erde« zugrunde, das in hinduistischen und buddhistischen Mantras ebenso anklingt wie in gregorianischen Chorälen und vielen Gesangsritualen indigener Völker auf der ganzen Welt. Dieser praktische Ratgeber ist auch für ungeübte Sängerinnen und Sänger bestens geeignet. Er führt in verschiedene Methoden des Vokaltönens ein und präsentiert viele Chanting-Übungen sowie begleitendes Tonmaterial zum Gratis-Download aus dem Internet. Der Autor vermittelt seine Anleitungen auf Basis jahrzehntelanger Erfahrung als Musiker und mit einem profunden Wissen über die grundlegenden Zusammenhänge von Chanting und Harmonielehre, Schwingungstheorie, Oktavengesetz, Atemkunst, Körperarbeit, Meditation, Achtsamkeit und Geomantie. Dabei lernen wir auch, den »Klängen« von Kunstwerken der Malerei oder von Kraftorten in der Natur zu lauschen und deren Resonanz in uns heilend wirksam werden zu lassen.

ISBN 978-3-905272-36-9
212 Seiten · 42 Abbildungen

Sex ist eine der machtvollsten Kräfte in unserem Leben, und doch vermögen nur die wenigsten Menschen, ihn ganzheitlich zu betrachten. Weit über Fortpflanzung und Vergnügen hinaus kommt ihm besondere Bedeutung für die spirituelle Transformation des Menschen zu. Suchenden, denen sich zu diesem Thema schwierige Fragen stellen, bietet dieses Buch neue Denkanstöße und überraschende Blickwinkel auf eines der größten Wunder und tiefsten Rätsel der Schöpfung. In den hier zusammengestellten Auszügen aus seinen Vorträgen behandelt der Naturwissenschaftler, Philosoph und spirituelle Lehrer Bennett Themen wie den Ursprung der Sexualität, ihr Verhältnis zur Liebe, die Bedeutung des Geschlechtsakts, die komplementären Rollen von Mann, Frau und Kind, Ehe und Partnerschaft, Fortpflanzung, Elternschaft, Kreativität, »negativen Sex« sowie psychologische und gesellschaftliche Aspekte.

»Die innere Spaltung des Menschen ist die Trennung seiner geistigen und materiellen Hälften. Sie führt zur Unzufriedenheit und Suche, die seine Transformation erst ermöglichen. Die wirkliche Freude am Sex liegt weder in gedanklicher Stimulation noch in emotionaler Erregung, sondern in verbesserter Klarheit, Kraft und Stärke der Erfahrung auf allen Ebenen. Im Geschlechtsakt können wir wahrhaft wir selbst sein, und dies sollte uns in Sachen Sex sehr feinfühlig machen.«

ISBN 978-3-942914-06-2
120 Seiten

Das innere Leben von Kindern und Jugendlichen ist für die meisten Erwachsenen zu einem Rätsel geworden, nachdem sie die Sprache der Kindheit verlernt haben. Wie können wir diese kostbare Innenwelt von Heranwachsenden nähren und heilen angesichts der schlechten Einflüsse einer Gesellschaft, die sich rein materiellen Werten verschrieben hat und Geist und Seele vernachlässigt? Dieses einzigartige Buch gibt viele praktische, intelligente und überraschende Impulse dazu, wie wir schädliche Erziehungsmethoden maßvoll korrigieren und unsere Kinder und Teenager ermutigen können, eigenständig zu denken und sich angstfrei und emotional ausgeglichen zu entwickeln. Das kann aber nur geschehen, wenn wir Erwachsenen bereit sind, uns selbst zu verändern und gemeinsam mit unseren Kindern »größer zu werden«. Lillian Firestone beschreibt hier einfühlsam, selbstkritisch, humorvoll und höchst unterhaltsam, wie wir gemäß den weisen Ratschlägen des genialen Lebenslehrers Georges I. Gurdjieff ein Umfeld schaffen können, in dem Kinder mit Freude lernen, kreativ und mutig zu sein, Verantwortung zu übernehmen, gesunden Menschenverstand (das heißt einen klugen Kopf *und* ein kluges Herz) zu entwickeln und sich ihre Neugier, ihre Abenteuerlust und ihre Achtsamkeit gegenüber dem Wunder des Lebens zu bewahren. Eine inspirierende und ermutigende Lektüre für alle, die das Staunen, Lernen und Wachsen nicht allein den Kindern überlassen wollen.

ISBN 978-3-942914-37-6
224 Seiten · 21 Abbildungen

Was ist das Wesen des Kindes? Was bedeutet Kind*heit* als Archetyp, als spirituelles Ideal und lebendige Wirklichkeit? Wie können wir Kindern helfen, das zu werden, was zu sein sie von der Schöpfung gedacht sind? Was können wir von ihnen lernen, da wir doch aufgerufen sind, zu werden wie sie? Wie können wir ihnen in liebender Achtsamkeit begegnen und ihnen die Art von Nahrung verschaffen, die sie in unserer Zeit brauchen? Dieses Lesebuch bietet Denkanstöße, Erfahrungsberichte und Verhaltensvorschläge aus dem Weisheitsschatz der mystischen Überlieferungen der verschiedenen Religionen wie auch von maßgeblichen Wegbereitenden einer neuen ganzheitlichen Pädagogik. Nicht nur Eltern, Betreuende und Erziehende sind hier angesprochen, sondern alle, die die »versöhnende Kraft des Kindes« (Gurdjieff) verstehen möchten, die »Achtung haben vor den Geheimnissen und den Schwankungen der schweren Arbeit des Wachsens« (Janusz Korczak) und die es sich zur Aufgabe machen, das Kind als »lebendiges menschliches Bild der Wahrheit zu umsorgen« (Bülent Rauf). Und weil letztlich »alle Bildung Selbstbildung ist« (Edith Stein), geht es dabei immer auch um unser »inneres« Kind, das, »wenn die Zeit reif ist, in uns geboren wird« (Reshad Feild). Dieses Buch kann uns helfen, zu verstehen und unsere Kinder zu lehren, was Gott zu jeder und jedem Einzelnen von uns sagt: »Du bist Mein Schmuck; du bist Meine Schönheit; du bist Meine Vollkommenheit; du bist Mein Name« (al-Dschīlī).

ISBN 978-3-942914-34-5
480 Seiten

WEITERE TITEL IM CHALICE VERLAG

Ein Schatz tiefer Einsichten aus spiritueller Perspektive in das große Mysterium des Atems. Inspirierende Vorträge, praktische Übungsanleitungen und eine Auswahl poetischer Texte aus unterschiedlichsten Traditionen laden uns ein, den Atem als Wunder auf vielen Ebenen zu erforschen.

Was ist dieser Atem? Welche Bedeutung liegt in diesem Leben spendenden Geheimnis? Wie wichtig ist das bewusste Atmen für echte spirituelle Transformation? Was sagt uns die Tatsache, dass unser Leben all seine Möglichkeiten zwischen einem Einatmen und einem Ausatmen entfaltet? Wie hängt das alles mit dem Rhythmus des Universums und der Zeit zusammen? Welche Rolle spielt der Atem im »Werden des Seins« aus dem immerwährenden »Schoß des Augenblicks«? Wie können wir Nahrung einatmen und sie ins alchimistische Exilier destillieren, das wir für die nachhaltige Verwandlung unseres Lebens brauchen? Wie können wir ausatmen, um die Atmosphäre in einem Raum oder in einer Situation zu verändern, in Verantwortung für unsere Mitmenschen und für die »kommende Welt«? Was könnte es bedeuten, dass Jesus »auf dem Wasser wandelte« und dass »Atem und Geist eins sind«? Welches ist die innere spirituelle Beziehung zwischen Maria, Jesus, dem Geist Gottes, *rūḥ Allāh,* und Christus?

Vor dem Hintergrund seines lebenslangen Studiums der inneren Essenz der Sufi-Lehren liefert uns der Autor Gedankenanstöße und praktische Tipps zur Atemarbeit in unserem Alltag.

ISBN 978-3-942914-09-3
172 Seiten

Das Leben ist das größte Geschenk, das uns gemacht wird. Und doch geschieht beinahe alles, was wir in dieser Welt tun, unbewusst und beruht auf den Reaktionen unseres konditionierten Verstandes, der im Allgemeinen schläft und mechanisch auf alle erdenklichen äußeren Reize anspringt. Wir stolpern schlafwandelnd durchs Leben und hinterfragen selten oder nie unsere Motive und Absichten. Kein Wunder, dass wir hin- und hergeworfen werden von den Wellen eines Schicksals, über das wir die Kontrolle längst verloren haben, und dass wir, eingelullt in unserer Blase von Meinungen und Urteilen, die Wirklichkeit nur in den seltensten Augenblicken klar erkennen. In diesem mitreißenden Buch finden wir wertvolle Impulse und praktische Unterweisungen dazu, auf was wir achten sollten, wenn wir uns auf die Suche machen nach der wahren Bedeutung unseres Daseins und nach einem sinnerfüllten, spirituellen, ganzheitlichen Leben. Der bekannte Mystiker und Atemlehrer Reshad Feild hat mit seinen tiefen Einsichten in die Geheimnisse der Schöpfung und seinem freigeistigen, unsentimentalen, humorvollen Ansatz bereits Tausenden von Menschen auf der ganzen Welt geholfen, in ihrer persönlichen Entwicklung voranzukommen. Diese 39 Kapitel beschreiben Schritte in jene Freiheit, nach der wir uns alle sehnen, wenn wir erst einmal erkannt haben, dass der Zweck der oberflächlichen Antworten dieser Welt darin besteht, unseren Hunger nach den tiefergehenden Fragen des Lebens zu wecken.

ISBN 978-3-942914-35-2
208 Seiten